깨달음과 역사

Bodhi & Sattva

●

우리가 알고 추구하던 불교는
너무도 '가난한 불교'였다.
삶과 역사에 대한
이해와 관심이 부족했기 때문이다.

깨달음은 신비롭거나 높디높은 경지가 아니다.
우리의 존재를 비롯한 모든 삼라만상을
변화와 관계성의 연기적 관점으로
올바르게 이해하는 것이다.

이러한 깨달음이
역사의 현장에서 깊이 실천될 때
불교는 나와 세상을 두루 구제할 수 있다.

『깨달음과 역사』를
다시 펴내며

『깨달음과 역사』가 1990년 8월에 처음 출간된 이후 어언 26년이 흘렀다. 그 사이 2009년 12월에 1차 개정판을 냈고, 이번에 또 다시 약간의 내용을 덧붙여 2차 개정증보판을 내게 되었다.

추가 증보된 내용은 2010년 「불교평론」에 게재된 〈기본불교와 대승불교〉, 2015년에 발표한 〈깨달음과 역사, 그 이후〉와 〈대승불교와 조계선풍, 그 현대적 계승과 발전을 위해('깨달음과 역사, 그 이후'에 반론에 대한 답변)〉이다. 그리고 책 후반부에 수록됐던 오래 전 에세이들은 이번에 모두 뺐다.

이번의 『깨달음과 역사』 개정증보판은 1980년대 중반부터 최근까지 30년이 넘는 기간 동안 간간히 발표한 짧막한 글들을 계속적으로 덧붙여 모은 것이다.

그러나 이 책에 수록된 내용들은 일관된 문제의식과 주제를 포함하고 있다. 그것은 바로 '깨달음(Bodhi, 연기적 관점)'과 '역사(Sattva, 인생과 세상)'에 대한 것이다. 따라서 이 책에서 말하는 깨달음은 '역사를 연기적으로 파악하는 시각'을 말하며, 역사란 '깨달음의 시각으로 비춰보고 실현하는 현실적 삶'을 뜻한다.

　　이러한 까닭으로 나는 『깨달음과 역사』 초판본 〈묶는 글〉에서 "이 책은 '불교역사철학 서설'이라고 하고 싶다"라고 썼다. '불교는 세속의 가치를 벗어나 출세간적인 진리를 추구하는 것'이라는 기존의 통념을 넘어서, '불교는 역사를 잘 이해하여 제대로 살아가도록 하는 가르침'으로 해석하고자 한 것이다. 이는 불교를 세속주의로 몰아가고자 함이 아니라 역사주의로 해석하고자 하는 뜻이다.

이러한 의도는 아직까지 한국의 불교계와 일반사회에 제대로 전달되지도 못했고, 또 충분히 공감되지도 못하고 있다. 한국불교는 여전히 초기불교의 교리행상(教理行相)과 대승교학인 유식학(唯識學) 등에 대한 연구와 해석에 몰두하거나, 보수적으로 받아들이는 후기 간화선에 집중하고 있다. 그리고 일부는 위빠사나, 사마타 등 각종 명상과 삼매에 심취해 있다.

　　이러한 불교는 대체로 '불교란 무엇인가?', '불교에서 말하는 깨달음에 어떻게 합일할 것인가?'라는 문제의식만 있을 뿐, '삶이란 무엇이며, 어떻게 살아야 하는가?'라는 문제에는 별 관심이 없다. 나는 이러한 불교를 '가난한 불교'라 말한다. 삶과 역사에 대한 이해와 관심이 부족하기 때문이다. 즉 불교가 무엇인지 알고자 할 뿐, 삶이 무엇이며 어떻게 살아야 하는가에 대한 관심과 담론이 부족하기 때문에 가난한 불교라 말하는 것이다. 이러한 가난한 불교로는 현실역사 속에서 불교의 정신과 가르침을 펼치고 작동하게 할 수 없다.

　　불교를 대하는 이러한 태도는 비단 한국불교만이 아니다. 일본, 티벳, 미얀마, 태국, 스리랑카 등 아시아의 각 불교국가들도 오래된 그들의 전통적 교리와 신행방법으로 세계 곳곳에서 포교하고 있다. 하지만 그들도 불교가 무엇인지 설파하고 있을 뿐, 21세기 현대사회의 삶과 세상을 제대로 설명하지 않고 있으며, 역사현실 속에서 불교정신과 사상이 적극적으로 작동하도록 하는 데는 별로 관심이 없어 보인다. 잠시 힘든 현실을 잊게 하거나, 위로와 기도라는 전형적인 종교적 기능만을 추구할 뿐이다.

현대사회는 자본주의와 사회주의 요소가 정치, 경제, 사회적으로 작동되고 있으며, 첨단과학문명이 모든 생활환경을 변화시키고 있다. 심지어 과학화된 인공지능과 의료생명공학은 생명에 대한 관점을 새롭게 바꾸고 직업환경을 새롭게 열어가고 있다. '삶이란 무엇이며 어떻게 살아야 하는가?'라는 질문도 이러한 문제에서 출발되어야 함은 너무나 당연하다. 『화엄경』에서 열 번째 지바라밀(智波羅蜜)을 설명하면서 "보살이여! 크나큰 자비를 일으켜 중생계의 빽빽한 숲 속에 들어가 세계의 차별상을 알라."고 한 것도 당대의 현실적 삶의 내용을 잘 알아야 된다는 뜻으로 읽어야 할 것이다.

불교를 역사화해야 한다는 말은 불교가 역사현실 속에서 실제로 작동하는 정신이자 행위가 되어야 한다는 뜻이다. 호흡을 헤아리고 관찰하는 일, '진정한 참 나는 무엇인가'라는 질문을 자신에게 반복하여 묻는 일, '자비'라는 긍정적인 개념을 일상적으로 늘 사념하는 일로서만 결코 지혜와 자비를 이룰 수 없을 것이다. 중국출신 인류학자 프랜시스 슈(Francis L. K. Hsu)는 "해안에 가서 조약돌을 100번 분석한들 조수간만의 이유를 알 수 없다"고 했다.

깨달음(Bodhi)과 역사(Sattva)를 결합하는 일은 대승불교의 핵심

정신이다. 20세기 이후 대다수 대승불교 이론은 이 부분을 제대로 표현하지 않았다. 이 책의 의도는 역사현실에서 주류적으로 기능하는 불교정신과 행위를 지향하고 있다. 기존의 불교에서는 이러한 일을 목표로 삼은 적이 없었다. 따라서 이 책은 새로 출발하는 불교를 제안하고 있으며, 기존의 불교를 재정립하고자 한다.

한국불교가 가장 먼저 이런 목표에 다가갈 수 있다고 본다. 대다수 아시아의 불교가 오래된 그들의 전통의 무게에 짓눌려 보수적 입장을 벗어나기 힘든 데 비해, 한국불교는 상대적으로 고수해야 할 전통적인 교리적 도그마가 적기 때문이다. 그리고 한국불교의 통불교 정신은 가장 현대적으로 진화할 수 있는 자양분이기도 하다. 따라서 초기불교, 대승불교와 선불교를 현대문명에 회통(會通)하여 현대적인 불교로 재정립하는 일은 한국불교에서 가장 성공적으로 이룰 수 있는 일이라 예측한다. 그 실현은 깨달음(Bodhi)과 역사(Sattva)의 변증적 통합이라는 구상을 통해 가능할 것이다.

이번에 『깨달음과 역사』 개정증보판을 다시 내게 된 계기는 평소 이 책의 내용에 대해 적극적인 지지를 표명해 오신 법보종찰 해인사 주지 향적 스님의 적극적인 권유 때문이었다. 깊이 감사를 드린다. 그리고 편집과 출판 과정에서 수고한 불광출판사 편집부의 세심한 노고에도 감사드린다.

_2016년 7월, 연암실(蓮菴室)에서 현웅 쓰다

차례

'사제에게 보내는 열두 번의 편지'는
월간 「해인」에 1987년 1월부터 12월까지 연재한 편지글이다.

1장

사제師弟에게
보내는
열두 번의 편지

대승과 소승

말을 아끼는 집안의 가풍에 젖어 살다보니, 사제님과는 평소에도 늘상 오고가며 만나곤 하지만 이렇다 할 따스한 인사말조차 제대로 나누지 못하는 것이 못내 겸연쩍습니다. 옛말에 선비는 사흘이라도 서로 보지 못하다가 만나면 눈을 부비고 자세히 상대를 살펴보아야 한다 했는데, 하물며 우리는 명색이 하루하루를 남모르는 정진력으로 일취월장 자신을 향상시켜야 하는 구도의 과정에 있는 수도승이 아닙니까? 부처님께서도 수행자들이 서로 만나 자리를 같이 하게 되면 항상 진리에 대해 토론하고 탁마하기를 게을리 하지 말라 하셨는데, 자신의 부족하고 명확하지 못함을 '유마의 침묵'을 빙자하여 꿀 먹은 벙어리 모양 자신도 속이고 남도 속이고 있으니, 생각하면 식은땀 나는 노릇입니다.

그리고 보니 사제님이 불문에 들어온 지도 꽤 여러 해가 되었군요. 부처님 경전도 어느 정도 열람한 터이고, 한 사람의 출가사문으로서 나름대로의 자세를 정립했을 때라 생각됩니다. 그래, 중노릇은 할 만한가요? 하기야 이젠 "첫 보리심을 내는 순간 정각(正覺)을 이룬다."는 말씀은 아무 부담 없이 감당할 수 있어야 한다고 보는데 어떻습니까? 과연 보리심을 내기는 내었습니까? 진리의 북을 울리는 데는 앞섬과 뒤섬의 우열이 없다 했으니 사제님과 나도 선후배를 떠나서 기탄없이 무엇이든 이야기할 수 있어야 되겠지요. 하지만 한편으로 생각하면 우리가 평소 나누지 못한 이야기들을 이렇게 편지로나마 하게 되었으니 무슨 이야기부터 해야 할지 마음 설렙니다.

먼저 생각난 김에, 지난번 사제님이 여행 중에 고등학생에게서 대승과 소승의 구분을 해달라는 질문을 받고 아는 대로 일러주었는데도 그리 썩 시원하게 느끼는 것 같지 않아 안타까웠다고 했으니, 차제에 대승과 소승의 문제에 대해 한번 생각해 보면 어떻겠습니까? 이 이야기 속에는 중요한 문제가 적잖이 내포되어 있다고 봅니다만.

무엇이 대승(大乘)이며 무엇이 소승(小乘)일까요? 우선 대승이라면 큰 수레, 소승은 작은 수레로 번역될 터이고, 그래서 대승불교는 많은 사람들이 타고서 열반(涅槃)의 경지에 이를 수 있는 가르침이라면, 소승불교는 한 사람밖에 타고 갈 수 없는 가르침—그나마 대승의 관점에서는 소승의 가르침은 자기 한 몸조차 구하지 못 한다고들 하지요—이라고 상식적인 정의를 내릴 수 있겠지요. 그리고 남방불교(태국, 스리랑카, 미얀마 등지)는 소승이고 북방불교(한국, 중국, 일본 등지)는 대승이라고 이야기할 수도 있겠습니다. 아무튼 교리로 보나 교단 발달사로 보나 대승과 소승을 구분 짓는 많은 이야기가 있지만, 그런 통상적인 구분으로는 어쩐지 속 시원치 못한 느낌이 늘 있습니다. 또 한국불교를 대승불교권으로 분류하고 있는데, 글쎄, 한국불교의 어떤 점을 보고 대승이라 할 수 있는지 조금은 회의하는 처지이다 보니, 무언가 근본적으로 다시 한 번 따져 보아야 하지 않을까 싶습니다. 이렇게 보면 어떨지 한번 감정해 보길 바랍니다.

대승이란 방편바라밀을 구비한 것이고, 소승이란 그렇지 못한 것이라고 봅니다. 곧, 자전거를 두고 이야기할 때 두 개의 바퀴가 쓰러지지 않고 설 수 있는 역학적인 균형점이 무엇인지를 이해하는 일이라든지 그것을 몸으로 습득하여 운전할 수 있게 되는 일은 여전히 소승일 터이고, 그 자전거를 타고 어떤 목적과 목표를 세워 부산이나 대전 또는 서울로 운전해 가는 일은 대승일 터입니다.

대승불교의 실천적 주체를 '보살'이라고 부르는데-나는 보살이라는 말을 아주 멋진 표현이라 생각합니다- '보살'이란 알다시피 '보리(보디)'와 '살타(사트바)'의 합성어입니다. 이때 '보리'란 연기적 존재〔空〕를 이해하는 관점 곧 깨달음이고, '살타'는 그것이 구체적인 상황과 역사에 적용된다는 뜻이라 생각합니다. 그래서 '보살'이란 구체적인 특정 시기, 특정 장소에서 어떤 상황을 만나 어떠어떠한 처지에서 이러저러한 구체적인 판단과 결정을 내려 고유한 표현과 실천을 행하는 자라고 생각합니다. 달리 말하면 보살이란 역사 속의 정치·경제·사회·문화 등 모든 면에서 총체적인 판단 기준과 행동 양식을 가진 자를 말함인데, 단순히 순간순간마다 행동과 사고에서 판단과 결정을 요하는 모든 사람의 경우에 다 해당되는 것은 아니고, 그러한 태도와 행동이 '보리' 즉 깨달음의 시각에 근거해 있다는 점에서 '보살'이라는 고유한 성격이 정해지는 것입니다. 보살의 이러한 구체적이고도 역사적인 처지와 행동양식을 일러 대승이라고 하는 것입니다.

이런 이야긴 또 어떻습니까? 번뇌와 욕망을 끊어 제거하는 것은 소승, 번뇌나 욕망의 연기성(공성=관계와 변화성)을 깨달아 그것으로부터 자유로운 것은 대승, 아니 더 적절하게 표현하자면 번뇌와 욕망에로의 자유가 대승의 참모습입니다. 다시 말해, 이 자유는 번뇌와 욕망으로부터 벗어나는 자유가 아니라, 번뇌와 욕망 속에서 얻는 자유이겠지요.

이렇게 보면 번뇌와 욕망은 대승불교-곧 참다운 불교-와 서로 상충되는 개념이 결코 아니지요. 오히려 번뇌와 욕망을 적극 활용하여, 번뇌와 욕망 속에서-삶이란 결국 번뇌와 욕망으로 생성 변화한다고 봅니다- 삶의 자세를 정립하고 실천해 나가는 일, 그것이 불교라고 믿습니다. (혹 사제님은 이런 말이 큰일 날 소리라고 생각하지는 않는지요?) 그래서, 불교는 번뇌와 욕망을 버리고 끊는 것이라는 일반의 통념과는 달리, 오히려 긍정적인 번뇌론·욕망론에 근거해야 한다고까지 봅니다.

이러한 생각에서 앞서 말한 '방편바라밀'이라는 말이 많은 의미를 지닌다고 생각하는 것이지요. '바라밀'은 실천이라는 뜻인데 그냥 실천이라고 하지 않고 '바라밀'이라고 굳이 표현함은 연기적 세계관에 입각한 실천임을 강조하기 위해서입니다. 마치 '보살'이 '보리'와 '살타'가 결합된 말이듯 말입니다. 이렇듯 의미심장한 '바라밀'이라는 말을 '방편'이라는 말과 합쳐서 '방편바라밀'이라 한 것에 주목해야 할 것입니다.

그야말로 '바라밀' 없이 '방편'만 있다면 무지한 타협이요, 휩쓸림 밖에 되지 않을 테니까요. 대승불교의 대표적인 실천으로서 통상 여섯 바라밀을 드는데, 알다시피 보시바라밀(베푸는 일), 지계바라밀(도덕적 규범의 실천), 인욕바라밀(참는 일), 정진 바라밀(노력), 선정바라밀(집중하는 맑은 정신), 반야바라밀(존재의 속성을 통찰하는 지혜)이지요.

그러나 나는 이 여섯 바라밀도 앞서 내린 정의에 비추어 보면 여전히 소승의 영역에 있다고 봅니다. 왜냐하면 여기엔 아직 역사(구체성)가 빠져 있기 때문이지요. 이 기본적인 여섯 바라밀을 언제 어디에서 어떻게 구현시키느냐, 다시 말해 역사화시키고 구체화시키느냐가 바로 제 일곱 번째 방편바라밀인데, 여섯 바라밀이라는 보편적이고도 추상적인 노력을 구체적인 방편바라밀과 결부시킬 때 비로소 대승이라는 이름을 얻게 된다고 봅니다.

이렇게 보면 고집멸도(苦集滅道)도 소승이요, 8정도도 소승이고, 여섯 바라밀, 37조도품(助道品)도 소승이며, 4섭법(攝法), 4무량심(無量心)도 소승입니다. 이 모든 좋은 법들은 제 칠의 방편바라밀을 만나야 비로소 대승법이 되는 것입니다. 이런 기준에서라면 오늘날 우리 불교에서 대승은 어디에서 어떻게 나타나고 있습니까?

"모든 사람은 착하게 살아야 한다.", "부지런히 노력하라.", "나쁜 일은 하지 말라.", "자비를 행하라.", "상구보리하고 하화중생하라.", "대승보살의 실천을 해라.", "불교의 실천이 좀 더 역사화되고 구체화되어야 한다."는 말조차 여전히 소승불교의 영역입니다. 왜냐하면 당연하면서도 좋은 이런 말들은 구체적인 현실과 결합하지 않는 한 동어반복에 지나지 않기 때문입니다. 곧 오늘의 상황과 현실에서 과연 나쁜 일은 무엇이며 좋은 일은 무엇인지를 살펴야 하는 것이며, 자비를 행함이란 과연 어떤 현실적인 모습을 가져야 하는지를 비롯해서 모든 실천적인 명제를 현실과 역사 속에 구체적으로 대입시켜야 한다는 뜻입니다. 그렇게 될 때 비로소 대승이라는 이름에 부합할 수 있을 것입니다. 그렇다고 해서 대승이 새삼스럽거나 놀라운 일은 아닐 것입니다.

우리 주위(사회 속의 생활인)를 한번 살펴봅시다. 그리고 정진에 몸을 돌보지 않는 수행자를 살펴봅시다. 대승은 이론이나 관념이 아니니까요. 사실 어쩌면 우린 이름 없는 수많은 보살의 대승적 삶을 무심히 지나치고 있을지도 모릅니다. 과연 현재 우리 주위의 보살은 어떤 차원의 생각으로 어떤 이야기를 주고받으며 어떤 행동을 하고 있을까요. 하긴 나도 잘 모릅니다. 그도 그럴 것이 보살의 행동양식은 보살의 수만큼 많을 테니까요. 그리고 오늘 이 땅에서 취해야 할 보살의 유형이 정형화된다거나 집단화되어야 한다고도 생각하지 않기 때문입니다.

사제님에게 쓰는 첫 편지에서 하필이면 왜 대승과 소승 이야기부터 먼저 하게 되었는지 나도 잘 모르겠습니다. 우린 사실 할 이야기들이 너무 많을 것입니다. 사소한 일상에서부터 공부하는 데 따르는 어려움, 기울여야 할 관심, 이것저것 따지거나 눈치 보지 말고 눈 질끈 감고 밀어붙여야 할 것들….

그렇지만 옛날의 수행자들이 그러했듯이 나의 경우에도 주요 문제는 늘상 우리 삶의 문제였습니다. 그리고 삶의 다른 모습이기도 한 사회나 역사, 세계를 어떻게 이해하고 그것에 어떻게 대응해야 할까 하는 것이었습니다. 그러다 보니 부처님 말씀도 바로 이 부분에 대한 기본적인 해명과 가르침이라는 확신도 가지게 되었고, 이러한 부처님의 가르침을 더욱 부각시키기 위해 대승과 소승이라는 틀을 세운 게 아닐까 하고 생각하게 되었습니다.

그렇지만 사실 이즈음에 와선 이러한 분류에 따라 불교를 이해하고 따지는 일도 무척 고루하게 생각될 때가 많습니다. 원론을 재확인하는 일이야말로 얼마나 피곤한 일입니까? 그리고 이런 태도야말로 또 하나의 소승의 태도가 아니고 무엇이겠습니까? 하지만 오늘의 우리 불교를 우울하게 여기게 하거나 그와 반대로 희망차게 느끼게 하는 것도 다 이런 문제에 대한 극복 여하에 달린 게 아닐까 생각해서 사제님에게 자연스레 이러한 이야기를 하게 된 것 같습니다.

아무려나 지난 여름의 그 무성했던 잎새들도 다 져 버리고 겨울이 한층 깊어가고 있습니다. 우리의 많은 움직임도 이젠 봄을 다시 예비해야 하리라 봅니다.

새해엔 더욱 좋아지기를 바랍니다.

무심시도
無心是道

모처럼 산사에 눈이 깊이 쌓이고 온 산은 고요와 평안으로 가득 찬 듯합니다. 이따금 피어오르는 산등성이 암자의 굴뚝 연기도 정겹게 느껴지고 오솔길 따라 찍혀 있는 토끼 발자국은 끝없는 동경으로 우리를 인도할 것만 같습니다.

　　무심히 흘러가는 구름, 표표히 흩날리는 눈, 아랫목 따뜻한 토방의 붉은 화로에는 차 주전자가 끓고, 조는 듯 명상하는 듯… 이러한 경지를 일러 일찍이 불교에서는 도의 경지라 하였을까요.

　　한 수행자가 마조 스님에게 물었습니다.

　　"어떤 것이 도입니까?"

　　"무심이 도니라."

'무심이 도니라', 예로부터 얼마나 많은 수행자들이 이 무심의 골짜기에서 길을 잃고 헤매었을까요. 하지만 나는 이제 사제님에게 다시 묻겠습니다.

"그렇다면 무엇이 무심입니까?"

나는 불교만큼 오해를 받는 가르침도 드물다고 생각합니다. 부처님의 중요한 가르침은 거의 모두 곡해되고 굴절되어 이해되고 있습니다. 그 가운데 대표적인 것 하나가 바로 불교는 무심한 종교라는 것입니다. 모든 시비분별을 떠난 초연한 은자로서의 태도는 불교인의 독특한 성격처럼 되어버렸습니다. 조는 듯 잠자는 듯한 침묵과 웃을 듯 말 듯 달관한 듯한 무관심이 적멸과 열반의 경지로 받아들여지고 있습니다.

사제님도 공부하는 과정에서 웃어른이나 동료들로부터 주위의 시비곡절에 휘말리지 말고 오직 불도에만 오롯이 정진하라는 말을 수없이 들었을 것입니다. 모든 일에 대해 귀 막고 눈 막고 입 다물고서 오로지 묵묵히 정진한다 함은 한편으론 참 훌륭한 듯이 보이기도 합니다. 이렇듯이 불교집안에서는 수행의 환경과 내용에서 한결같이 무심할 것을 요망하는데, 바로 여기에 수행에서의 중대한 함정이 있다고 생각합니다.

'무심'이란 선종에서나 교종에서나 다 같이 깨달음과 도의 경지를 묘사하는 훌륭한 표현이기도 하지만 대개의 사람들이 생각하는 것 이상으로, 또는 정반대로, 풍부하고도 역동적인 말입니다.

흔히들 무심이란 비어 있는 마음이라고 하지요. 마치 비어 있는 그릇에 무엇이든 담을 수 있듯이 마음을 텅 비워 두어 무엇이든 수용할 수 있는 태세를 갖추는 것이라고 말입니다. 물론 아닙니다. 또는 명경지수와 같이 순수하고도 청정하게 가라앉은 마음이라고 쉽게 생각할 수도 있겠습니다. 실상 '묵조선(默照禪)'이라 하여 참선할 때 어떠한 생각이든 하나하나 버려나가서 철저히 무념무상의 경지를 지키려는 공부법이 있기도 하지요. 하지만 이런 공부법은 진작에 눈 밝은 스님에게서 올바르지 못하다는 지적을 받았습니다.

무심은 번뇌나 생각을 하나하나 제거하는 일도 아니며 점진적으로 익히고 정제하여 고도로 단련한 그 어떤 성숙한 상태를 이름도 아닙니다. 고요하다거나 잠잠한 침묵의 상태는 더더구나 아니지요. 차라리, 그리고 엄밀히 말하면, 무심은 비어 있기보다는 오히려 꽉 차 있는 것이며, 머물러 있기보다는 행동하는 것이며, 이것저것의 중간 지점의 중립 상태가 아닌, 특정한 견해나 생각을 표현하는 속에서 구현되는 것입니다.

'무심이 도'라 하여 고요히 앉아 호흡을 헤아리고 자세를 가다듬어 바위나 나무처럼 지각 활동도 없이 침잠된 상태로 나아가기 일쑤인 수행 풍토에서, 무심이란 적극적인 활동이며 꽉 차 있으면서 특정한 견해로 나타난다는 이야기가 자연스럽게 통하게 하려면 우리는 불교를 처음부터 새롭게 이해해야 할는지도 모르겠습니다.

"모든 일을 멈추고 쉬어서 어떤 일에도 마음 쓰지 않는다."는 식의 태도를 선(禪)의 종장(宗匠)이신 대혜 스님 같은 분은 평생을 두고 비판했거니와, 진정한 무심의 수행은 철저히 비판적이고도 치열한 구도심으로 불타올라야 하리라 봅니다. 중요한 것은 고정되고 폐쇄되고 머물러 있는 상태에서부터 열려 있고 머무름 없는 태도를 가지는 일입니다. 하지만 열려 있고 머무르지 않는다 하여 어디에도 안주하지 못하고, 특정한 입장을 띠지도 않으며, 어떠한 견해나 가치에도 의미를 두지 않는 상대주의적인 자세에 빠지게 되면, 그 또한 옛 스님들이 경계한 공(空)에 떨어지는 일로서, 삶의 생명을 압살당하고 역사로부터 소외받게 될 것입니다.

그야말로 '무심의 도'란 쉬운 것 같으면서도 간단한 문제는 아닙니다. 이를테면, 살아가는 현장 속에서 사고하고 행동해 나가지만 동시에 그것들로부터 얽매이지 않는 태도를 갖는 것이며 또한 금강경에 있는 부처님 말씀처럼 '머무는 바 없이 그 마음을 쓰는 것'이지요. 하지만, 수행자의 삶에서나 일상인의 삶에서 과연 그러한 모습들이 어떻게 구현되겠는가 하는 것이 문제의 핵심이겠습니다.

나 개인의 견해라면, 앞의 편지글에서도 밝힌 바 있지만, 현실적이면서도 구체적인 방편바라밀을 거쳐서만 진정한 무심의 도가 나타나는 것이 아닐까 싶습니다. 수행의 면에서도 '묵조선'이라고 하는, 모든 지각 활동을 쉬어 버린 목석과 같은 죽은 수행보다는 분심, 의심, 신심[01]이라는 활화산 같은 뜨거운 구도심을 바탕으로 한 방편바라밀로서의 간화선(看話禪, 화두선)이 무엇보다 존중되어야 할 터이고, 일상적인 불교인의 삶의 태도도 지금처럼 침묵만을 지키고 무기력하고 무비판적이고 비창조적인 데서 벗어나 적극적으로 역사적인 방편바라밀을 구현하는 모습으로 나아가야 하리라 봅니다. 그런데 '무심'의 가

---

01 참선 공부에서 갖추어야 하는 세 가지의 기본 마음 자세. 분심(憤心)은 격발하는 마음을, 의심(疑心)은 불교의 명제, 곧 화두에 대한 의구심을, 신심(信心)은 화두를 참구하는 공부가 깨달음으로 이어지리라는 신념을 각각 뜻한다.

르침이 잘못 길들여지기는, 비단 불가의 수행자뿐만이 아니라 사회 속의 많은 생활인들도 그야말로 무심결에 길들여지는 것으로 보아, 이러한 문제는 단순히 불교의 수행에서 보이는 추상적인 문제만이 아니라 근원적으로 역사의 메커니즘에 비추어 살펴볼 일이라 생각됩니다.

사제님도 아시다시피, 오늘날 사회는 후기 산업사회라 하여 첨단 과학의 시대이며, 정보화 시대이기도 하지만, 정치·경제·사회의 체제로 보면 자본주의와 사회주의로 크게 나뉜 가운데 수정과 변형을 이루어 가고 있습니다. 더욱이 오늘 이 땅의 우리는 이 모든 것의 얽히고 설킴의 부산물인 분단이라는 왜곡된 시대를 살고 있습니다.

불교가 말하는 깨달음이 오늘의 우리의 삶을 설명하는, 삶과 역사에 대한 올바른 시각을 얻는 것이라 한다면, 그것은 모든 존재들의 관계와 변화를 통찰하는 데서 가능하리라 봅니다.

존재의 관계와 변화를 이해하는 일이 쉬운 일은 아니지요. 무엇보다 냉엄하면서도 이성적이어야 할 필요가 있습니다. 특정한 종교의 교리나 어떤 사회적 이데올로기에 집착하여도 아니 되리라 생각합니다. 그야말로 올바른 무심의 태도가 요망되는데 우리 현실은 어떻습니까? 갖가지 오락과 퇴폐문화로 사람들의 귀와 눈이 마비되고 도착되도록 하고 있지 않습니까? 특정한 집단이나 계층의 이익에 영합하는 논조나 조작은 그렇다손 치더라도, 대다수의 사람들이 일상의 조그만 생활에 갇힌 채 무비판적이고 무심한 삶을 살도록 유도하는, 이른바 제도 언론이나 기성과 보수의 목소리가 이 땅을 가득 뒤덮고 있질 않습니까? 실로 왜곡된 '무심'의 한 모습일 따름입니다.

'참다운 무심'이란 조그만 나로부터 전체와 결부된 나로, 왜곡된 나로부터 나와 결부된 전체의 삶으로 가는 것이며, 그렇게 해서 호혜 평등함 속에서 자유로운 나와 전체의 삶을 구가할 수 있도록 해 주는 열쇠이어야 할 것이지요. 우리는 왜곡된 무심의 가르침은 비단 그릇된 불교 스승의 탓만이 아니고, 깊이 헤아려 보면, 보이지 않는 거대한 힘과 의도에 의해 그야말로 무심히 살아가도록 길들여지고 있는 탓이 아닐까 하고 돌이켜보아야 할 것입니다.

아, 그러나, 사제님. 다시 우리 이야기로 돌아와, 불교의 집단이란, 또 수행자란 무엇입니까?

가장 끈적끈적한 애정의 울타리와 가정을 넘어서서, 일정한 목표를 추구하는 이익 집단과 결별하고서, 나아가서는 국가와 민족, 세계, 인류로부터도 냉엄하게 한걸음 물러서서 우리 삶의 문제를 살펴보고 검증하자는 것이 우리의 태도가 아니겠습니까? 그리하여 이 모든 것을 객관적이고 공정하게 따져 보자는 것 아닙니까? 거창하게는 이러한 모든 삶의 문제를 총체적으로 객관적으로 따지고 연구하는 대가로서, 문제를 해결하는 데 앞장서는 대가로서 신도들(사회)의 시주를 받는 것이 아니겠습니까?

그렇습니다. 이러한 우리들의 태도야말로 무심의 태도요, 중정의 태도이니 이것이 바로 역사적 태도입니다.

무심의 가르침에서 우리 수행자가 불교 수행인이기에 가져야 하는 중요한 교훈은 무엇보다도 '아(我)·인(人)·중생(衆生)·수자(壽者)'의 4상[02]을 벗어남과 동시에 수행자라는 교단의 울타리 속에 한정되어

---

02 대개의 사람들이 가지고 있는 네 가지 형태의 집착(금강경 등에서 말함). 아상(我相)은

있는 우리의 시각을 떨쳐 내는 일일 것입니다. 곧, '수도상(修道相)'을 떨치는 일이지요.

　무엇이 도인가? 무심이 도니라.
　무엇이 도인가? 유심이 도니라.

　이것이 결국 같은 이야기겠지요.
　사제님, 그러면 무심과 유심을 떠나서 무엇이 도인지를 어디 한번 일러 보십시오.
　옛 사람의 노래 한 구절이 생각납니다.

　무심을 가지고 도라 이르지 말라.
　무심 또한 한 관문에 막혀 있나니….

　지금도 밖에는 소리 없이 눈이 쌓이고 있습니다.

너와 나의 관계 속에서 '나'의 영역에 국집되는 것이고, 인상(人相)은 인간이라는 유(類)적인 감정에 매몰되어 있는 것이며, 중생상(衆生相)은 관계와 변화 속에 이루어지는 생명성에 익숙해져 있는 모습 또는 훌륭한 삶과 상대적으로 비교하여 열등의식을 가지는 태도이며, 수자상(壽者相)은 생명의 실체가 있어 그것이 얼마쯤의 기간 동안 유지된다고 보는 착각을 각각 말한다.

확연무성
廓然無聖

해제를 하여 스님들은 행각 길에 나섰고 산사는 이른 봄의 적정에 잠겼습니다. 모처럼 한가로움에 겨워 뜨락도 거닐어 보고 이 방 저 방 기웃거려도 보았습니다. 방 모퉁이에 차곡차곡 개어져 있는 좌선하던 방석이나 정갈히 접어 둔 경전 갈피를 접할 땐 새삼 지난 겨울의 뜨겁던 구도의 열기가 느껴집니다. 마치 전장(戰場)을 돌아다보는 오싹함을 느꼈습니다. 스님들은 무엇을 위해 그토록 애썼으며 또 무엇을 찾아 길을 나섰을까요?

보통 수행하는 출가승려를 '마음 찾는 나그네', '깨달음을 구하는 자'라 하지요. 또는 '부처를 구하고 성인을 이루려는 사람'이라고도 합니다. 그들은 대부분의 사람들이 추구하는 재물이나 명예, 쾌락, 그 밖의 '사회적 성공'을 부질없이 여기고, 좀 더 청빈하고 순결한 생활 속에서 무언가 '고매한 이상'을 추구합니다. '고매한 이상'이란 '부처의 경지', '열반의 경지', '깨달음의 상태'를 말하는 것이지요. 그래서 보통 사람들이 쉽게 감내하고 적응할 수 없는 이러한 특수 생활로 말미암아, 승려들은 이 사회에서 특별한 대우 내지는 존경을 받고 있는 것입니다.

그런데 우리 승려들은 노상 접하는 환경이 사찰 공간이고 대하는 사람이 같은 승려나 신도들이기 때문에, 사회나 역사 속에서의 나의 삶과 우리들의 삶을 객관적으로 검증하는 데는 자칫 부족함이 있을 수 있습니다. 우리들이 사용하고 있는 언어도 우리 사이에서만 편리하게 통용되는 불교 언어에 익숙해 있는 실정입니다. 불교 용어야말로 한편으로 살펴보면 특수한 사상이나 이념에 근거하고 그로 말미암아 일정하게 한계를 가지는 기존 사회의 말과는 달리 그러한 한계성을 벗어나 삶의 문제를 공정하고도 객관적으로 살피기 위해 창출된 논리적 언어가 아니겠습니까? 그러나 이천 년 이상을 내려오는 동안 엄밀한 불교 용어도 점점 고착화되고 전도되며 심하게는 절대화되는 경향을 보이고 있다고 생각합니다.

사람의 행위는 생각의 범주를 벗어날 수 없고 또한 생각은 사용하는 언어를 온전히 벗어날 수 없지요. 생각은 바로 언어로써 이루어지기 때문입니다. 그런데 우리의 언어라는 것이 일상의 언어까지를 포함하여 불교적 언어가 사고와 논리의 중심적 축을 이룬다 할 때, 우리는 불교 용어를 너무 안일하게 관행적으로 사용하는 게 아닌가 합니다. 부처님의 핵심 가르침인 연기관(緣起觀: 변화와 관계성)에 따르면, 우리가 쓰는 불교 용어까지 절대화되고 고정화될 수 없음은 상식적인 일입니다. 다른 불교 용어도 그러하지만 특히 엄격한 종교적 분위기 때문에 경솔히 말 붙이기도 어려운 '부처', '깨달음', '진리[法]'라는 말까지도 절대화시키거나 신비화시켜서는 아니 되는 것입니다.

달마 스님의 가르침을 기억하는지요?

"무엇이 으뜸가는 성스러운 진리입니까?" 하고 누군가 물었을 때, 스님은 "성스러운 진리 같은 것은 결코 존재하지 않는다[廓然無聖]."라고 말씀하셨습니다. 아니 진리가 없다니, 그러한 성스러운 진리가 없다면 우리는 수행을 할 필요가 어디 있으며 왜 출가를 했단 말입니까?

사제님, 우리는 여기서 한 호흡 가다듬고 불교의 참모습을 보이는 달마 스님의 이 말씀에 귀 기울여야만 합니다. 이 말씀은 단순히 우리들에게 충격적인 각성을 주어 관행적인 의식을 떨치도록 해 주는 반어적인 가르침이 아닐까 하고 생각할 수 있지만, 이 가르침의 위대한 빛남은 사실 그 말씀을 말 그대로 받아들이는 데 있다고 생각합니다.

세상엔 많은 사상과 종교가 있어 삶과 역사를 바라보는 시각을 마련해 주고 있습니다. 어떤 가르침은 이 세상을 붉은 안경을 쓰고 바라보도록 합니다. 또 어떤 가르침은 푸른 안경을 쓰고 보도록 합니다. 그밖에 노란 안경, 검은 안경 등을 쓰고서 바라보게 하지요. 그래서 붉은(또는 푸른) 안경이라는 빛깔(사상)의 틀로써 이 세상을 조망하도록 하고 있으며, 그것으로써 일관된 관점으로 세상을 설명할 수 있다고 말하지요. 그것은 우리의 인식이 붉은(또는 푸른) 안경을 통해서 사물을 바라본다는 뜻이며 동시에 사물은 그러한 안경(사상 체계)을 거쳐 우리의 인식 속에 정리된다고 하는 뜻입니다. 참 그럴듯한 이야기처럼 들립니다. 한편 어떤 가르침은 빛깔(사상, 이념)이 있는 안경은 세상을 보는 진정한 눈이 아니며, 이 세상의 실상은 무색투명한 안경을 통해서만 드러날 수 있다고 합니다. 이건 또 얼마나 더 훌륭해 보입니까?

나는 이러한 단계를 법(진리)에 대해 집착하는 상태라 하거니와 이 세상을 일사불란하게 설명하고 이루어 나가는 가치체계로서의 '그 어떤 진리'가 있지 않겠는가 하는 생각을 갖게 되는 것은 사실 일반적인 통념이라 생각합니다. 심지어 수행자들도 곧잘 이런 생각에 빠지니까요. 이를테면, 불교에서는 다른 사상에서 볼 수 없는, 이 세상을 가장 올바르게 바라볼 수 있게 하는 그 어떤 '법'이 있는 듯이 생각하는 것처럼 말입니다. 그러나 달마 스님은 바로 이 점을 통박하고 있습니다. 그러한 법은 없으며, 그러한 가치 체계로서의 진리도 없다고 말입니다. 곧 무색투명한 안경이라 해도 그건 백해무익한 것이며, 안경 틀까지도 철폐해야 한다는 것이지요.

우리들의 그 어떤 '법'을 추구하는 감정은 대단히 뿌리 깊은 미망에 근거하고 있습니다. 비단 수행자뿐만이 아니지요. (물론 이것이 나쁘다고 할 수만은 없습니다. 불교도 일단 이렇게 추구하는 마음에서 출발을 하니까요.) 일반사람들이 나름대로 확신하고 추구하는 갖가지 것들 곧 돈, 쾌락, 명예, 이념, 그 밖의 어떤 세계도 수행자가 법을 추구하는 감정과 꼭 같은 차원은 아니지만, 비슷한 유형의 경향을 보이고 있으니까요.

소를 찾는 이야기를 아는지요? 소를 찾는 열 가지 단계의 이야기 말입니다. 사찰의 벽화를 통해서도 널리 알려진 이야기지요. 이 우화는 통상적으로 소를 찾기만 하면, 그리고 마음대로 다루기만 한다면, 소 위에 올라앉아 피리를 불되 소 위에 사람 없고 사람 밑에 소 없는, 소와 사람의 혼연일체가 이루어지면 어느덧 도의 경지에 다다름을 이야기하고 있습니다. 하지만 이 우화는 수행자의 안목을 시험하는 기본 관문임을 알아야 합니다. 대개 이 이야기는 마음이나 성품, 욕망 따위로 비유된 상징적인 '소'를 찾아 이 소를 여러 단계의 훈련과정을 거쳐 순화, 정제하여 완전히 길들이는 것에 초점을 맞추고 있는데, 바로 여기에 함정이 있는 것입니다.

이 이야기의 첫 대목부터 잘 살펴봅시다. 한 소년이 소를 찾아 나섭니다. 바로 이 순간에 문제가 생깁니다. 왜 소가 있다고 생각했고, 소를 찾아 길들여야겠다고 마음먹었을까요? 그는 소의 전설을 들은 것입니다. 소가 있는데 그 소만 잘 길들이면 운수 대통한다고 말입니다. 그런데 결론부터 말한다면, 소년은 소를 얻어 길들임으로써 도를 성취한 것이 아니라, 찾아 헤매고 붙잡고 씨름하고 길들이는 동안에 한때나마 도통했다고 깜빡 속게 만들었던 그 소가 사실은 실체가 없음을 깨달음으로써 비로소 도를 성취합니다. 대상으로서의 '소'도, 찾는 주체로서의 소년 자신도 모두 실체가 없음을 깨닫는 일, 그것이야말로 이 우화가 전하고자 하는 속뜻입니다. 이 소 이야기에서 '소'는 수행자가 추구하는 것에 해당되지만, 일반 사람의 경우에도 그들이 그렇게 애써 구하는 것들을 대입시켜도 그다지 무리가 없을 것입니다. 따라서 이 이야기의 제목은 '소 찾는 이야기'보다는 '소가 소 아닌 줄 깨닫는 이야기'라고 하는 게 더 어울릴 듯싶습니다.

이렇듯 '소'로 상징되기도 하는 '진리의 세계'에의 유혹은 무척 떨치기 힘듭니다. '절대적인 진리가 있을 것이다, 초월의 영역이 있을 것이다, 영원한 가치가 있을 것이다' 하는 생각은 종교인이든 비종교인이든 누구나 갖게 되는 일반적인 의식의 경향입니다. 종교학자 엘리

아데는 이러한 생각을 아주 오래 전의 원시인 시절부터 인간들이 가졌던 의식구조라고 말하고 있지요. 곧 사람들은 일회적이고도 단면적인 역사적 사실이나 행위(俗의 영역)를 초월적이고도 성스러운 원형적인 영역(聖의 영역)과 연관시킴으로써 비로소 역사의 무의미성에서 벗어나 영원성을 얻을 수 있으며, 그럼으로써 역사의 흐름에 대한 불안에서 벗어날 수 있었다고 말입니다. 물론 이 말은 원시 이래로 현재까지 내려오는 인간의 일정한 의식 경향을 지적한 점에서는 훌륭한 통찰이지만, 실제에서는 그러한 의식 경향은 잘못된 것이며 바로잡혀야 한다는 것이 불교의 태도입니다.

어찌하였거나 불교는 삶이나 역사(시간, 공간)를 초월한 그 어떤 영역도 설정해서는 안 된다고 말하고 있습니다. 삶이나 역사의 갖가지 문제는 자체의 속성을 잘 통찰함으로써 올바른 해결을 구할 수 있는 것이지 삶의 무대 밖에서 신이나 성스러운 영역이나 가치 체계를 인정하지 않는다는 점에서 불교의 인식은 종교적 인식이라기보다는 역사적 인식이라고 할 수 있습니다. 한편으로 역사적 인식이라는 측면에서 보더라도 절대적이고도 온전한 진리 체계를 인정하지 않는다는 점에서 합리적이고도 과학적인 인식이라 하겠습니다.

초월적이고 절대적인 가치 체계를 전제하지 않는 불교도의 역사관은 기존의 다른 역사관과는 중대한 차이점을 갖고 있으며, 아직도 역사 속에서 미완의 상태로 불교도에 의해 실천되고 검증되어야 할 과제로 남아 있는 것이지요. 일면 상대적이기도 한 이러한 역사관은 불교도들이 처음엔 매우 당혹해 할 만큼 파격적인 것이니, 오죽하면 부처님도 '이러한 가르침(성스러운 진리 같은 것은 존재하지 않는다는)'을 듣고도 놀라거나 불안해하지 않는다면 그것이야말로 오히려 희유한 일이라고 하셨겠습니까?

우리들의 수행과 역사적 실천은 바로 이런 희유한 깨달음을 통해 이룩할 수 있으리라고 생각합니다. 초월적이고 절대적인 진리를 설정하지 않고서도 병폐 없이 역사의 삶을 꾸려가는 일입니다. 그렇다고 해서 절대의 진리가 없다고 보는 연기적인 시각에 구체적인 방편바라밀(구체적인 역사적 방법론과 행위)에 이르는 논리적인 통로가 있는 것은 아닙니다. 그야말로 변화해 나가는 역사의 모든 상황과 실상을 통찰하고 풍부한 역사적 상상력과 소신 있는 실천적 노력(보살행)을 통해서만 가능한 길이지요.

그러나 현재 우리는 안경까지 벗어던진 열린 시각은 고사하고, 온갖 빛깔이 겹치고 또 겹쳐 검게 된 안경을 쓰고 있는 것은 아닐까요? 여기서 우리는 붉은 빛의 막을 벗겨 내고, 푸른 빛을 벗겨 내고, 차례로 빛깔을 하나하나 벗겨 내어 무색투명한 안경을 만들고 난 뒤에 비로소 안경을 벗어던지자는 것은 아닙니다. 우리는 그 모든 것을 단숨에 벗어 버릴 수 있으니까요.

그 무엇인가를 찾아 행각 길에 나선 사제님의 뒷모습을 바라보며 옛 선사의 시 한 편을 부칩니다.

임성소요(任性逍遙)　존재의 속성을 알아 생활하고
수연방광(隨緣放曠)　세상의 관계를 살펴 실천하라
단진범정(但盡凡情)　다만 잘못된 생각만 거두면 될 것을
별무성해(別無聖解)　무슨 성스러운 진리(법)를 따로 구하랴

윤회와 해탈

사월은 잔인한 달, 죽은 땅에서
라일락을 피워내고, 추억과
욕망을 뒤섞고, 잠자는 뿌리를
봄비로 일깨운다.
지난 겨울이 오히려 따뜻했다.
대지를 망각의 눈으로 덮고,
마른 구근(球根)을 가진 작은 생명을 길러 주며….
 - T. S. 엘리엇의 '황무지' 중에서

또 한 번 계절이 바뀌고 지난 해의 추억과 새봄의 전망 앞에 섰습니다.
하지만 언제부터인가 봄은 아름다운 탄식과 설렘뿐만 아니라 슬픔과 괴로움의 빛으로도 다가왔습니다. 비어 있는 벅찬 한 해 앞에서 새 생명의 환희와 무럭무럭 샘솟는 욕망으로 몸이 자지러지기도 하고, 한편으론 지난 겨울의 안락했던 잠과 또 준비를 핑계로 하여 취한 휴식이 이제 떨칠 수 없는 익숙한 유혹이 되어 새로운 창조적 삶에의 도전 앞에 몸을 일으키지 못하고 끝없는 침잠으로 잠기기도 합니다.

우리들 마음속에 자리하는 탄생과 변화에 대한 두려움은 어디에서 비롯되는 것일까요? 생성과 소멸의 끝없는 점철로 이어지는 윤회의 과정 속에 있는 우리 삶의 비극성은 태고부터의 중대한 문제였으며, 불교 가르침의 출발이기도 합니다. 삶의 비극은 여러 가지 요인이 있지만 좌절과 죽음의 경험이 단연 그것의 주요한 원인이라 생각됩니다. 삶 주변의 모습들은 시시각각으로 변하여, 철마다 해마다 바뀌어 갑니다. 인생도 길게 잡아 칠십 년이면 생을 마감하며, 그 사이의 성패와 영고성쇠도 무상합니다.

사제님도 동의할 줄 압니다만, 나는 윤회라는 것을 비단 어떤 사람이 칠십 년쯤 살고는 죽고 그리고 다시 태어나고 하는 식의, 심지어는 개로도 태어나고 새로도 태어나는, 그런 계속되는 생명의 쳇바퀴 현상으로만 보지 않습니다. 염불 구절에도 나오는 바, "일일일야 만사만생(一日一夜 萬死萬生)"이니 하루에도 수만 번 나고 죽는 일을 계속하는 것이 바로 윤회의 실상이 아니겠습니까? 곧 윤회란 변화를 뜻하는 말이며 그 내용은 끊임없는 생성과 소멸의 과정을 말합니다.

가끔 신도들이 이렇게 묻기도 하지요.

"삶이 윤회한다는 것이 사실입니까? 사람이 죽고 난 뒤에 다시 태어나거나 또는 짐승으로도 태어난다고 하는 것이 사실입니까?"

"부처님의 가르침은 매우 합리적이고 과학적이어서 현대인들에겐 매우 쉽게 다가오지만, 윤회의 문제만큼은 증명이 잘 되지 않아 의문이 많습니다."

많은 사람들이 이런 의문들을 느끼지만, 이것은 사실 불교의 가르침을 잘못 아는 데서 비롯되는 것이라고 생각합니다. 윤회라는 말은 본디 불교의 고유한 표현이 아닙니다. 그것은 불교 이전에 고대 인도의 종교 사상에서부터 진작에 이야기되던 것이었으며, 기원전 6세기쯤 부처님이 살던 그 무렵 인도에서 일반적으로 받아들여지던 사상이었습니다. 곧 "생명은 한 번 죽음으로써 그 삶이 끝나는 것이 아니며 끝없이 재생을 하게 된다."는 것이지요.

그렇지만 식량과 일용품의 생산이 부족하고 사회 체제가 불합리하게 짜여 있고 문명이 발달하지 못한 당시의 사람들에게는 삶이란 괴로움의 나날이었기 때문에, 현재의 삶도 그러하지만, 그 어떤 형태의 재생도 바람직하게 느껴지지 않았습니다. 마침내 사람들은 현재의 삶도 되도록 원만하게 마감하기를 바랐지만 그와 함께 더 이상의 재생도 원하지 않게 된 것입니다. 이런 생각은 윤회의 삶으로부터의 해방을 뜻하는 해탈(모크샤) 사상을 낳게 되었습니다. 그리고 이런 해탈은 고행이나 제사, 기도와 같은 특수한 종교적 수행을 통해서 얻을 수 있다고 생각했던 것입니다.

한편 현재의 삶이 괴롭고 만족스럽지 못하다고 여긴 것은 비단 사회체제나 생활에서의 불평등과 빈곤에서만 비롯된 것이 아니라, 개체(아트만)의 삶은 '온전한 전체'의 왜곡된 모습이라고 말하는 당시의 종교적 세계관에서 유래한 것이기도 합니다. 창조주이며 가치의 원천인 브라만[梵神, 大我]이 시공(時空) 속에서 미혹(마야)으로 제약된 모습이 개체적 삶의 모습이라는 것입니다. 결국 개체는 완전하지도 영원하지도 못한 제약된 존재이며, 필연적으로 괴로울 수밖에 없다는 것이었지요.

불교 가르침의 출발은 이러한 세계의 본체로서의 '브라만[大我]'이든 개아의 주체로서의 '아트만[小我]'이든 이 모두를 부정하는 데서 시작됩니다. 존재의 모습이란 변화와 관계로 이루어져 나가는 것으로서 주관과 객관의 영역이 서로 교감하면서 동시적으로 서로 이루어 주는 것이기 때문에 독자적이고도 불변하는 실재성(實在性)을 인정할 수가 없는 것입니다.

이러한 이치는 사람에게서나 물질에서나 세상 그 어떤 것에서도 마찬가지인데, 이 말은 존재가 '없다'는 것이 아니고, 관계와 변화의 과정 속에 있는 존재 양태라는 뜻임을 거듭 강조한 사실입니다. 이렇게 보면 우주의 본체로서의 신(神)적인 브라만도, 개체적인 삶의 동질성을 계속해 가는 '나[我]'라는 것도 불교에서는 성립할 수가 없는 것입니다.

이런 기본적인 인식의 틀로서 부처님께서는 삶들의 모습을 새롭게 밝혀냈습니다. 그것은 '변화와 관계성의 법칙'인 연기(緣起)의 가르침으로, 기존의 윤회 사상을 적극적이면서도 새로운 의미로 수용하는 일이었습니다. 이러한 가르침은 그 당시의 사람들은 물론이고 현대인들도 깜짝 놀랄 만큼 신선한 것입니다. '나'라는 주체에 얽매임이 없이 변화와 관계로서의 열린 자세로 자유롭게 역사를 꾸려 나가는 일, '나'라는 주체를 숫제 설정하지 않고도 경험과 실천을 부단하게 이룰 수 있으며 도덕적인 인과율과 과학적인 인과율에도 부합할 수 있는 삶의 길을 가질 수 있다는 점은 인류에게 새로운 의식의 지평을 열어 주었습니다.

부처님의 이러한 윤회에 대한 새로운 해석이 사람들에게 늘 쉽게 이해된 것만은 아니었습니다. 일반인들은 제쳐 놓더라도 불제자까지도 무상한 현실에 대해 두려움을 갖고, 죽는 일〔生死心〕에 얽매여 있는 경우가 왕왕 있으니까요. 변화와 관계를 주창하는 불교인들이 변화를 두려워한다면 무언가 이상한 일이 아니겠습니까?

변화와 무상에 따르는 괴로움에는 두 가지 경우가 있습니다. 하나는 존재가 항상 지속되기를 바라는데 현실은 그렇지 못한 데 대한 괴로움입니다. 하지만 이 점은 누구나 철이 들면 존재의 변화성에 눈뜨기 때문에 쉽게 극복이 됩니다. 문제는 존재의 변화성을 알고 난 뒤에도 생기는 괴로움입니다. 이 경우는 존재의 변화성을 알긴 하지만 여전히 실재관념에 사로잡혀 있기 때문이지요. 그 어떤 주체적인 실재가 있어 그것이 변화해 간다고 하는 그릇된 사고방식에 빠진 경우입니다. 정말 변화와 관계성을 이해한다면 주체적인 실재〔我〕란 성립하지 않으며 따라서 거기에 부수되는 괴로움이나 즐거움도 존재할 수 없음을 알게 됩니다.

육조 혜능 스님의 깨우침을 상기해 봅시다. 어떤 학인(學人)이 오만한 자세로 혜능 스님에게 가르침을 청할 때였습니다.

"그대는 어디서 왔기에 이토록 거만을 떠는가?"
"무상한 현실은 너무 시급합니다. 따라서 나고 죽는 삶의 문제가 더욱 중요한 일이 아니겠습니까?"

"그대는 어찌 삶이란 애초에 '태어난 적이 없는 것임[無生]'을 깨닫지 못하는가?"

실로 천둥과 같은 가르침입니다. 그렇습니다. 우리는 오늘도 수만 번이나 나고 죽는 윤회의 과정에 있는 삶이기에, 무엇보다 나고[生] 죽는[死] 것에 대해 바로 알아야만 합니다. 하나의 원에서 끝과 시작을 지적할 수 없듯이 12연기로 설명되는 삶의 연속과정은 시작도 끝도 없습니다. 필연적으로 존재는 태어난 적이 없습니다. 이 이치를 아는 일이 바로 무생법인(無生法忍)을 깨닫는 일입니다. 그래서 밤새도록 타는 불꽃과 같이, 남[生]이 없는 존재의 모습은 윤회의 주체가 없으면서도 끝없이 이어지는 변화의 연속임을 이해해야 하는 것입니다. 그렇지만 주체가 없다 하여 인과율이 없어지는 것은 아닙니다. 지금의 이름과 모습은 경험과 실천의 결과로 다른 때에 다른 이름과 모습으로 연결됩니다. 마치 벼의 씨앗이 비와 햇볕과 물로 인해 싹으로, 꽃으로, 열매로 되면서 다른 이름, 다른 모습으로 변해 가면서도 일정한 인과의 동질성을 갖듯이 말입니다.

그러면 불교에서 말하는 윤회사상의 참뜻은 무엇일까요? 물론 불교에서도 '윤회를 벗어나 열반에 든다, 해탈한다'는 등의 말을 하지만, 그런 경우에도 저 힌두이즘이 말하는 '윤회(변화) 현상을 종식시킨다, 고요와 죽음의 세계에 든다' 따위와는 같지 않습니다. 한때는 불교인들도 열반이나 해탈을 번뇌와 욕망, 또는 경험과 실천을 없애는 일이라 생각한 적도 있습니다만, 그것은 전적으로 잘못 이해된 경우이지요. 올바른 것은 결코 외적 현상을 종식시키거나 축소시키는 일도 아니고 경험과 실천을 그만두는 것도 아니며, 다만 우리의 삶 속에 내재한 '나'라는 실재의식으로부터 해방되는 일입니다. '나'로부터 해방되면 우리는 윤회의 실상 그대로를 온전하게 불가사의한 해탈의 세계로 수용할 수 있습니다. 불교에서 끊어야 한다고 말하는 번뇌도 바로 '나'라는 실재 의식을 말합니다.

외적 현상, 곧 각종 행위나 심리 상태를 종식시키고 축소시키는 일이 수행의 핵심이라고 잘못 믿었던 선사가 비로소 해탈의 깨달음을 얻고는 고백했습니다.

지난 날의 가난은 참다운 가난이 아니고
오늘의 가난이야말로 진짜 가난일세.
지난 날은 송곳 꽂을 땅도 없게 하려 했지만
오늘은 비로소 송곳 그것을 내던졌으니.

사제님, 이 봄을 온통 붉게 물들인 진달래는 차라리 해탈과 열반의 상징인 듯싶습니다. 그것은 우리에게 현 상태에서의 안주와 좌절을 거부하는 뜨거운 윤회의 실상을 보여주기 때문입니다. 사제님, 오늘 우리는 이 윤회의 이야기를, 불교인들이 평소 갖고 있던 부정적인 윤회관을 버리고 또 역사를 정체시키거나 포기하도록 하는 온갖 것들을 떨쳐버리고 창조적인 의지로써 역사의 변화를 통찰하고 활용하는 대승의 보살 삶을 살기 위한 다짐으로 삼아야 하지 않겠습니까?

색즉시공 공즉시색

기왕의 몇 편의 신통치 못한 편지가 사제님의 공부에 오히려 혼란만
준 것이 아닌가 저어됩니다. 사제님도 만행 길에서 뜨겁게 느꼈겠지
만 중생계는 위험한 불 속에서 고통 받고 있습니다. 보살의 신속하고
도 강력한 행원(역사적 실천의지)을 바라는 부르짖음은 이미 하늘 가득
합니다. 성급하고 여린 마음으로야 당장 어찌하고 싶지만, 동참하는
아픈 마음만으로 문제가 해결되는 것은 아닙니다. 삶을 읽어내고 역
사를 통찰하는 지혜의 눈이 필요한 것입니다.

문명인들을 그토록 비극적으로 분열시켜 놓은 현대의 도덕적 파
탄은 인문 과학의 붕괴에 그 뿌리를 두고 있다.

– 월터 리프먼(Walter Lippmann)

대단히 예지에 찬 이 말은 오늘 우리의 상황에 반조해도 도움이 될 듯싶습니다. 급박하게 전개되어 가는 현대 문명과 정치, 경제 등의 모든 상황은 많은 사람들을 사회 과학 만능 풍조로 몰아가고 있습니다. 그렇지만 일면 경제적인 측면으로만 이해하기 쉬운 자본주의도 그 이면에는 인식과 대상을 분리해 놓고 보는 데카르트적인 이분법적 인식 태도가 바탕에 깔려 있으며, 마르크스주의 같은 사회주의에는 물질(대상) 중심적인 세계관이 깔려 있음은 모두가 아는 사실입니다.

이렇듯 사회 과학적 제 법칙도 그 배후엔 하나의 세계관 및 인식적 태도를 가지게 마련인데, 부분적이고 특수한 경우에 부합하는 바 있다 하여 그 전체 이론을 비판 없이 수용할 경우에는 많은 문제가 뒤따르게 되지요. 따라서 오늘날 우리의 삶에서 갖가지 부정적인 모습이 나타나고 있음은 정치와 경제 정책에 문제가 있어서도 그렇지만 그 이면의 우리의 세계관, 곧 인식론·존재론에 대한 각성이 부족함에도 큰 이유가 있다고 봅니다. 이러한 측면에 대해 불교 승려들이 노력해야 할 바가 많다고 느낍니다.

오늘은 불교의 존재관 또는 인식관-불교에서는 사실 이 둘이 분리될 수 없는 것이지만-에 대한 이야기를 할까 합니다. 초기경전에서부터 대승경전에 이르기까지 일관된 불교 가르침의 핵심은 존재-물질적인 것, 심리적인 것, 언어, 법도덕 등의 가치 체계-에 대해 어떻게 이해해야 하는가 하는 점이었습니다. 초기 경전의 이른바 "존재(法)를 보는 자 연기(관계와 변화성)를 보게 되고, 연기를 아는 자 존재를 알게 된다."는 말씀이나 반야경의 "오온(물질계, 정신계의 다섯 유형)이 다 공(空)하다."는 말씀은 바로 이 부분에 대한 명확한 가르침입니다. 모든 존재를 변화와 관계성으로 보는 '연기(緣起)의 가르침'은 우주적인 보편논리일 뿐만이 아니라 자연 과학에서 인식의 기초가 되어야 함은 물론 구체적인 역사 현실에 입각한 사회이론이나 역사이론으로까지 심화 발전되어야 한다고 봅니다. 이러한 연기의 가르침은 대승불교 시대에 이르면 시대의 진행과 역사적 경험의 축적에 따라 새로운 시대의 삶의 언어, 역사적 언어인 공(空)이라는 용어를 통해 더욱 풍성해지는데, 오늘날에 와서는 본래의 공의 가르침이 제대로 전달되지 못하고 있으며 특히 한문 불교권에서는 더욱 심한 왜곡 현상을 보이고 있는 실정입니다.

『반야심경』의 유명한 구절인 '색즉시공 공즉시색'을 놓고 생각해 봅시다. 이 말씀은 하나도 어려운 말이 아니지요. 우선 '색즉시공(色卽是空)'을 떼어 놓고 본다면 "물질계(色)는 공(空)하다." 하고 번역할 수 있습니다. 이것을 다시 부연하여 연기의 가르침으로 대입해 본다면 "물질계는 순수한 독자 영역이 따로 없으며, 유기적으로 서로 관련되어 겹쳐 있으며, 무엇보다 이러한 것들이 변화의 과정 속에 노정되어 있다."로 됩니다. 따라서 "물질계가 공하다(色卽是空)."는 말은 표시점이 찍혀 있는 긴 문장을 대치하여 하나의 약속언어인 '공'이라는 용어로 압축한 것이 됩니다. 간추리면 "물질계는 변화의 관계로써 이루어지는 것이며(色=空)", 역으로 표현하여 "변화와 관계로써 이루어져 있는 것은 바로 물질계다(空=色)"라는 '색즉시공, 공즉시색'이라는 말이 성립됩니다. (경전에서는 물질계뿐만 아니라 정신계도 같은 이치라고 말합니다.)

그런데 사실 어려울 것도 없는 이런 이야기를 심오하게 이해하려고 하는 데서 폐단이 있는 것 같습니다. 공(空)에 대한 몇 가지 오해를 살펴봅시다.

첫째는 공이란 무(없음)라고 생각하는 것입니다. 존재의 부정이지요. 따라서 '색즉시공, 공즉시색'을 '있는 것은 없는 것이고 없는 것은 있는 것이다' 하는 알쏭달쏭하면서도 엉터리 같은 허무주의로 설명하는 것입니다.

둘째는 공이란 물질에 상대되는 개념으로서 정신에 해당하는 것이라고 보는 관점입니다. 그래서 '물질은 정신이고 정신은 물질이다' 하고 생각합니다.

또 하나는 공이란 변하지 않는 사물의 본체이며, 색은 변화하는 본체의 외적인 현상이라 생각하는 것입니다. 이 점은 특히 불교가 중국에 유입되어 한문으로 번역되는 과정에서 기존의 노장사상의 부정적 영향을 받은 게 아닌가 생각되는데, 사실 격의불교(格意佛敎, 다른 종교나 사상의 용어를 빌어 불교를 해석하는 일) 시대에 번역된 경전에서 '공'에 대한 번역과 해석상에 오류가 많은 편이며, 특출한 불교사상가인 승조 법사의 『조론(肇論)』에서도 도가적인 본체[體]와 작용[用]의 이분법적 생각이 스며있음을 느낄 수 있습니다.

소동파의 '적벽부' 시구에 이런 내용이 있습니다.

그대 저 강물과 달을 아는가?
흐러가는 물은 이와 같지만 정작 강물은 흐러간 적이 없으며,
차고 기운다지만 달은 결코 줄거나 늘어나는 것이 아님을.
이렇듯 사물이란 변하는 관점에서 보면 한순간도 멈추지 않는 것

이지만

변하지 않는 관점에서 보면 모든 것이 영원한 것이니….

비교적 자연주의적 낭만성을 깔고 있는 이 이야기는 사물을 본체와 현상의 이분법적 시각으로 보는 중국인 특유의 사고 유형을 보이고 있는데, 문제는 많은 불교인들이 의외로 이런 사조에 쉽게 공감하는 데 있습니다. 더러 선사(禪師)들이 역설적으로 표현하여 "다리[橋]는 흐르는데 물은 멈춰 서 있다."라든지 "산(山)은 흐르고 물은 서 있다."라고 말하는 수도 있는데, 이런 경우도 본체와 현상의 이분법적인 이야기가 아니라 존재의 변화와 무상에 대한 다양한 분석과 통찰을 나타내는 것임을 알아야 합니다.

그래서 우리는 존재를 바라봄에 있어 본체와 현상이라는 따위의 이분법적 사고에서도 벗어나야 되지만 그 방편으로 도입한 '공'이라는 말을 '색'과 다른 세계로 분리하여 생각하는 것도 멈춰야 하는 것입니다. 곧 현상계의 여러 상태를 분석해 가고 사상(捨象)해 가서 그 끝에 가서 공을 보게 되고, 공에 부딪치게 되는 것이 아니라 현실계의 온갖 사물이 공한 양상(변화와 관계)으로 존재하며, 공이란 현실계의 존재양상 그것임을 알아야 하는 것입니다. 바로 색 그대로가 공이며, 공 그대로가 색인 것입니다.

이제 우리는 존재의 모습을 변화와 관계로써 이루어진다고 말할 때도 여전히 계속해서 일어나는 중요한 오류에 대해 알아야만 합니다. 연기의 가르침(空의 가르침)은 보통 '변화와 관계의 가르침'이라고 이야기합니다만, 사실 이 가르침의 요점은 어떤 '것'–사물이든 개념이든

간에-이 있어 그것이 다른 어떤 '것'과 관계 맺으며 변화해 가는 것이 아닌, 명사화할 수 있는 그 어떤 '것'이라는 그것이 우선적으로 없다는 것입니다. 그 이유는 존재의 변화와 관계성 때문이지요. 현상계에서 어떤 '것'이 인정될 수 없다는 이야기는 "모든 존재는 실체[我]가 없다[諸法無我]."는 불교적 인식 출발의 대표적인 명제가 됩니다.

철학적인 표현으로는 늘 어떠한 형태의 실재론(實在論)도 거부하는 태도가 되는 것인데, 이러한 비실재론(非實在論)적인 태도는 물론 무존재론(無存在論)적인 태도와 혼돈해서는 안 됩니다. 이 비실재론적인 태도는 "존재계에 순수한 독자 영역은 없으며, 어떠한 존재 형태도 자기원인적인 것-이를테면 신 따위-은 없으며 모든 것은 다른 원인과 결부되어 생성하고 변화한다."는 것이지 존재가 아예 없다는 말이 아니기 때문이지요. 따라서 모든 존재의 모습은 존재하기는 하되 변화의 과정 속에서 서로서로 겹쳐 있는 모습이라는 것입니다.

존재를 변화와 관계성으로 파악하기는 하되 기본 관점이 여전히 실재론의 범주를 벗어나지 못하는 경우가 문제인데, 그것은 다음의 몇 가지로 구분됩니다.

첫째는 다원론적인 실재론에 근거하는 경우입니다. 이 세계에서 'A, B, C, D…' 등의 무수한 사람과 생각이 있고, 'a, b, c, d…' 등의 사물과 기타 등등의 것들이 있어 서로 영향 관계 속에 변화해 간다는 생각을 들 수 있습니다. 일종의 요소주의라고 할 수 있는 것이지요.

둘째는 이원론적 실재론에 근거하는 경우입니다. 이 경우는 첫 번째 경우의 축약된 형태라고 볼 수 있습니다. 이 세계를 크게 인식과 대상으로 구분하여, 삶과 역사를 이 두 영역의 상호 교감과 그 발전으로 보는 생각이지요. 이러한 인식과 대상의 문제는 상호 규정 및 형성의 관계 법칙으로 볼 때, 선후의 관계나 각각의 순수한 독자 영역으로서의 부분을 전혀 인정할 수 없다고 하는 것이 불교의 기본 입장이지만, 일반 학문에서도 변증논리나 현상학 등에 의해 진작에 극복된 생각입니다.

셋째는 일원론적인 실재론에 근거하는 경우입니다. 브라흐마니즘, 유일신적인 기독사상, 또는 물(物)을 말하는 마르크시즘 등이 여기에 해당되겠지요(어쩌면 마르크시즘은 세 가지의 경우에 두루 해당할지도 모릅니다).

여기서 지면상 두루 다 이야기할 수는 없지만, 각각 상이한 세계관을 토대로 함에도 불구하고, 이런 주의·주장들이 실재론적인 세계관으로 분류되고 있음은 매우 흥미로운 일입니다. 아무튼 불교가 무엇보다도 우선적으로 부정하고 나선 '실재론적인 사고방식'에도 이렇듯이 다양하고 심층적인 갈래가 있음은 초학자로선 무척 곤혹스러운 일입니다. 하지만 '색즉시공, 공즉시색'이라는 불교의 기본적인 명제를 올바로 이해하는 일이 간단하면서도 매우 중요한 일이라는 각성을 해야 할 것입니다. 왜냐하면 이러한 근본적인 시각을 통해서만 흔들리고 불안한 마음을 떨치고 마침내 열반에 이를 수 있으며 보살은 중생을 고통에서 구해 내는 방편을 얻을 수가 있기 때문입니다.

관색즉공(觀色卽空) 성대지이부주생사(成大智而不住生死)
관공즉색(觀空卽色) 성대비이부주열반(成大悲而不住涅槃)
색즉시공하니 큰 지혜로 생사에 머물지 않고,

공즉시색이라 큰 자비로 열반에도 머물지 않는다.

마땅히 수행자가 교훈으로 삼을 말씀이라고 생각됩니다.
늘상 건강하시길.

돈오, 그 혁명적 깨달음을 위하여
- 공空의 이중적 구조

사제님, 오늘은 우리의 이야기를 불교의 중심되는 문제로 옮겨 시작할까 합니다. 어떤 문제든지 그것 자체로서 중요한 것 아님이 없고 다 불교의 중심 문제로서 이해할 수도 있지만, 그 중에서도 불교도들이 가장 핵심적으로 관심을 가지고 지향하고자 하는 점을 언급하고자 합니다.

불교에서는 그 무엇을 지향하는 목적의식을 '회향(廻向)'이라고 합니다. 요즈음에 와선 이 회향이라는 말을 불교 행사를 끝낸 뒤에 그 일의 공덕과 가치를 이웃이나 사회 등에 되돌린다는 뜻으로 사용하고 있습니다만, 정작 회향의 본뜻은 어떤 행위가 끝나고 난 뒤의 사항이 아니라 행위 이전부터의 목적 지향성을 뜻하는 것으로 보아야 옳으리라 생각됩니다. 그래서 행위의 시작 단계에서부터 그 끝에 이르기까지의 일관성 있는 목적의식, 그것을 회향의식이라고 부르는 것입니다.

불교에서는 우리의 모든 실천과 의지는 결국 세 가지 문제의 해결을 위해 지향되고 귀착되어야 한다고 말하는데, 그것을 '삼처회향(三處廻向)'이라고 합니다.

첫째, 보리회향(菩提廻向)은 올바른 깨달음(시각)을 얻기 위한 지향의식입니다.

둘째, 실제회향(實際廻向)은 올바른 시각을 통해 드러난 존재들의 모습을 구현하기 위한 지향의식입니다.

셋째, 중생회향(衆生廻向)은 모든 삶들의 문제를 해결하기 위한 목적과 지향의식입니다.

이 세 가지 문제는 서로 나눌 수 없는 같은 차원의 것이라고 말할 수 있는데, 그 까닭은 첫째로 모든 실천과 관심은 최종적으로 우리 삶들의 문제이기 때문이며(중생회향), 둘째로 그러한 문제를 해결하기 위해서는 우선 우리의 삶을 포함한 이 세계가 올바르게 이해되어야 하기 때문이고(실제회향), 셋째로 그러기 위해 먼저 올바른 시각 곧 깨달음의 눈을 갖춰야 하기 때문(보리회향)입니다. 그래서 『화엄경』과 같은 대승경전에서 '중생회향'을 말할 때나 선종(禪宗)에서의 깨달음의 추구(보리회향)를 말할 때나 같은 문제에 대한 강조점이 다를 뿐이지 그 본질에서는 삼처회향을 함축한 것으로 이해해야 하는 것입니다.

이렇게 볼 때 불교에서 말하는 대표적인 실천적 노력들, 이를테면 아낌없이 베푸는 것(보시)이나 도덕적 덕목을 실천하는 것(지계), 또는 참음, 노력, 집중하는 맑은 정신(선정), 밝은 지혜 등의 육바라밀은 모두 최종적으로는 보리, 실제, 중생의 세 가지 문제로 지향(회향)해야 하는 것이며, 나아가 삶의 일거수일투족도 또 직업·환경·습관을 포함하여 모든 사회적 노력들도 최종적으로 이 세 가지 문제로 지향하지 않으면 안 되는 것입니다.

한편 이 세 가지 문제는 같은 차원의 연장선상에 있지만, 내용을 보면 그 최종 목표인 중생회향을 이루기 위해 먼저 같은 과제인 보리회향부터 이루지 않으면 안 됩니다. 이 보리회향이야말로 모든 수행자들이 욕락과 명예와 수면을 잊고 밤낮으로 정진하여 추구하는 '깨달음'의 문제로서, 구도의 일차적인 목표입니다. 그러면 '깨달음'이란 과연 무엇이며 어떻게 성취할 수 있겠습니까?

'깨달음'이란 지난 몇 번의 편지글에서도 말했거니와, '공의 가르침' 곧 '연기의 가르침'을 체득하는 것이라고 할 수 있습니다. 그런데 많은 학자나 불교인들이 공(空)이란 무엇이며, 변화와 관계의 법인 연기의 가르침이 어떤 것인지를 나름대로 이해하고 또 남에게 설명하기도 하지만, 그것만 가지고는 불교에서 말하는 '커다란 깨달음〔大覺〕'을 얻었다는 확신은 자타가 다 가지지 못하는데, 그 이유는 간단하면서도 분명합니다. 그는 연기의 법 또는 공(空)에 대해 명확히 깨닫지 못했기 때문입니다. 왜 우리는 '공'이나 '연기'에 대해 어느 정도 이해한 것 같은데도, 재차 따지고 보면 뭔가 미진한 것 같아 다시 경전을 반조하거나 화두를 들고 여전히 정진할 수밖에 없습니까? '공의 가르침'이란 그토록 어렵기만 한 것일까요? 조금이라도 불교를 배운 사람이라면 누구든지 교리적으로 장황하게 설명할 수 있는 그 '공의 세계'를 우리는 어떻게 해야 확실한 나의 깨달음의 세계로 체득할 수 있을까요?

많은 사람들이 '공의 세계'를 체득하지 못함은 이 세계를 인식의 영역과 존재의 영역으로 각각 분리해 놓고 보는 이분법적인 사고 때문이라고 생각합니다. 이런 식의 사고 버릇은 비단 서구적 세계관의 영향이 아니더라도 누구나 쉽게 빠질 수밖에 없는 것입니다. 부처님의 가르침은 이렇듯 통념이 되어버린, 가장 심각하게 잘못된 사고 버릇을 떨치게 하기 위한 것이라고 확신합니다.

'인식주관'과 '대상존재'가 별개의 독자적인 영역이 아님을 밝히기 위해 먼저 인식에 대해 살펴보면,

1) 인식은 순수한 인식 그 자체로서 존재하는 것이 아니라 대상존재를 머금고 있을 때, 곧 내용을 가질 때만이 인식으로 존재할 수 있다.

2) 그럴 때 인식은 존재 그 자체인 것이며, 존재에 의해 형성되며 규정되어 간다.

그런 반면에 대상존재는,

1) 존재는 인식되어진 만큼 존재한다.

2) 인식되지 않은 존재는 존재하지 않는다.

3) 존재는 인식에 물들어 있다 (인식에 의해 규정된다).

위와 같은 이유로서 '인식'과 '존재'는 그 영역이 서로 독자적으로 있는 것이 아니라, 서로가 서로를 규정하며 이루어져 나가는 공동의 장임을 알 수 있습니다. 공의 표현을 빌면 인식도 공하고 존재도 공한 것입니다. 인식은 부단히 대상존재에 의해 형성되고 변화해 가며 동

시에 대상존재를 파악하고 규정해 갑니다. 이런 점을 철저하게 이해하지 못한다면, 세상의 문제를 풀어가는 데서 모든 것을 '마음먹기에 달린 것' 또는 '정신적인 면을 훈련하고 조절하면 될 것'이라는 식의 심리주의로 흐르거나, 아니면 문제를 대상적인 것으로만 파악하여 물질적인 면이나 제도적인 면으로만 치달리는 객관주의적인 모습으로 귀착하게 될 것입니다.

비로소 가장 중요한 것은 대상은 대상 그 자체로서 인식은 인식 그 자체로서 공한 것(변화와 관계)이지만, 대상은 인식에 있어서 인식은 대상에 있어서 서로가 공의 관계에 있는 역동적인 구조임을 이해하는 일입니다. 따라서 '인식'과 '존재'의 문제는 별개의 문제가 아니라 하나의 문제가 되는 것입니다. 이런 점에 유념할 때 통상 '공(空)'이라는 표현에서는 객관적인 대상을 묘사하는 평면적인 느낌을 받는 듯하여 좀 번거롭고 현학적인 느낌이 들긴 하지만, 나는 '공'에 대해 두 가지의 복합적인 구성을 띤 이해를 하고 있습니다. 첫째는 '인식론적인 공'이라는 면과 둘째는 '존재론적인 공'이라는 면입니다. 인식은 존재와의 관계에 공이라는 뜻으로 '인식론적인 공'이라는 말을 썼고, 역시 존재는 인식과의 관계에 공이라는 뜻으로 '존재론적인 공'이라 한 것입니다. 그래서 '인식'과 '존재'가 분리되는 것이 아니라 서로가 온전히 결부되고 삼투되어 있는 점을 부각한 것입니다.

이런 관점에 서게 되면 우리는 다음과 같은 결론을 쉽게 끌어낼 수 있습니다. 인식의 영역을 정상화시키려면 존재의 영역을 정상화시켜야 하고, 마찬가지로 존재의 영역을 정상화시키려면 인식의 영역을 정상화시켜야 한다고 말입니다. 곧 인식의 해방과 존재의 해방은 서로가 서로의 필요충분조건이 되며, 따라서 인식의 문제와 존재의 문제는 선후 절차로 해결할 문제가 아니라 동시에 해결해야 하는 과제입니다. 이러한 이중적이고도 역동적인 구조를 통찰하고 체득하는 일이야말로 바로 '깨달음'이며, 이 '깨달음'은 선후 절차에 따라 성취하는 것이 아니라 동시에 맞게 되는 것으로서 점진적인 인과성을 떠난 '혁명적인 상황'입니다.

선종(禪宗)에서 '깨달음'을 지칭할 때 돈오(頓悟)-나는 이를 '혁명적 깨달음'이라고 번역합니다만-라고 표현함도 이런 뜻을 함축하고 있다고 하겠습니다. 부처와 조사의 가르침이 동일한 것이라면 그 깨달음도 동일함은 당연한데, 선종에서 깨달음을 일러 돈오라고 표현함은 공의 가르침을 좀 더 요령 있게 나타냄도 나타냄이지만, 공을 체득하는 수행의 내용과 방법에서도 그 요체를 더욱 더 분명하게 드러내는 것이라 생각됩니다. 이 '돈(頓)'이라는 말은 참으로 함축성 있으면서도 멋진 말이라 생각되는데, 이를 이해하는 일은 불교가 가지는 깨달음의 세계를 그 중심에서 이해하는 일입니다.

'돈'이라는 말은 글자 그대로 '갑자기, 순간적으로, 단숨에'라는 시간적인 뜻으로만 이해해서는 안 됩니다. '돈'이라는 말은 깨달음이 순간적으로 다가옴을 뜻하기도 하지만 그보다는 인식과 존재의 이중적 상관성이 동시적으로 풀림을 뜻하기도 하고, 또 그 내용에서는 깨달음 이전의 세계관과 이후의 세계관이 전면적으로 전환됨을 상징합니다. 기존의 관점이나 의식에서의 노력을 단련하고 훈숙(정제)한 결과로 깨달음에 이르게 되는 것이 아니라 이제까지의 관점과는 전혀 새로운 차원의 세계관을 가지게 되는 것이며, 이러한 깨달음에 이르

는 과정의 노력이 짧든 길든 관계없이 어떠한 점진적인 절차를 통해
서가 아니라 혁명적인 전환을 하게 된다는 뜻입니다. 그래서 돈오라
는 말은 수행이나 깨달음을 점진적인 노력의 과정으로 파악하는 오류
를 단숨에 제거하는 지침으로서의 선언이 되었습니다.

돈오, 그 혁명적 깨달음을 위하여
- 대도무문大道無門

사제님, 비상한 시대에는 비상한 사상과 행동을 요구합니다. 기존의 생각 자체를 아무리 고양하더라도 결코 새 생각에는 이를 수 없습니다. 새 생각, 새 행동은 결코 옛 생각, 옛 행동이 진보한 결과가 아니라 혁명적인 창조와 전환의 결과입니다. 거듭 강조할 점은, 깨달음(돈오)을 대상적인 어떤 세계나 경지를 터득한 주관적인 심리 상태로 이해해서는 안 된다는 점입니다. 그것은 또 하나의 이원론적인 태도로서, 깨달음을 통상적인 인식의 차원으로 전락시키는 오류이기 때문입니다. 깨달음이란 존재와 인식의 분리할 수 없는 역동적인 구조를 체득하는 일로서, 점진적인 절차가 아닌 혁명적인 전환이며 또한 대상존재의 차원이나 인식주관만의 차원이 아니라 그 둘의 종합적인 세계를 맞는 일입니다. 또한 이는 앎과 행동의 선후 관계가 아닌, 지행합일의 체현을 뜻하는 것입니다. 깨달음의 혁명성을 이해하기 위해 혜능 스님(638~713)의 가르침을 살펴보는 것도 좋을 듯싶습니다. 혜능 스님은 오늘날 선종의 실질적인 종조라 할 수 있으며, 깨달음의 혁명적인 성격을 더욱 구체화시킨 장본인입니다. 혜능 스님은 수행을 점진적인 노력이라고 주장한 동료 신수 스님(? ~706)의 시에 반박하는 시를 발표함으로써 스승에게서 인정을 받게 되었다고 하는데, 그 내용은 각각 다음과 같습니다.

신시보리수(身是菩提樹)　몸은 바로 진리의 나무이고
심여명경대(心如明鏡臺)　마음은 맑은 거울의 바탕이네.
시시근불식(時時勤拂拭)　언제나 갈고 닦아서
물사야진애(勿使惹塵埃)　먼지 하나 묻히지 마세.

－신수 스님(점진적)

보리본무수(菩提本無樹)　진리의 나무란 본디 없는 것이며
명경역비대(明鏡亦非臺)　맑은 거울 또한 무슨 바탕이 아니로세.
본래무일물(本來無一物)　본래 한 물건도 없는데(어떠한 실재도 없는데)
하처야진애(何處惹塵埃)　어디에 먼지가 묻으랴.

－혜능 스님(혁명적)

　신수 스님은 깨달음을 점진적인 노력의 소산으로 보았지만, 혜능 스님은 '맑은 거울'이나 '진리'로 상징되는 인식의 체계나 진리를 보는 기준까지도 고정화하여 상정하지 않는 철저한 공(空)의 입장에 서서

깨달음에 들어서는 길이 점진적인 절차가 아님을 보여 줍니다. 곧 먼지 자체가 실재가 아님은 두말 할 것도 없고, 먼지가 끼게 되는 그 어떤 바탕조차 실재하지 않음을 깨달아야 한다는 것이며, 그렇게 되면 그 위에 나타나는 먼지의 문제는 자연 해결된다는 주장입니다. 이를테면, "아무리 안경에 묻은 색이나 먼지를 닦아 내면 무엇하느냐? 무색투명의 안경이 되더라도 사족이다. 왜 하필 안경을 써야 한다는, 다시 말해 사물을 '어떤 기준'이나 '어떤 논리 체계'로써 비춰 본다는 식의 생각을 하느냐? 어떤 안경이든 벗어 버리자, 부숴 버리자." 하는 것입니다. 이 것이 혜능 스님의 "본래 한 물건도 없다."는 말씀의 요점이지요.

이러한 혜능 스님의 혁명적 가풍은 그의 후학인 혜해 스님 (541~609)에 의해 "돈(頓)이란 단박에 모든 잘못된 견해를 철폐하는 것이며, 오(悟)란 어떤 논리나 내용의 실재를 수용하는 것이 아니다 〔頓除妄念 悟無所得〕."라는 명쾌한 해석을 거치고 다시, 송나라 혜개 스님(518~568)의 "진리에 들어서는 문은 없다〔大道無門〕." 하는 역설적 명제에 이르러 그 극치를 이룹니다.

"진리에 들어서는 문은 없다."는 말은 진리에 들어가는 '방법'이 없다는 뜻으로, 어떠한 노력이나 수행도 진리의 경지에 들어서는 직접적인 원인이 될 수 없다는 것을 표방한 것입니다. 모든 존재가 공한 줄을 알아서 어떤 것에도 국집되지 않은 해방된 마음의 상태를 진리의 경지라 한다면, 이러한 상태가 되기 이전의 노력이나 수행은 그 어떤 것에 물든 의식의 지향하는 바입니다. 그것이 인식적 차원의 얽매임이든, 존재적 차원의 얽매임이든, 두 영역이 어우러진 형태의 것이든 관계없이 실재의식의 사로잡힘이기 때문이지요.

그래서 아무리 다스려서 순수하게 하였다 하더라도 그것이 실재 의식 위에 세워진 이상 실재의식을 떠난 공의 세계와는 논리적으로 무관한 것이 됩니다. 인식으로부터 해방되려는 노력이 아무리 깊이 진행되었더라도 존재로부터 해방되지 않으면 그것은 불가능하고, 아무리 존재로부터 해방되려는 노력을 하여도 인식으로부터 자유롭지 못하면 해방이 될 수 없습니다. 따라서 "진리에 들어서는 문은 없다." 는 표현은 공의 세계를 깨닫기 이전의 사유와 행위는 그것이 아무리 축적되고 정리된다 하더라도 깨달음의 세계와는 본질적인 연관을 가질 수 없다는 점을 역설적으로 나타낸 것입니다.

'깨달음'이 깨달음 이전의 사고와 행위의 축적된 결과가 아닌, 전혀 새로운 차원의 것이라는 점은 논리학의 말을 빌자면 "깨달음이란 귀납법적인 결론으로 도달하는 것이 아니다." 하는 말이 됩니다.

귀납법적 인식 방법에 대한 부정적인 태도는 근대에 와서는 서구의 철학 사조에서도 일반화된 경향입니다. 이를테면 고전적인 인과성을 부정하면서 "낱개의 관찰에 의한 진술 문장을 아무리 많이 모은다 하더라도 그것이 무제한적인 일반적 진술 문장을 함축하지 않는다." 고 지적한 흄이나, "새로운 과학적 이론이나 법칙은 귀납적 인식 방법의 결과로서 등장하는 것이 아니며, 예술에서와 마찬가지로 과학에서도 새로운 이론에 도달하는 방법적 논리란 없다. 모든 발견은 '비합리적 요소' 또는 베르그송적인 의미에서 '창조적 직관' 같은 것을 내포하고 있다."고 한 포퍼, 그리고 "순수연역에 의해 도달할 수 있는 세계에 대한 모습을 추출해 낼 수 있는 가장 보편적인 법칙을 탐색했지만 그런 법칙에 이르는 논리적 법칙은 없다.", "이론은 관찰의 결과로부터 조작될 수 없고, 그것은 오직 창안될 수 있을 뿐이다."라고 말한 아인 슈타인 같은 과학철학자들의 이야기는 불교 수행자에게도 많은 느낌을 줍니다.

깨달음을 지향하는 관점에서 보면, 어떤 견해로부터 벗어나려고 하는 노력까지도 그것이 공을 깨닫기 이전의 상태라면 그 상태는 아직 어떤 실재의식에서 탈피하지 못한 것이어서 열린 공의 세계와는 무관한 것이 됩니다. 그러나 이러한 관점은 수행 자체가 무의미하다거나 포기되어야 한다고 말하는 것은 물론 아니지요. 논리적으로 볼 때 인과적인 결과로 깨달음을 얻는 것이 아니라 하더라도, 그러한 노력이 깨달음의 중요한 계기가 되는 점을 무시하지 않습니다.

그래서 화두를 통해서든 일상적인 생활 체험에서든 경전 구절의 관조나 세계에 대한 나름대로의 통찰 등으로 인해 문득 깨달음을 얻었을 때, 그러한 일들이 인과적인 입장에서 깨달음의 필연적인 선행요건은 아니지만 중요한 계기가 된다는 것입니다. 그리하여 혜개 스님도 '대도무문'이라는 명제에 이어 '천차유로(千差有路: 어디에도 길이 있다)'라는 두 번째 명제를 잇달아 제시했던 것입니다. 선종사에서 보듯 실로 많은 선사들의 깨달음은 다양하지만 모두 독특한 각자의 체험이 깨달음의 계기가 되었던 것도 바로 이러한 이유일 것입니다.

이런 점에 유의할 때 특히 선적인 수행에서는 다음과 같은 두 가지 형태의 오류를 지양하면서 깨달음에 나아가려는 노력을 하는 것이 중요합니다. 그 오류란 첫째가 '깨달음을 추구하려는 생각에서 빚는 갖가지 행위와 사유(산란)'이며 또 하나는 '어떠한 행위나 생각 그리고 노력까지도 부정하여 없애려고 하는 일종의 허무의식(혼침)'입니다.

곧 깨달음을 추구하는 것 자체도 '진리'라거나 '깨달음'이라는 것에 구애 받는 실재관념의 소산이므로 지양되어야 하며, 한편 의식이 지향점을 잃어 아무 목적도 없이 그 의식 작용마저 없애려고 하는 행위도 결국 무기력과 끝없는 어둠으로 흐를 뿐이라는 점에서 배격되어야 하는 것입니다. 이런 두 가지 유형의 폐단을 극복하면서 긴장과 맑음을 잃지 않는 조화로운 수행을 '성적등지(惺寂等持)'의, 곧 '깨어 있는 긴장[惺]과 실재의식에서 해방된 상태[寂]를 균형 있게 유지하는 일[等持]'의 수행법이라 하여, 예부터 선사들이 늘상 강조해 왔습니다. 그리고 우리도 이러한 '성적등지'의 수행을 통해 경험주의가 낳는 천박성과 편협성을 벗어날 수 있으며 또 회의주의가 낳는 비역사성 또한 반역사성으로부터도 보호되는 것입니다.

만일 사제님이 깨달음의 혁명적 성격에 대해 미심쩍어한다면 십우도(十牛圖) 이야기를 상기해 봄도 좋겠지요. 열 가지 단계의 소 찾는 그림으로 구성된 이 우화는 통상적으로 점진적인 수행의 과정으로 설명하는 경우가 대부분인데, 이는 매우 잘못된 해석이지요. 이 우화는 소를 찾아 길들이는 것이 목적이 아니라 소가 소 아닌 줄을 깨닫는 것이 그 가르침의 핵심인데, 이 우화의 여덟 번째 단계인 '사람과 소가 다 없어짐[人牛俱亡]'의 상태야말로 돈오, 곧 혁명적 깨달음의 단계가 되는 것입니다.

여기서 소가 사라짐은 실재화된 대상으로서의 존재개념이 사라짐이며, 사람이 사라짐은 실재화된 인식주관이 철폐됨입니다. 따라서 '사람과 소가 모두 없어짐'은 인식으로부터의 해방과 존재로부터의 해방을 동시적으로 성취한 '혁명적 깨달음'의 양상이며, 인식적 공과 존재적 공의 이중구조의 공의 세계에 뛰어듦입니다.

이러한 상태야말로 비로소 미망의 역사에서부터 깨달음의 장으로 무대가 일전되는 것입니다. 또 이러한 상황은 선후 절차에 따라 단계적으로 이루어짐이 아닌, 혁명적 상황을 통한 깨달음의 장이라는 점에서 이전의 상태와는 구분되는 새로운 차원인 것입니다.

소를 자유자재로 훈련하여 사람과 소가 혼연일치가 되는 일곱 번째까지의 노력 및 성취와, 소와 사람이 실재가 아님을 알아채는 여덟 번째 단계는 서로 아무런 논리의 연관을 갖지 못하며, 거기엔 깊은 논리의 틈이 있습니다. 이 말은 사람과 소가 한꺼번에 사라지기 이전의, 곧 깨달음 이전의 상태에서의 노력이나 행위가 깨달음의 직접적인 원인이 아니라는 것입니다. 물론 미망의 상태에서의 행위나 노력의 축적이 깨달음에의 직접적인 원인이 아니라는 점이 기왕의 노력들을 무의미하게 만드는 것은 아니지만, 그럼에도 불구하고 깨달음 이전의 노력과 깨달음, 이 사이의 논리적인 틈은 분명히 인식해야 합니다. 이점이 깨달음의 혁명적 성격을 이해하는 관건이 되는 것이니까요.

이리하여 깨달음이란 그를 추구하는 시간과 노력의 많고 적음의 문제가 아니라, 우리의 관점을 새로운 차원으로 전환할 수 있느냐 없느냐의 문제가 되는 것입니다. 황벽 스님의 말씀은 이러한 점에 대한 우리의 이해를 확신시켜 주고 있습니다.

도를 배우는 사람이 만약 한순간에 무심의 경지에 이르지 못하면, 아무리 오랜 세월을 수행하더라도 도를 이룰 수 없다. 왜냐하면 도를 이루겠다는 그 의지와 노력에 구속당하는 탓에 해탈을 얻지 못하는 것이기 때문이다. 그렇지만 무심의 경지에 도달하는 데는 사람마다 그 기간이 길기도 하고 짧기도 하다. 어떤 사람은 도에 대한 가르침을 듣는 그 자리에서 곧장 바로 무심의 경지에 이르기도 하고, 어떤 사람은 그 가르침을 믿고 따르며 실천하는 과정에서[十信, 十住, 十廻向] 무심의 경지에 도달하기도 하며, 어떤 사람은 물질과 정신의 영역에서도 자유로울 수 있는 열 가지 단계의 성인의 경지[十地]를 거쳐서야 비로소 무심의 경지에 이르기도 한다. 그래서 사람마다 수행하는 과정이 길기도 하고 짧기도 한데, 무심의 경지가 되어야만 도를 이루는 것이지 수행하는 과정의 노력 그 자체는 도와 본질적인 연관을 갖는 것이 아니다. 무심의 경지란 어떤 내용을 이해하거나 얻는다는 것을 뜻함이 아니다. 다만 어떤 고정된 태도나 관점을 취하는 것도 아니지만 사물을 바라보는 데서 건강함으로 작용하는 진실된 시각이다. 이러한 무심의 경지는, 한순간에 도달했거나 한없이 오랜 세월의 노력을 통해 도달했거나 관계없이, 깨달음의 시각에서 그 능력이 차이가 나는 것은 아니다.

- 『전심법요』 중에서(전등록 9권)

돈오, 그 혁명적 깨달음을 위하여
- 깨달음과 역사

이제 깨달음을 이야기하는 데서 또 한 가지 중요한 측면을 말하지 않을 수 없습니다.

벌써 여러 해 전의 일입니다만, 어느 두 스님의 이야기가 생각납니다. 한 스님은 참선 수행하는 수좌스님이고 한 스님은 일선에서 포교활동을 하던 스님이었는데, 수좌스님이 이렇게 말했습니다.

"왜 요즘 깨달은 사람은 예전의 깨달은 사람에 비해 열등한가? 왜 요즘 깨달은 사람은 자유자재로 신통(초능력)을 구사하지도 못하고 병이 들기도 하는 따위로, 평범한 인간의 한계를 벗어나지 못하는가? 요즘의 수행법이 틀렸다는 말인가? 어떻게 하면 예전 선지식처럼 큰 깨달음과 능력을 얻을 수 있을 것인가?"

그러자 포교사인 스님이 말했습니다.

"우리의 깨달음이란 관념적이거나 개인의 일신에 관계된 문제가 아니라고 본다. 개인으로서도 성스러운 인격과 실천을 겸비함은 물론이요, 나아가 사회의 제반 문제의 해결과 정토사회의 건설까지도 감싸 안아 성취해야만 진정한 깨달음이요, 성불일 터이다. 따라서 나의 포교활동은 깨닫고 난 뒤의 봉사활동이 아니며, 나의 사회적 실천은 깨달음을 얻기 위한 구도의 과정인 것이다."

두 스님의 이야기는 모두 순수한 종교적 열정에서 비롯된 진지한 구도의 자세를 보이고 있습니다. 그러나 두 스님의 생각에는 저마다 깨달음에 대한 오해가 있음을 지적하지 않을 수 없습니다.

깨달음이란 이 스님들의 이야기처럼 일신상의 많은 능력을 갖는 것이나 또는 사회적 과제를 해결하는 것을 뜻하는 것은 아닙니다. 나 역시 어려서 처음 출가했을 적에는, 깨달은 사람은 초인적인 능력을 얻게 되어 과거·현재·미래의 일을 내다볼 수 있고 물 위를 걷고 하늘을 날 수 있으리라고 믿었던 때가 있었습니다. 그리고 역사와 사회 문제에 관심을 갖게 되면서부터는, 불교에는 개인의 삶은 물론 사회와 민족 등의 모든 문제를 사회적으로 해결해 나갈 수 있는 원리와 법칙, 그리고 그에 따른 실천방식이 있다고 믿었습니다. 다만 내가 아직 어리석어서 그것을 발견하지 못했을 뿐이라고, 또 그것을 시대의 추이에 맞게 새롭게 조명해 내지 못했을 뿐이라고 말입니다.

이런 생각들은 나뿐만 아니라 많은 불교인들이 한 번씩 가질 법한 것이지요. 그밖에 사회의 문제에 좀 더 첨예한 관심을 가지고 헌신적으로 노력하는 진보적인 불교인들은 자신들의 노력이 좀 더 불교의 교리와 정신을 밑바탕으로 삼은 것이어야 하지 않나 하고 내심 반성하기도 합니다. 그래서 그들은 한껏 실천의 장 선두에서 내달리다가도 마치 늘어난 고무줄이 원점으로 회귀하려고 하는 것처럼, '불교'라는 틀 속으로 후퇴하곤 하거나 아니면 되돌아보며 주춤거리곤 하였지요. 거꾸로 전통적인 입장을 견지하려는 불교인들은 이런 진보적인 불교인들의 사회 참여와 실천을 비불교적이라고 비판하는 경향도 있었습니다.

하지만 사제님, 그 어느 때인가 나는 이러한 여러 가지 유형의 생각들이 '깨달음'과 '역사'의 문제에 대한 혼돈에서 비롯된 것임을 깨닫게 되었습니다. 무엇보다도 먼저 '깨달음의 세계'와 '역사에서의 변화와 발전'의 문제는 서로 다른 차원의 것이라고 나는 말하고 싶습니다. (이 말은 아주 미묘한 말입니다.)

'깨달음'이란 변화와 관계성의 법칙, 곧 공(空)의 시각으로 삶을 조망하는 일입니다. 그래서 삶과 존재들에서 실재성의 장막을 벗겨 내는 일입니다. 이것은 모든 삶과 존재들을 비실재적으로 파악하는 것으로서, 존재를 변화의 과정에 있는 가설적인 것, 환상적인 것으로 이해하는 일입니다. 또한 그것을 깨닫는 주체도 역시 비실재요, 환상적임은 두말할 나위가 없지요. 따라서 깨달음의 세계는 어떤 주관적인 인식의 틀이 있어 그것이 대상 존재를 이렇다 저렇다 하고 이해하는 소위 서구적인 인식론의 차원이 아니라, 대상존재와 인식주관의 영역이 서로서로 생성하고 결부되어 영향을 주고 규정하는 것을 깨달아 이러한 인식의 영역과 존재의 영역과의 상관성을 동시에 깨닫고 그것들의 비실재성(무아)을 동시에 통찰해 내는 일입니다.

결국 '깨달음'이란 삶들의 영역이 공-변화와 관계로서의 세계-임을, 비실재-무아(無我)-임을, 가설적이요, 환상적임을 깨닫는 일입니다. 한편, 그와 달리, 개인의 삶에서 능력과 덕을 계발하고 확충하는 일이나 사회에서의 변화와 발전의 과정을 넓은 의미에서 통틀어 '역사의 영역'이라고 말한다면, 역사의 세계는 존재의 실재(reality)를 잠정적으로 또는 확정적으로 인정해 두고서 그를 바탕으로 존재의 변화와 발전을 추구하는 일입니다.

그렇다면 우리는 존재의 비실재성을 말하는 '깨달음'의 입장과 일정한 실재의 터전 위에 집 짓고 논밭 일구는 '역사'의 입장 사이에서 미묘한 논리의 차이를 발견하게 됩니다. 마치 바둑돌에서 흰 것과 딱딱한 것이 서로 다른 차원의 것이듯이 말입니다. 결국 공의 깨달음을 가지고 역사의 여러 문제를 해결할 수 없으며, 거꾸로 역사적으로 아무리 훌륭한 업적을 성취하더라도 존재 곧 역사가 비실재적인 것임을 깨달을 수가 없음을 쉽게 알 수 있습니다.

그렇기 때문에 앞에서의 두 스님의 경우는 훌륭한 노력과 순수한 동기에도 불구하고 결코 깨달음에 이르지 못하는 것입니다. 개인이나 사회를 어떻게 세우고 꾸미는 일과, 그러한 것들의 비실재성을 깨닫는 일은 서로 다른 문제이기 때문이지요. 그런데, 두 스님은 개인과 사회의 여러 문제를 변화시키고 발전시키는 '역사'의 차원과, 그러한 역사의 모든 것들이 환상적임을 통찰하는 '깨달음'의 차원을 구분할 줄 아는 정확한 인식이 없이 적당히 혼합하다 보니 혼란을 일으킨 것이 아닌가 합니다.

사제님, 이제 이쯤 되면 우리는 다시 '깨달음'과 '역사'의 세계는 결코 이원화되어 서로 상관없는 것이 아님을 말해야 할 때라고 봅니다. 이를테면 희다는 것과 딱딱하다는 것이 각기 다른 차원의 문제이긴 하지만 하나의 바둑돌로 통일되듯이, '깨달음의 세계'와 '역사의 세계'는 분리될 수 없는 하나의 삶의 모습으로 통일되는 점에 대해서 말입니다.

이러한 통일된 삶의 모습은 보디(깨달음)와 사트바(역사)가 결부되는 일로서, 이 둘이 변증적으로 합쳐진 '보디사트바(보살)'의 역사적 삶이야말로 바로 그것입니다. '깨달음'과 '역사'의 변증법적인 통일 구조는 삶이 환(幻)임을 깨달은 토대 위에서, 그리고 사회적 여러 문제는 그것들의 역사적 상황 속의 검증으로 도출된 방편바라밀을 통해 해결해 나가는 것으로 이루어지는 것입니다.

여기에서 '사트바', 곧 역사에서의 각 분야의 문제는 그 해당 분야의 역사적 노력과 축적에 힘입은 창의적인 발전으로 해결해 나가야 하는 점임을 특히 강조하고 싶습니다. 다시 말하면 예술의 문제는 미학적인 노력이나 창조적인 작가에 의해, 자연의 법칙은 자연과학적인 노력에 의해, 경제의 문제는 경제학적인 노력과 시책으로, 사회의 문제는 사회학적인 차원으로 각각 풀어 가야 하는 것입니다. 그리고 물론 이런 여러 분야의 일들은 서로 유기적인 관계를 맺고 있기 때문에 그들을 융합적으로 파악하는 일도 중요하며, 노력도 복합적으로 나타나야 하는 점도 인정해야 할 것입니다.

하지만 이러한 문제들은 결코 불교의 깨달음을 통해 해결할 수 있는 것이 아니라고 봅니다. 물론 불교의 뼈대가 되는 변화와 관계성의 통찰은 비단 존재를 바라봄에 있어 실재 의식을 떨쳐서 깨달음에 이르게 할 뿐만 아니라, 개인과 사회의 문제를 바라봄에 있어 변증법적인 사고를 갖게 해 주어 존재들 사이의 포괄적이면서도 역동적인 상관구조를 밝혀 주는 데도 도움을 주고 있음이 사실입니다.

그렇지만 삶 일반에 두루 적용되는 변화와 관계성의 시각이 존재를 바라보는 데서 기본이 되고 기초가 되는 것이라 하더라도, 그러한 통시대적이고 보편적인 관찰법을 가지고는 역사적인 많은 추이와 경험, 그리고 사실의 누적 위에 전개되는 여러 문제들을 해결해 줄 수는 없습니다. 역사적인 문제는 이러한 공(空)의 시각을 토대로 구체적인 시간과 공간의 역사 속에서 분야마다의 개성 있는 움직임과 주변 영역과의 역사적 상관성을 읽어 내야만 비로소 가능합니다. 이러한 역사에서의 적합한 노력들을 일러 바로 '방편바라밀'이라 하는 것입니다. 그래서 보디(깨달음)의 바탕 위에 적절한 역사적 활동인 사트바로서의 '방편바라밀'이 결합됨을 조화로운 삶의 모습이라 하는 것입니다.

한편 보디(깨달음)를 결여한 많은 사람들도 그 나름대로의 희로애락 속에서 역사적 성패를 이루어나가겠지만, 이 삶과 역사가 변화와 관계 속에 진행되는 환상적인 것임을 깨닫지 못한다면, 그들은 그 무지로 말미암아 원천적인 괴로움의 싹을 안고서 꾸려갈 것입니다. 중생의 삶에서 괴로움의 근원은 실로 실재 관념[我相]으로 삶을 수용하기 때문이라고 이미 부처님과 조사스님들이 갈파하신 바 있습니다.

사회의 여러 분야가 저마다 고유하게 독특한 역할을 가지듯이, 불교인에게 특히 출가승려에게 불교인의 고유한 역사적 임무가 있다면, 그것은 바로 역사인에게 역사적 모든 존재가 환상임을 상기시켜 그러한 깨달음의 토대 위에서 역사적 삶을 운용하도록 깨우쳐 주는 일일 터입니다. 그래서 이러한 환상적인 역사관은 역사를 더욱 탄력 있고도 풍부하게 하며, 역사적 성패 여부와 무관하게 삶을 밝고 건강하게 꾸려갈 수 있게 할 것입니다.

마침내 이러한 '깨달음'과 '역사'의 조화로운 삶의 모습이야말로 열린 보살의 역사적인 삶으로서, 그것은 환상적인 삶(보살)이 환상적인 노력[如幻慈悲]으로 환상적인 세계[淨土, 중생계]를 구현해 나가는 일이 될 것입니다. 그리고 보살의 이러한 역사적 실천이야말로 환상으로의 중생 세계를 성취하는 것이며, 그것을 일러 '불국토 청정'이라고 하는 것입니다.

이제 아스팔트 위의 불교인도 '깨달음' 앞에 조금도 위축됨 없이 당당할 수 있어야겠고, 높은 산의 불교인도 '역사' 앞에 떳떳이 가슴을 펴야 할 것입니다.

돈오, 그 혁명적 깨달음을 위하여
- 돈오점수설, 돈오돈수설에 대해

이제 공부하는 과정에서 매우 심각한 혼돈을 일으킨다고 생각되는 '돈오점수설'과 '돈오돈수설'에 대해 지적할까 합니다. 특히 아직 수행의 시작에 있는 사제님들은 잘 살펴보기를 바랍니다.

이 이야기는 자세히 보면 알겠지만 바로 앞 편지 '깨달음과 역사' 편과 그 내용이 같은 맥락에서 이어지기도 합니다. 지난 번에 드린 편지글에서는 주로 사회 역사 속에서의 실천적 삶의 모습과 불교적 깨달음의 상관성을 말했다면, 오늘 드리는 이야기는 깨달음을 구하고 도를 닦는 일, 곧 구도의 차원에 관한 것이라고 하겠습니다.

언제부터인가 우리 불교의 수행에서 가장 중요한 쟁점으로 부각된 것은 바로 '돈오점수설'이었습니다. 이 점은 사제님도 이력 과정에서나 평소 참선하는 중에서 익히 알고 있을 것입니다.

우선 '돈오점수설'은 '깨달음(보디)'과 '역사(사트바)' 사이에 가로 놓여 있는 논리적 차이를 혼동한 수행법이라는 점을 거론하는 것으로 이야기를 시작합시다. 지난 편지글에서도 거듭 말한 바이지만 이 둘의 논리적 차이를 한마디로 비유해 말하면, '역사의 영역'이란 어떤 것을 붉은 것이다, 푸른 것이다, 또는 붉게 만들어 가야 한다, 푸르게 만들어 가야 한다거나 그렇지 않으면 이러저러하게 꾸려나가는 일의 차원이라 한다면, '깨달음의 영역'이란 어떤 '것'이라고 명사화된 그 '것'이 실재가 아니라 변화와 관계성 속에 노정되어 있는 가설적[假]이며 환상적[幻]인 것임을 통찰하는 일이라는 것입니다. 그 어떤 '것'이 실재가 아님을 이해하는 '깨달음'의 문제와 그 어떤 것을 어떻게 변화시키고 내용을 담아 가는가 하는 '역사적(현상적)' 문제는 분명히 다른 차원의 문제입니다.

이제 살펴봅시다. 다음은 대략 간추려 본 '돈오점수설의 요지'입니다.

어린애가 처음 태어났을 때 모든 기관이 갖추어져 있음은 어른과 다름이 없지만 그 힘이 충실하지 못하기 때문에 얼마 동안의 세월이 지난 뒤에야 비로소 어른 구실을 하는 것이다. 마찬가지로 깨달음의 문제도 처음 삶의 본성을 깨닫고 난 뒤에도 여전히 미세한 번뇌와 버릇이 남아 있고 신통의 능력도 아직 구사할 수 없다. 그래서 오랜 기간에 걸쳐 지속적인 노력과 수행을 해야만 '완전한 깨달음' 또는 '최고의 성인'을 이룰 수 있다.

다분히 개인의 일신에 관계된 문제로 국한하여 말하는 이러한 주장은 그 소승적인 태도를 비판하지 않을 수 없지만 이 점은 일단 접어 둡시다.

본성을 깨닫고 난 뒤에 지속적인 노력에 의해 외적인 능력과 완벽한 인격을 갖추는 것으로 수행을 삼는다 하는데, 이러한 견해의 이면에는, '깨달음이란 어떤 내용이나 실재를 수용하는 것이 아님[悟無所得]'을 알지 못하고 본성을 깨닫는다는 것을 어떤 형태의 실재[法]로서 이해하여 수용한 것이 아닌지 의심이 되는 것입니다. 만일 그렇다면 깨달음을 그 어떤 '것'—본성이라 표현하는—의 실재성을 타파하는 것으로 이해하지 않고 그것(본성)을 '푸른 것'이나 '붉은 것' 따위로 이해하는 차원으로 전락시킨 것이 되며, 또 이러한 이해의 바탕이라면 이어지는 점진적인 수행이라는 것도 붉은 삼층집이나 붉은 이층집을 짓는 식이며 푸른 삼층집이나 푸른 이층누각을 짓는 것과 같은 문제로 귀착되어 버리는 것입니다.

결국 '돈오점수설'은 원초적으로 깨달음이란 어떤 것인지에 대한 정확한 이해의 결여가 발단이 되어, '깨달음'과 '역사(현상)'의 영역을 같은 차원에서 이어지는 문제로 처리하는 오류를 범하지 않았나 하는 생각이 듭니다. 다시 말해, 사회적 과제의 문제는 말할 것도 없고 일신의 능력의 성취 여부도 여전히 외적 현상의 문제로서 역사의 영역이 되는데, 이러한 역사 차원의 문제를 깨달음의 연장선상에 있는 문제로 이해하여 외적인 능력과 공용(功用)의 성취를 깨달음의 확충과 완결로 잘못 이해하였다는 것입니다. '돈오점수설'에서 즐겨 인용하는 『능엄경』의 구절에서도 이런 점은 거듭 확인됩니다.

이즉돈오(理卽頓悟) 이치[理]는 단번에 깨닫는 것,

승오병소(乘悟並消) 이 깨달음을 통해 번뇌(실재의식)는 타파된다.

사비돈제(事非頓除) 반면 현상[事]의 문제는 단번에 제거되는
　　　　　　　　　　것이 아니며

인차제진(因次第盡) 그것은 점차적으로 해결되는 것이다.

　이 구절은 얼핏 보면 깨달음과 현상의 문제를 같은 차원의 연장선인 것으로 말한 듯이 생각되지만, 사실은 이치[理]인 깨달음(보디)의 영역과 현상[事]인 역사(사트바)의 영역에는 논리의 틈이 있음을 드러내 보인 것입니다. 결국 '돈오점수설'을 주장하는 이는 경전을 잘못 이해하여 이 구절을 아전인수 격으로 해석하고 만 것이지요.

　이와 같이 '깨달음'과 '역사'의 상관성을 이치[理]와 현상[事]이라는 이해의 틀로써 설명함은 화엄학에 이르러 '이법계(理法界)'와 '사법계(事法界)' 설로 정형화되며, 이 둘의 차원이 변증적으로 결합된 모습을 '이사(理事) 무애법계', 더 나아가 '사사(事事) 무애법계'라고 하여 통일된 바람직한 모습으로 그리기도 합니다. 하지만, 이럴 경우에도 돈오점수설의 경우와 같이 이(理)와 사(事)가 같은 차원의 연장은 아닙니다. 바로 이런 가르침을 통해, 우리는 우리의 수행과 실천이 일차원적인 연장선상의 개념인 '돈오점수'의 길이 아니라, 다른 차원의 문제가 통일적으로 결합된 '보디사트바[깨달음(理)＋역사(事)]'의 길임을 알 수 있는 것입니다.

　그래서 무엇보다 먼저 삶이 실재가 아님을 깨닫는 연기적 통찰(보디)을 갖추기 위해 노력해야 하고, 그런 뒤에는 이러한 깨달음을 밑바

탕으로 하여 역사적 차원의 문제는, 그것들이 비록 환(幻)임을 잘 알고 있다고 하더라도, 역사 속에서의 검증과 실천 그리고 역사적 상상력에 입각한 가설인 방편바라밀을 통해 해결해 나가야 하는 것입니다.

'돈오점수설'에 덧붙여, 또 하나의 주장인 이른바 '돈오돈수설'에 대해서도 살펴봅시다. '돈오돈수설'이란 '돈오점수설'에 대한 반박으로 대두되었는데 그 주장의 요지를 보면 다음과 같습니다.

깨닫고 난 뒤에도 다시 점진적으로 수행해야 완전해진다는 것은 어불성설이다. 그렇다면 그 깨달음은 잘못된 것이다. 깨달음이란 일상생활에서나 오고 가는 속에서도 흔들림 없고, 꿈속에서도 여일하고, 그뿐만 아니라 아뢰야식의 미세한 망상까지도 끊어 없어진 상태인 것이다. 이러한 경지에서 비로소 진여-존재의 참모습-가 드러나는데, 이를 일러 견성이라 하며 완전한 구경의 깨달음이라 하는 것이다.

만일 사제님이 기왕의 편지들에서 깨달음의 성격과 또 역사적 차원의 문제에 대해 이야기한 것에 대해 공감한다면, 이 '돈오돈수설'의 문제점도 쉽게 알 수 있으리라 믿습니다. 맨 먼저, 위의 주장과 같이, 만일 '돈오돈수설'이 깨달음을 말하는 데서 미세한 번뇌까지도 끊어 제거한다든지 일정한 능력을 구비하는 것 등을 주장한다면, 이 또한 앞의 '돈오점수설'과 마찬가지로 '깨달음'과 '역사'의 영역에 대한 혼돈이 깃들어 있음을 지적하지 않을 수 없으며, '돈오'를 강조하고 있지만 그 내용에서는 '점수'에 해당하는 것으로서 '점수돈오'의 변형된 주장이라 하겠습니다.

"번뇌를 끊어 마침내 해탈에 이른다."는 것에 대해 말하자면, 경전에서의 "번뇌를 끊는다.", "멀리 여의다." 하는 따위의 표현은, 결코 글자 그대로 받아들여서는 안 되며, 가르침의 법칙으로 이해해야 합니다. "번뇌를 끊는다."는 말은 심리 현상이나 번뇌 자체가 없어지거나 액면 그대로 그것을 제거하는 것을 뜻함이 아닙니다. 그렇게 되면 바위나 나무와 같이 되어 버리는 것이니까요. 이 말의 본뜻은 심리 현상과 외적 작용은 여일하지만 그것을 수용하는 자세가 '실재의식'에서 벗어난 것을 말합니다. 마치 "윤회에서 벗어난다(또는 윤회를 끊는다)."는 말도 윤회 현상(생멸현상)이 없어지는 것이 아닌, 생멸심(생사심), 곧 실재 의식을 떨치고 생멸 현상을 수용하는 것이라는 점과 같은 이치이지요. 이런 점에 대하여 옛 선사는 "물고기가 용이 되어도 그 비늘을 바꾸지 않고, 범부가 성인이 되어도 그 얼굴을 바꾸지 않는다."라는 말로 비유하기도 했지요.

이래서 돈오하고 난 뒤에 다시 6바라밀을 닦아 아공(我空)·법공(法空) 등을 증득하고서 마침내 최후의 깨달음에 이른다는 식의 '돈오점수설'과 마찬가지로, 수증점차의 관문 통과를 전제해야만 대도에 이른다는 '돈오돈수설'도 수행에서 신비주의적인 경향으로 치달리게 되는데, 이 모든 것이 바로 돈오(혁명적 깨달음)와 역사적 영역과의 상관성을 정확히 이해하지 못한 탓입니다.

그러나 이 두 주장이 낳은 근엄하고도 성실한 수행 태도까지 부정하거나 폄하하는 것은 아닙니다. 마치 유교에서 성리학이 도덕적인 윤리성 확보와 성인을 지향하는 성실한 삶을 꾸려나가는 데 중요한 역할을 하였듯이, 이 두 주장도 많은 수행자들로 하여금 증상만(교만심)에 빠지지 않고 끊임없이 자기를 되돌아보는 각고면려(刻苦勉勵)의 수행가풍을 이루는 데 기여하였습니다. 그러나 그럼에도 불구하고, 깨달음에 대한 논리적 혼동은 결국 깨달음을 성취하는 데도 방해가 되었으며 역사적(사회적) 삶을 사는 데도 왜곡된 형태를 낳게 하였던 것입니다.

깨달음과 역사적 삶에 대한 지금까지의 이야기를 간추리면 다음과 같은 옛 스님의 말씀으로 정리할 수 있을 듯싶습니다.

실제(實際)의 이지(理地)에서는 한 티끌도 용납하지 않지만
만행문(萬行門)에서는 한 법도 버리지 않는다.

삶(존재)을 깨달음의 눈으로 비춰 보면 그 어떤 실재(reality)도 성립할 수 없지만, 역사의 차원에서는 환과 같은 방편바라밀을 구사하여 다함없는 법계를 장엄하는 것입니다. 이러한 모습은 '보디사트바(깨달음+역사)'라는 각성되어 있는 풍부한 삶의 전형으로 표방될 수 있을 것입니다.

이제 우리의 수행론과 삶의 방식은 일면적인 '돈오점수'나 '돈오돈수'설이 아니라, 돈오(보디)와 역사(사트바)가 양면적으로 결합된 '보살도의 구현'이어야 할 것입니다.

마음·부처·중생

벌써 가을입니다. 단풍이 물든 산자락엔 소슬바람이 우수수 불고 계곡에는 푸른 물빛이 가득 고여 있습니다. 지난 봄 피고 지던 꽃잎이랑, 더위와 태양 아래 꿋꿋하게 푸르던 잎새는 이제 와 생각하니 모두가 변화하는 우리 삶의 한 단면이었던 듯싶습니다. 지난 여름 내내 '깨달음'에 대한 이야기를 장황하게 했지만 정작 중요한 이야기는 그물에 새어나가 버린 듯 빠뜨린 것 같아 마음 한구석엔 허전함이 있습니다.

　우리 불교는 이 천여 년에 걸쳐 다양한 문화권으로 확산되는 과정에서 교리의 풍부함과 첨예함을 얻게 되었지만, 그런 한편 정통적인 태도와는 함께 할 수 없는 이질적인 요소들도 수용하게 되었습니다. 그 가운데 우리에게 가장 문제가 되는 것은, 불교가 한문 문화권으로 유입되면서 그 본래의 투명하면서도 질긴 불교의 연기적 세계관을 자연주의 색채가 너무나 짙은 중국인의 세계관 속으로 용해시킨 일입니다. 이를테면 선종에서 자주 인용하는, 유명한 승조 법사의

천지여아동근(天地與我同根) 천지는 나와 동일한 바탕이며
만물여아일체(萬物與我一切) 만물은 나와 한 몸이다.

하는 설법은 이해하기에 따라 중국의 도가사상과 같은 느낌을 줍니다. 문맥 자체도 장자의 '제물론' 가운데 나오는

천지여아보생(天地與我普生) 천지는 나와 함께 태어났고
만물여아위일(萬物與我爲一) 만물은 나와 하나이다.

하는 구절과 유사하거니와 승조 스님이 본체〔體〕나 현상〔用〕의 이원적 사고의 틀을 가진 도가 사상에 깊은 영향을 받고 있었음도 널리 알려진 사실입니다.

불교가 한역화되는 과정에서 기존의 중국 사상에 많은 영향을 끼치기도 하였지만 한편으로는 중국인들은 기존의 중국적 사고 방법으로 불교를 왜곡되게 받아들인 바가 적지 않으니, 이 점이 후세에게까지 부정적으로 영향을 끼치게 되는 요인이 된 것입니다. 그런데 문제는 이런 점들이 철저하게 비판되지 않은 채 은연중에 불교 속에 깃들어 오늘에까지 수행과 실천에 막대한 영향을 끼치고 있다는 점입니다. 특히 도가 사상은 불교에 가장 많은 혼란을 주었습니다. 도가 사상에 따르면 삼라만상의 존재〔有〕는 없음〔無〕이나 비어 있음〔虛〕에서 비롯

된다고 합니다. 곧 현상세계의 모습은 갖가지 변화와 차별을 지니고 있지만 그것들의 밑바닥엔 보편적인 무(無)가 꿰뚫려 있다고 합니다. 그래서 현상의 여러 가지 모습에 사로잡히지 않는 자유로운 태도에서 주체적인 존재를 성취하기 위해서는 이러한 무의 경지로 되돌아갈〔復歸〕 필요가 있다고 생각하지요. 현상의 깊숙한 곳에 가라앉아 무의 심연에 다다르고 그곳으로부터 현상의 참된 뜻을 통찰하자는 것이지요. 정통적인 도가의 사상가인 왕필(王弼)은 다음과 같이 말했습니다.

> 하늘과 땅은 넓고 크지만 그 마음은 무(無)이다. … 그러기에 나날이 복귀하여 깊이 생각하노라면 하늘과 땅의 마음도 뚜렷하여진다. … 사심을 없애고 몸을 없애면 세계는 잘 다스려져 먼 곳에서도 따르고 찾아오지만, 자기를 앞세우고 편견을 품게 되면 스스로의 몸 하나도 올바르게 지킬 수 없다. … 만물은 귀중한 것이기는 하나, 무(無)에 의해 비로소 일을 이루는 것이며, 무를 외면하면 형상조차 잡을 수 없다.

이러한 도가의 사상은 필연적으로 존재를 보는 데서 외적인 현상 작용과, 그 이면에 내재하여 그러한 것들을 가능하게 해 주는 법칙성으로서의 본체〔體〕라는 두 부분을 상정하게 됩니다. 이러한 '체와 용'의 구분법은 나중에 불교를 해석하는 데서도 무분별하게 도입되어 많은 악영향을 낳았습니다.

그 대표적인 것이 "존재일반〔法〕은 '무수한 관계와 변화〔空〕'로써 이루어진다."는 말에서, 공(空)이라는 말을 '관계와 변화'의 뜻으로 파악하지 않고 도교에서의 '무'로 이해하여 모든 현상계의 근원이 되는 모태쯤으로 왜곡하여 생각한 점입니다. 곧 공이라는 말을 탄력적이고 역동적인 관계성의 모습으로 파악하지 않고, 현상계의 배후에 근거하는 본질적인 그 어떤 심오한 영역으로 규정한 것입니다.

이러한 경향이 스며들면서부터 불교에서도 은연중에 존재를 보는 데서 본체계와 현상계를 염두에 두게 되며, 삼라만상의 이면에는 그 본질적인 '도'가 있을 것이라거나 또는 겉으로 드러난 추하고 부정적인 모습을 없애면 진리의 모습이 구현될 것이라는 식의 주장을 배태하게 됩니다.

그리고 모든 현상의 모습은 본질적인 '도'나 '진리'의 다양한 나툼이라는 생각을 하게 되었으며, 현상의 다양한 차별상에서 그 본질인 '도'나 '진리'를 꿰뚫어볼 수 있으면 현상 그 자체를 진리의 모습으로 받아들일 수 있다는 생각을 하기에 이르렀습니다. 이런 생각의 연장에서 나오는 이야기들이 바로 "산빛은 부처님 모습이요, 물소리는 부처님 설법이다."라거나 "두두물물이 진리 아님은 없다." 하는 따위의, 일면 범신론(汎神論)적인 표현입니다. 물론 여기에는 많은 논란이 있을 수 있으며, 이러한 말 자체가 꼭 도교의 세계관을 전제하지 않은 것일 수 있습니다.

또한 이러한 이야기가 어떻게 보면 모든 실재의식을 떠나서 불교적인 열린 세계관으로 보는 존재의 모습을 표현한 것일 수도 있습니다. 그러나 엄밀히 말하면 불교는 번뇌 집착(실재의식)을 떨칠 것을 요구할 따름이지, 그 후에 나타나는 세계가 본질의 세계라든지, 성스럽다든지, 또는 진리라는 따위의 표현은 쓰지 않는다고 생각합니다. 성스러운 영역, 진리의 세계, 본질의 부분 등이 있다고 생각하는 것 자체가 매우 그릇된 사고방식이니까요.

아무튼 이러한 '본체와 현상'이라는 이분법적 사고 형태는 현실적으로 유·불·선의 삼교에서 두루 공유하고 있음이 부분적으로 사실입니다. 유교에서도 불교와 도교에 영향 받은 성리학자들은 이(理)와 기(氣)라는 또 다른 유사한 사고의 틀을 가지고 세계를 이해하려 했으니까요. 개별적인 사상(事象)을 초월하는, 강력한 보편적 기초로서의 이(理)를 체득함은 도학자들의 중심 과제였습니다.

한편 이러한 생각은 중국뿐만 아니라 인도의 브라흐마니즘에서도 발견할 수 있습니다. 브라만(梵)과 아트만(我)의 상관관계로써 세상을 설명하는 이 사상은, 쉽게 말하면 모든 삼라만상의 개체들(我)은 창조주이면서 본질인 브라만(梵)이 시간과 공간 속에 나툰 제약된 모습이라는 것입니다. 그 제약이란 미망 또는 환상이라 불리는 마야(Māyā)입니다. 보기를 들면, 하나의 개체는 하나의 병 속에 든 공기와 같은 것이지요. 그런데 그 병만 깨뜨려 버리면 병 속의 공기는 크나큰 허공으로 돌아가는 것이므로 병에 감싸여져 있을 뿐이지 본질적으로 병 속의 공기와 병 밖의 허공은 같습니다. 이것이 범아일여(梵我一如) 사상입니다. 미망 곧 마야만 깨뜨리면 개체(아트만)는 본질(브라만)로 합일되는 것입니다.

표현하는 것이 조금씩 다를 뿐이지 중국이나 인도나 비슷하지 않습니까? 이러한 세계관은 대체로 선정(禪定)을 닦는 즉, 수정주의적(修定主義的) 경향으로 흐르게 됩니다. 병을 깨뜨리는 작업, 다시 말해 마야(미망)를 벗기는 일, 기도와 요가, 도교에서의 사심을 버리고 몸을 버리는 망아(忘我), 상신(喪身)의 연찬, 모든 사물에 나아가 그 근원적 이치에 계합하려는〔格物致知〕 도학자들의 양성(養性) 같은 수행법이 그것입니다.

한편 생각하면, 이런 생각들은 너무나 원시적이고 소박한 형태이기에 나는 이러한 생각을 '자연주의적 사고방식'이라고 치부합니다. 그런데 이런 사고에 물든 불교인은 공(空)의 세계를 무(無), 도(道), 이치〔理〕, 본질〔體〕 따위의 의미로 이해하기 때문에, 공을 마치 세계 속에 또는 일신에 갖추어진 무슨 신비스러운 구슬이나 거울처럼 여겨, 때를 닦아내고 희로애락이니 욕망 따위를 제거하고 정제하여 드러낼 오묘한 경지라고 생각합니다.

공의 가르침은 변화와 관계성의 가르침으로서, 존재일반〔法〕을 어떻게 이해하며 수용해야 하느냐는 것입니다. 이는 또한 구도자가 추구하는 '깨달음'의 내용이기도 합니다. 그런데 곧잘 우리는 '깨달음'이라는 말이 주는 느낌 때문에 우리 자신의 주관적 영역을 선험적으로 전제하고 난 뒤, 간발의 차이로 다가오는 대상에의 관심으로 몰두하기가 쉽습니다. 그래서 '깨달음'을 대상존재에 대한 어떤 이해, 곧 '~을 인식한다'는 인식론의 차원으로 빠뜨리는 것입니다. 그렇다면 존재일반을 어떻게 이해해야 하겠습니까.

분명한 것은, 존재일반에게서 '인식의 영역'과 '존재의 영역'은 선험적으로 주어져 있는 것이 아니라는 점입니다. 이 둘은 서로가 서로를 동시적으로 생성시키면서 그 성격을 규정해 나갑니다. 따라서 엄밀히 말하면 두 영역으로 구분하는 것은 다만 우리 의식의 관행일 따름이며 결코 분리될 수 없는 것입니다. 그래서 불교에서의 존재일반은 단순히 대상적인 존재가 아니며 선험적인 인식의 체계도 아닌 것이며, 주관적인 입장, 곧 '나'라는 것까지 모든 존재일반 속에 용해시켜 주관과 객관을 아우르는, 인식과 존재를 동시에 부여잡는 차원의 장(場)을 뜻합니다. 이러한 역동적인 관계성을 일컬어 공의 세계라 하며, 이러한 세계에 온몸과 마음으로 체득하여 참여함을 '혁명적 깨달음〔頓悟〕'이라 하는 것입니다.

이리하여 용광로와 같은 뜨거운 깨달음의 제련을 거친 '존재일반'은, 도교에서나 힌두이즘에서 보듯, 인식의 틀 앞에 놓인 일면적이고 자연적인 대상존재가 결코 아닙니다. 이렇게 새로이 태어난-본래로 회복된- 존재일반은 이제 달리 '마음', '부처', '중생' 따위의 이름으로 불립니다. 그리고 이 세계는 선정을 닦는 수정주의적인 닦음이나 제거와 같은 점진적 노력을 통해 도달되는 것이 아니라, 인식과 존재를 단숨에 싸안아 넘는 혁명적 전환을 통해 깨달아 계합하는 것입니다.

꽃을 따고 잎을 떨어뜨려 그 뒤에 남는 가을의 앙상한 가지나 겨울의 질긴 뿌리만 나무의 참모습이라 하는 생각은 결코 찬성할 수 없습니다.

더욱 정진하시기를….

보살만행
菩薩卍行

모래와 바위, 잔솔로 뒤섞인 관악의 토굴은 암울합니다. 가끔 도시가 내려다보이는 바위 언덕에 서면 새벽안개 속의 바쁜 도시의 모습과 저물지 않는 공장의 불빛이 지척에 있습니다.

사람이란 아는 것만큼 행하고, 행하는 만큼 아는 법입니다. 또는 앎의 내용을 통해 실천적 모습을 가늠하고, 행함을 통해 앎의 정도를 단적으로 드러냅니다. 굳이 말하면 앎과 행위는 분리되거나 선후 관계가 아닌 지행합일(知行合一)이겠는데, 이곳 이름 없는 산모롱이 한 끝자락도 '일찍이 보살이 중생을 위해 몸 버렸던 자리였거니' 하면 감회 깊은 마음을 주체할 수 없습니다.

사제님, 오늘의 출가보살(비구)은 사회의 현대화로 말미암아 중생들의 삶 그 가운데 자리하게 되었습니다. 이젠 산도 들도 도시도 하나의 터전이 되었으며, 이웃과 세계와 각 계층과 각 부문의 삶들이 온전하게 결부되어 움직이고 있습니다. 불교의 연기적 세계관은 현대에 와서 자연과학과 사회과학의 향상으로 더욱 구체적이고도 입체적으로 부각되고 있는데, 이 점은 진작 불교인들의 좀 더 앞선 역사 의지와 실천 의지로 검증되었어야 했으리라 믿습니다.

불교는 그 이론적 관심이 지금 이 자리에서부터 우주적인 데까지 미치며, 자비와 실천의 모습은 내 이웃의 삶에서 온갖 이름 없는 생명까지 대상으로 하고 있지만, 역사상의 제약으로 말미암아 늘상 추상적이고 관념적인 수준에 머문 점이 많았습니다. 이제 오히려 중생들의 노력과 역사의 축적에 힘입어 전체와 부분, 이것과 저것들의 상관성이 분명하게 표면에 드러나는 듯합니다.

한 승려가 역사의 문제에 대한 잘못된 이해를 가짐으로 말미암아서 오백 생을 통해 여우 몸을 받았다는 교훈이 있습니다. "인과에 떨어지지 않는다〔不落因果〕." 이것이 처음 그가 가졌던 존재와 역사에 대한 이해였습니다. 깨달음을 얻은 사람은 인과율에 저촉되지 않으며 그것들로부터 자유롭다고 생각한 것이었습니다. 이 때문에 그는 오백 생을 처참하게 고생한 끝에 비로소 참다운 삶이란 "인과에 어둡지 않은 것〔不昧因果〕"이라는 소중한 진리를 온몸으로 체득하게 되었습니다.

사제님, 우리 중생계의 적나라한 현실인 역사의 여러 문제를 우리는 어떻게 생각해야 할까요? 우리가 자주 거론하는 '연기'나 '공'의 가르침은 이 문제를 어떻게 설명하고 있습니까? 아직도 많은 불교인들이 깨달음의 세계를 이 땅을 떠난 천국의 것으로 내몰거나, 그렇지 않으면, 이 땅과 삶들 속에 있되 그것으로부터 자유롭고 초월적인 가치

체계로 오인하고 있지는 않습니까? 그렇다면 그 사람이야말로 오백 생의 여우 몸을 받을 오류를 범하는 것이라 하겠습니다.

깨달음은 바로 삶과 현실 역사에 대한 이해며, 존재의 변화와 관계성에 대한 통찰입니다. 이 깨달음을 통해, 우리는 자연적 태도 속에선 감추어 드러나지 않는 의식과 존재의 지향적(연기) 관계를 나타낼 수 있게 되며, 의식이든 존재든 그 어떤 형태와 개념이라도 독자적인 실재가 없음을 이해하게 됩니다. 그리고 이러한 깨침에 이른 순간 우리가 처한 역사의 여러 조건-우리를 울리기도 웃기기도 하는-들로부터 원천적인 해방을 얻을 수 있습니다. 왜냐하면 그러한 것들이 더 이상 절대적이고도 실재적인 것으로 우리를 구속할 수 없기 때문입니다. 그리고 삶의 구조 속에서 주체로서 자각하지 못하는 피동적이고 굴절되어 있는 소외 상태를 극복함으로부터, 우리는 어떠한 상황에 처할지라도 우리 자신을 안정과 자유 위에서 주체성을 확보할 수 있는 능력을 갖추게 됩니다. 이는 각박하고도 변덕스러운 세태 앞에 놓여 있는 인간 존재에겐 더없이 훌륭한 삶의 기술입니다. 나는 이러한 자유인을 소승의 '아라한'이라 부릅니다.

한편 존재의 모습은, 그것이 실재적인 것이 아니라 하더라도, 여전히 변화와 관계 속에 진행되는 상태로 계속 우리 앞에 놓이게 됩니다. 그리고 현실적으로 이러한 대상적 세계(자연, 사회)에는, 잠정적이든 항구적이든, '실재하여 있음[有]'을 전제로 하여 조정되는 독자적인 인과관계나 법칙성이 작용하고 있습니다. 이런 점들이 삶이 이어 온 이래의 경험과 사실로 누적되어 그 결과들이 역사적 문제, 사회적 문제로 우리 앞에 대두되는 것입니다.

이러한 문제를 불교에서는 '사트바(역사)'의 영역이라 하여, 단순히 '모든 존재가 변화와 관계로 구현되는 비실재적인 것'이라고 이해하는 '보디'의 깨달음으로는 해결할 수 없는 다른 차원의 것으로서, '보디'에 덧붙인 구체적인 방편바라밀을 통해 해결해 나가야 한다고 말합니다. 그래서 '보디'의 깨달음으로 현실적인 경제 정책을 수립하거나 이데올로기 문제를 따진다거나 시를 짓거나 병을 치료하거나 텔레비전 수상기를 고치려 하는 것이 아니라, 각 분야의 일에 맞는 제 과학과 그것들의 역사적 지식을 통해 문제를 풀어야 한다는 것입니다. 왜냐하면 역사적인 문제는 역사적 경험을 통해 파생된 것이기 때문에 그것들의 법칙성이나 연관성을 통해서만 해결할 수밖에 없기 때문입니다.

그런 점에서 사람을 직시하는 기본적 시각인 '보디(깨달음)'와 당장 뜨겁고도 주요한 역사적 문제의 현실적 해결을 담보할 수 있는 방편바라밀인 '사트바'는, 각각 삶에서의 '기본 가치'와 '주요 가치'로서, 서로 나눌 수 없는 삶의 이중적인 요건이라고 말하고 싶습니다.

이러한 이해의 바탕 위에 설 때, 우리는 깨달음(보디)과 적절한 역사적·사회적 실천이 서로 이상적으로 결합되는 삶을 요청하게 되는데, 그러한 삶을 일컬어 '보디사트바(보살)'라고 하는 것입니다. 그리고 보디와 사트바가 변증법적으로 통일되어 실천되는 뜨거운 불꽃같은 삶을 형상화하여 '보살행(行)'이라 표현하는 것입니다.

나는 가끔 '아라한'과 '보살'의 삶을 비교하여 생각하면서 '~으로부터의 자유(freedom from~)'와 '~에로의 자유(freedom to~)'라는 말을 떠올리곤 합니다. 물론 전자가 '아라한'이고 후자가 '보살'의 경우입니다. 이 두 표현은 비슷한 것 같아도 매우 차이가 있다고 생각합니다. 이것은 비유의 말이지만 '아라한'의 입장은 이렇습니다.

존재를 보는 데는 가림 없는 시각이 무엇보다 중요하다. 붉은 색이나 푸른 색 따위의 유리를 통해 보는 것은 존재를 바로 보는 것이 아니다. 무색투명한 유리도 오히려 군더더기이며 어떤 형태의 유리도 눈앞에 두지 않아야 사물을 바로 볼 수 있다.

그러나 보살의 입장은 좀 다릅니다.

그것은 기본적으로 옳은 말이긴 하다. 하지만 현실적으로 시력이 약화되거나 햇빛 등의 눈부심이 있을 때, 알맞은 도수의 안경이나 색안경을 쓰면 사물이 훨씬 잘 보인다. 필요에 따라 여러 가지 안경을 개발하여 사용함은 조금도 해롭지 않다.

아라한은 유리를 제거함으로써 자유를 찾습니다. 하지만 보살은 적극적으로 안경을 활용함으로써 자유로운 것입니다. 또한 보살은 안경을 쓰고 세상을 바라보더라도 안경 자체의 속성을 잘 알고 쓰기 때문에 세상을 오해하지 않습니다. 곧 갈색 안경을 썼더라도 세상을 갈색이라고 착각하거나 그것에 집착하지 않는 것입니다.

사제님, 아직도 불교 집안에서 역사를 부정시하거나 사회에 대한 관심을 비불교적이라고 생각하는 '아라한'의 태도가 있다면, 이러한 보살의 역사관으로 수정되어야 한다고 생각하지 않습니까? 그런데 여기까지 이르렀다 치더라도, 다시 말해 사회의 역사에 능동적으로 참여함을 긍정하긴 하더라도, '이런 것은 불교적인 것이며 저런 것은 비불교적인 것이다, 이런 행동은 불교적이며 저런 행동은 비불교적이다' 하고 선을 긋는 문제가 오늘날 보살의 실천에서 중요하게 대두되는 것 같습니다. 이를테면 ○○주의는 불교적이니 괜찮고 △△주의는 비불교적이라 곤란하다는 따위의 태도 말입니다. 하지만 바로 말하자면, 사실은 불교의 고유한 영역이나 가치 체계가 따로 있다는 것은 아무래도 인정할 수 없는 것이 아니겠습니까? 다만 굳이 불교적인 것이라고 할 수 있는 것이 있다면 '보디'의 영역이 그에 해당할 것입니다.

그래서 '사트바'의 영역인 역사상의 여러 문제를 불교적인 것, 비불교적인 것으로 구분하려 함은 논리적 혼돈이라 하지 않을 수 없습니다. 곧 갖가지 주의주장과 천차만별한 사회의 모습들은 '사트바'의 방편적 영역으로서 결코 '불교다, 비불교다' 하는 식으로 나눌 수 있는 성질이 아니라는 것입니다. '사트바'의 속성 탓으로 그 속에 파생되는 갖가지 주의주장들이 온갖 실재론에 기초하고 있음은 사실이지만, 그러한 모습들이 단순히 실재론에 고착된 방편적 삶으로 전락되지 않고 원천적 해방을 담보하는 방편바라밀로서 빛날 수 있도록 '보디'의 열린 기본적 시각만 뒷받침된다면 문제가 없는 것입니다.

결국 어떤 주의·주장도 보살의 적절한 역사적 상상력과 가설의 도입에 과감히 개방되어 있다는 것입니다. 그리고 '보디'의 시각은 존재들의 '비실재성'을 깨닫게 해 주는 기본 바탕이 되지만, 겸하여 '사트바'의 차원에서 보면 잠정적인 실재[有]를 인정함을 전제하더라도, 사회 문제를 살핌에 있어서도 그가 가지고 있는 변증법적인 논리 체계는 그 무엇보다도 훌륭한 기초 도구가 됨을 간과해서는 안 될 것입니다.

이제 보디(깨달음)의 원천적인 시각은 보살로 하여금 집착과 머묾에서 벗어나 물 흐르는 듯한 열린 자세로 두려움 없이 역사 앞에 서게 해 줄 것이며, 풍부한 역사적 바라밀은 희생, 헌신, 인욕을 통해 꽃피게 될 것입니다. '화엄(華嚴)'이라는 말이 있듯이, 모든 보살들이 각각의 노력과 실천을 통해 나름대로의 빛깔과 향기로 이 중생계를 불국토로 장엄하는 모습은 상상만 하여도 가슴 벅찹니다.

사제님과 나는 과연 어떤 방편바라밀을 구사해야, 이 땅에서, 오백 생의 여우 몸 과보를 면할 불매인과적 보살만행을 나툴 수 있겠습니까?

바람이 점점 차가워지는 만큼 우리의 마음도 더욱 맑아지고 매워졌으면 합니다.

정진하시기를….

불국정토
佛國淨土

사제님, 오늘날 우리 불교에서 가장 중요한 문제로 떠오르는 것은 '역사'에 대한 관심이라 여깁니다. 이 말은 불교 자체가 역사화되어야 한다는 뜻이기도 합니다. 그만큼 우리 불교는 이 역사와 거리를 두고 있다고 느끼기 때문입니다.

많은 사람들이 제대로 된 불교사(한국 불교사)가 정립되어야 한다고 하는데, 이는 불교사가 단순히 학교나 강원에서 필요한 교재이기 때문만은 아닙니다. 물론 불교사에 해당될 수 있는 문헌이나 자료가 없는 것은 아니지만 그것들은 거의가 교단의 전개 과정이나 종파나 학파에 대한 기록을 적은 교단사(敎團史)이거나 전등사관(傳燈史觀)의 시각에서 정리된 전법 과정의 기록이 대부분입니다.

이런 것들이 불교사를 대변할 수 있다고는 생각되지 않습니다. 우리는 여기서 나아가, 아니 시각을 전환시켜, 불교의 이름 아래 전개된 이름 모를 수많은 중생들의 역사적 행위와 그 성취까지도 총괄적으로 정리하지 않으면 안 됩니다. 불교사를 '교단사'나 '전등사'의 차원을 넘어 '중생사', '민중사'의 관점에서 정리해야 한다는 것이지요. 이러한 새로운 불교사의 요망은, 불교가 교단이나 수행자 집단의 틀을 넘어 역사 전체를 조망하여 수렴하려는 새로운 불교적 이해를 뜻하는 것입니다. 이제 불교는 교리적으로도 역사화될 수 있도록 역사 철학으로 전개되어야 하며, 현실적으로도 역사 속에서 구체적으로 그 사상이 구현될 수 있도록 해야 한다는 것입니다. 이러한 차원에서 보면 오늘날 미숙하긴 하지만 활발히 전개되는 민중불교운동이나 정토구현운동은, 유보되고 왜곡된 불교의 모습을 지양하고 불교 본래의 중심 과제로 뛰어들고자 하는 새로운 시도라 할 수 있겠습니다.

　예나 지금이나 대부분의 사람들은 불교를 생각할 때 현학적이고 논리적인 교리로서가 아니라, 법당의 장엄한 '불상'이나 '나무아미타불', '관세음보살' 같은 불보살 명호에서, 또는 '극락세계'나 '목탁소리에 맞춰 외우는 낭랑한 염불', '수행하는 스님', '자비행을 하는 이웃의 푸근한 불자'와 같이 신앙적인 면에서 강렬한 인상을 받고 있다고 보입니다. 또 현실적으로 보더라도 역사에 나타나 있는 불교의 자취라할 수 있는 것들, 이를테면 회화, 건축, 조각 따위의 예술적 유산이나 생활과 민속에 어우러진 요소, 또는 사회 운동이나 정치적 변혁의 움직임으로 나타난 모습들은 신앙과 실천 수행에 직결된 것이었습니다. 이는 신앙이 뒷받침된 실천 수행이야말로 더욱더 현실적이며 역사적이며 문화적이라는 것을 단적으로 드러내는 것입니다.

'중생사'의 시점에서 보면 불교사란 불국정토를 염원하는 숱한 보살들의 희원(希願)과 노력의 집적입니다. 우리는 이러한 신앙적이며 실천적인 모습에 대해 새롭고도 긍정적인 평가를 함으로써 불교의 사회적·역사적 의미를 발견할 수 있을 것입니다. 오늘날 전개되는 불교인의 역사적 실천도 이러한 기존의 신앙과 실천에 접합될 때 더욱 힘있고 현실적인 움직임이 되리라 믿습니다.

불교의 신앙과 실천은 정토수행으로 대표됩니다. 배고픔과 질병과 다툼이 없이 고양된 인격을 갖춘 삶들이 사는 정토세계는 고뇌와 불행에 찌들린 중생들의 안식처입니다. 그런데 정토는 이 땅에서 서쪽으로 십만 억 국토를 지나서 있다고도 하며, 한마음 고쳐먹는 자리가 정토라고도 합니다. 또, 이 땅을 풍족하고 쾌적하게 만들면 이 땅이 바로 정토가 된다고 합니다.

사제님 생각은 어떻습니까? 정토란 무엇을 뜻하며 어디에 있습니까? 어떻게 우리의 것으로 수용할 수 있습니까? 경전에서는 "아미타불을 열 번이라도 정성껏 외우면 아무리 잘못된 바가 많더라도 극락정토에 왕생(往生, 가서 남)한다." 했으니, 아미타불은 어떠한 분이며 왕생이란 어떠한 것일까요?

우선 정토에 대해 이야기해 봅시다. 원효 스님은 『유심안락도』와 『무량수경종요』에서 다음과 같이 말합니다.

중생심(衆生心)의 성품은 허공과 같이 걸림 없이 자유로운 것이다. 그래서 그 바탕은 평등하며 어떠한 모습으로 규정지을 수 없는 것이다. 하물며 정토니 예토니 하는 구분이 있을 수 있겠는가?

다만 중생 스스로가 미혹하여 갖가지 혼탁한 흐름에 빠져 고통 받기도 하고, 좋은 힘을 빌어서 열반의 경지에 이르러 고통과 얽매임에서 벗어나기도 하지만, 이러한 일들은 모두 거대한 꿈에 지나지 않는다. 이러한 꿈을 깨고 보면 이곳과 저곳의 구별이 없어지고 예토니 불국정토니 하는 것도 본래 일심(一心)이며, 생사니 열반으로 나뉠 수 없음을 알게 될 것이다.

또 『유마경』이나 『화엄경』 같은 여러 대승경전에서도 하나같이 정토란 바로 중생계를 뜻하며 중생계는 환상과 같은 것이라고 설합니다. 그러면 우리가 신앙하고 실천하는 정토수행은 어떠한 뜻을 가지게 됩니까? 원효 스님의 이어지는 말씀을 들어 봅시다.

다만 이러한 기나긴 꿈을 깨게 하려고 여러 성인들이 방편으로 정토의 가르침을 설하셨다. 석가세존께서 5악(惡)을 경계하고 10선(善)을 권하는 일이라든지, 아미타여래께서 극락정토를 통해 중생들을 섭수하는 일이 그것이다.

그렇습니다. 정토수행의 요체는 환(幻)인 중생이 환의 방편을 통해 환의 세계를 깨닫는 일입니다. 서방정토든 유심정토든 현실정토든 그 표현만 다를 뿐 같은 정토세계를 말하는 것이라 생각합니다. 그리고 이러한 정토세계는 중생계의 실상을 깨우쳐 주기 위한 거대한 역사적 방편[幻]임을 알아야 할 것입니다.

각종 실재론(實在論)에 근거한 집착으로 말미암아 비롯되는 불행한 현실을 구제하기 위해, 그래서 보살도 그와 똑같이 일정한 실재를 전제하여 정토를 표방하거나 바람직한 이상사회를 설정하여 그에 다가가고자 하는 방편을 펍니다. 이런 일은 진흙을 끼얹고 물에 들어가는 행위, 타니대수(拖泥帶水)의 역사적 질곡을 자청하는 것이지만, 결코 역사에 매몰되거나 집착되어 흘러가는 것이 아닙니다. 정토수행의 본질적인 속성인 환(幻)의 성격으로 말미암아 원천적으로 해방된 역사적 행위로 담보될 수 있기 때문입니다. 『유마경』의, "여러 부처님 국토와 중생들이 공(空)한 줄 알지만, 항상 정토를 닦아서 중생들을 교화한다.", "집을 지을 적에 땅을 의지하면 마음대로 되어 장애가 없지만, 만일 허공을 의지한다면 마침내 이루지 못한다."는 말씀은 바로 이런 뜻에서 하신 말씀이라 여겨집니다.

그러면 '정토에 왕생한다.' 할 때 왕생이란 무슨 말일까요? 천태 대사의 『정토십의론』은 이에 대해 알기 쉽게 설명하고 있습니다.

문: 모든 법 자체가 공하여 본래부터 나는 것이 아니고 평등하여 적멸한 것이거늘, 이제 여기를 버리고 저기에 나기를 구하니 이치에 어긋나는 것이 아닌가?

답: 만약 극락정토에 나기를 구하는 것을 가리켜 여기를 버리고 저기에 나기를 구함이라 하여 이치에 맞지 않는다 하면, 그것은 여기 있는 것에 집착하여 정토에 나기를 구하지 않음이니, 저기를 버리고 여기에 집착하는 것이어서 이 또한 이치에 맞지 않는 것이다. 또 생각하기를, 저기에 가서 나기를 구하지 않고 여기에 나기도 구하지 않는다면 그것은 '아주 없음'의 견해에 빠진다. 이와 달

리 진정한 보살은 부단히 정토에 나기를 구하면서도 나는 자체를 얻을 수 없어 무생의 이치에 계합하는 것이다.

결국 왕생이란 무생(無生)의 다른 이름인 것입니다. 이렇듯 실재 의식을 벗겨 낸 해방된 삶을 나는 '새로운 태어남[新生]'이라는 표현으로 생각해 보았습니다. 왕생한다 함은 무생적 삶을 사는 것이며[無生法忍], 그것은 곧 '새로운 삶'이 아니겠느냐는 것이지요.

사제님, 이제 정토에 왕생한다 함은 실재 의식으로 고착된 상태가 아닌, 열려진 세계관으로 역사를 수용하여 실천하는 것임이 서서히 드러나고 있습니다. 정토왕생을 염원하며 실천하는 보살의 삶은 역사 속에서 정토구현의 삶을 사는 것입니다.

그러면 정토구현은 어떻게 하여야 현실적으로 가능할까요? 정토 왕생의 방법론은 어떠한 것인가를 살펴볼 차례입니다.

가장 중요한 것으로서 먼저 원(願)이 필요합니다. 원은 삶에 있어서 목표를 설정하여 그것을 성취하고자 하는 일입니다. 그리고 거창하게는 풍부한 역사적 상상력에 입각한 역사적 목표라 말할 수도 있겠습니다. 이러한 원은 깨달음에 근거한 긍정적인 존재관(역사관)에 의해 뒷받침되며 동시에 존재에 대한 애정[慈]과 연민[悲]에 의해 구체화되는 것입니다. 진실로 불교의 역사적 실천(정토구현)은 역사(존재)에 대한 애정과 연민으로 말미암아 가능하게 됩니다. 따라서 불교에서의 정토구현의 의지, 곧 역사의지의 본질은 '자비'라고 말할 수 있습니다. 그리고 그 자비는 역사에서의 구체적인 목표[願], 그것을 추동하는 불퇴전의 힘[力], 원을 구체화시키는 현실적인 방법[方便], 또 그것을 가능하게 하는 현실적·역사적 지혜와 안목[智]으로 인해 비로소 현실화되는 것입니다.

방편(方便), 원(願), 력(力), 지(智)는 현실화된 자비의 다른 이름으로서 6바라밀과 합쳐서 10바라밀로 불리기도 합니다. 그래서 10바라밀이야말로 정토구현, 정토왕생의 방법론이 되는 것입니다. 또한 이 10바라밀은 『화엄경』에서의 10주(住), 10행(行), 10회향(廻向), 10지(地) 수행의 핵심으로서 보살만행의 기본적인 실천 지침이 되는 것입니다.

한편, 원효 스님에 의하면, 정토에 왕생하기 위해서는 "보리심을 발하여 모든 번뇌를 없애고 선한 일을 행하여 중생 모두를 제도하는 것이 기본적 요건[正因]이 되며, 이를 토대로 10념(念), 16관선(觀禪), 5념문(念門) 따위의 보조적 실천[助緣]을 곁들여야 한다."고 합니다.

이 기본적 요건과 보조적 실천은 아주 원형적인 모습으로 설명되고 있어서 우리 모두가 지속적으로 구체적인 방법을 도출해 내야 할 터이지만, 대체로 그 성격과 방법은 『화엄경』에서 말하는 보현보살의 '열 가지 실천적 원력[十大行願]'과 온전히 부합하는 것이라 말할 수 있습니다. 사제님도 알다시피 그 열 가지는 다음과 같습니다. 모든 부처님께 예배함, 찬탄함, 공양함, 참회함, 남의 공덕을 기뻐함이며, 설법을 청함과 부처님이 세상에 오래 계시기를 청함, 부처님을 본받아 배움이며, 항상 중생의 뜻에 따름이며, 모두 다 중생에게 회향함입니다.

여기서 유의할 점은, 화엄의 세계에서는 부처란 바로 무수한 중생, 국토 환경, 업보 행위의 다른 이름이기도 하다는 것입니다. 그래서 보현보살의 실천은 무수한 부처(중생)와 무수한 부처들이 서로 존중하고 받들어 위하는 세계의 구현을 지향하는 것이 됩니다. 이런 뜻에서 "보현보살의 열 가지 실천을 성취하면 마침내 극락정토에 왕생하게 된다."는 말로써 그 방대한 대승보살의 가르침을 결론지음은 대단히 의미심장합니다.

사제님, 신라의 원효 이후로 이 땅의 중생들은 산골 어린 아이도 '나무아미타불'과 '극락정토'로써 불교를 이해하고 있으며 이는 매우 온당한 것이라 생각됩니다. 중요한 것은, 무심하게 '아미타불'을 반복하여 외우는 것보다 '아미타불'의 뜻이 '한없는 생명〔無量壽〕'과 '한없는 광명〔無量光〕'임을 알아야 하듯이, 그 드넓은 '시간과 공간의 역사' 속에 우리의 역사적 의지를 담아내는 일입니다. 그래서 '정토구현'이라는 명제 아래 우리는 이 중생계가 단순히 소승의 적멸주의나 수수방관하는 기계론적 인과론에 빠지지 않도록, 고달픈 중생의 삶을 희망찬 내용으로 채워야 합니다.

마침내 '아미타불'은 정토를 지향하는 보살들의 희망찬 이름이며, 이념이며, 구호인 것입니다.

'각(覺)-깨달음'은 1992년 11월 12일 제219회 계명대학교 목요철학세미나
강연 내용을 정리한 것이다.

2장

각覺 - 깨달음

각覺 – 깨달음

깨달음의 순간 – 줄탁동시啐啄同時

오늘 말씀드릴 주제는 한문으로 깨달을 '각(覺)', 즉 깨달음입니다. 여러분들도 잘 아시다시피 불교는 처음부터 끝까지 각(覺)을 이야기하는 종교라고 할 수 있습니다. 불교에서의 '각(覺)'은 산스크리트어로 '부드(budh)'라는 말의 번역어입니다. '알아차리다, 잠에서 깨어나다'라는 뜻을 가진 이 '부드'에서 '붓다(Buddha, 깨달은 사람)'라는 말이 태어났습니다. 물론 '붓다'란 '부처', 즉 부처님을 가리키는 말입니다. 따라서 부처를 지향하고 부처의 가르침을 신봉하는 종교인 불교에서, 이 각(覺)이라는 용어야말로 가장 본질적이고 핵심적인 말이라 할 수 있겠습니다.

오늘과 같은 철학과 학문을 이야기하는 자리에서는 아주 쉽게 이런 주제를 내걸지만, 정작 불교집안에서는 깨달을 '각(覺)' 자를 가지고 논의하는 분위기가 전혀 형성되어 있지 않습니다. 깨달음에 대해서 이야기한다는 것은 불교적 전통이나 분위기에서는 아주 우스꽝스러운 일로서 무의미하게 치부될 뿐입니다. 저 자신 절에 몸담은 지 20년이 넘었습니다만, 대중석상에서 깨달음에 대해 이야기하는 것은 처음 있는 일입니다.

어떻게 보면 어렵고 못할 일도 아니다 싶습니다만, 아무리 이러쿵저러쿵 이야기해 봐야 그물 사이로 빠져 나가는 물처럼 깨달음의 내용은 포착되지 않고 허깨비만 남아 깨달음만 죽일 것 같기도 합니다. 그렇다고 제대로 설명을 못하고 우왕좌왕하다 보면 제가 죽을 것 같아, 오늘 저는 진퇴양난의 입장에 선 셈입니다.

어떤 젊은 수행자가 있었는데 출가 전에 책을 많이 봤습니다. 사서삼경, 제자백가에 시(詩), 서(書), 사(史) 등을 두루 섭렵해 매우 박식한 사람이었습니다. 하루는 조실(祖室)스님께 불려가 공부를 점검받게 되었답니다.

노장님의 말씀인즉, 깨달음에 대해 한마디 일러 보라는 것이었습니다. 그래서 뭐라고 한마디 하니, 노장님이 "예끼 이놈, 그건 『화엄경』에 나오는 이야기가 아닌가?" 또 달리 이야기하니 "그건 『능엄경』에 나오는 이야기야, 그것 말고 다시 일러라." 그래서 뜸을 들여 다시 한마디 하니 "그건 아무개 스님 이야기지. 그것 말고 네 이야기를 한번 해 봐. 이 멍청아."

아무리 머리를 짜내어 이야기해도 그건 결국 어떤 책이나 사람의 이야기로 지적되고 말았습니다. 그래서 할 수 없이 노장님께 항복하고 깨달음에 대해 말씀해 주십사 청을 했습니다. 그때 노장님이 씩 웃으며 "물론 내가 이야기해 줄 수 있지만 그건 내 깨달음이지, 너에게 무슨 이익이 있으며 관계가 있겠느냐?" 하더랍니다.

이 수행자는 참담한 심정에 빠져 선방(禪房)으로 돌아왔는데, 아무리 좌선을 해도 마음만 어지러울 뿐이었습니다. 스승은 아무 말 없이 지켜만 볼 뿐이고, 결국 마음을 가누지 못한 채 마침내 방랑의 길을 떠나게 되었습니다.

그 동안 자기가 배우고 익힌 많은 지식과 생각이 불교의 핵심인 이 '깨달음'의 문제에 아무 도움이 되지 못한다면 자기가 공부했던 것과 수행했던 것이 과연 무엇이었던가? 그런 참담한 반성 속에 정처 없이 떠돌다가 어느 산속 암자에서 하루 머물게 되었습니다. 아침에 일어나 마당을 쓰는데, 빗자루에 날려갔는지 돌멩이 하나가 주위에 있는 대나무를 '딱' 하고 때리는 것이었습니다. '딱' 하는 청아한 공명(共鳴) 소리! 그 순간 그동안 한 시도 머리를 떠나지 않았던 깨달음의 문제가 저절로 환하게 밝아왔습니다.

"아! 그것이었던가. 바로 그걸 모르고, 그걸 모르고…."

어쩔 줄 모르며 기뻐하던 수행자는 마침내 정신을 추스르고 노장님 계신 곳을 향해 큰 절을 올리며 중얼거렸습니다.

"아, 당신이 만약 그때 이러쿵저러쿵 깨달음에 대해 설파(說破)했더라면 어찌 오늘 이런 큰 기쁨을 얻을 수 있었겠습니까? 오늘 제 예배는 당신의 덕 높음을 흠모해서가 아니라, 저를 위해 설명해 주지 않았던 그 은혜에 대한 고마움입니다."

불교 선종사(禪宗史)에 나오는 옛 이야기입니다. 깨달음에 대해 이야기한다는 것이 참으로 무의미하고 한편으로는 해악이 된다는 교훈을 알려 주고 있습니다. 진리 또는 깨달음에 대해 이론적으로 설명

하고 일러줄 수 있지만, 정작 그것을 받아들이는 쪽에는 별로 도움이
안 된다는 것입니다.

오늘 제가 깨달음에 대해 이야기하려고 하니 불현듯 떠오른 이야
기인데, 여러분들은 이 이야기를 어떻게 생각하십니까? 이 이야기는
깨달음을 얻기 위해서는 간절한 문제의식을 필요로 하며 잠시도 쉬지
않고 치열하게 추구해야 한다는 점을 말하고 있기도 합니다.

불교에서 많이 쓰는 용어 중에 '줄탁(啐啄)'이라는 말이 있습니
다. 부화되어 가는 달걀 속의 병아리가 밖으로 나오려고 발버둥치며
안에서 쪼아대는 것을 줄(啐)이라 하고, 어미닭이 밖에서 쪼아 깨뜨려
주는 것을 탁(啄)이라 합니다. 제자의 집요한 노력과 스승의 때맞춘
적절한 가르침이 하나가 되는 순간, 그것을 불교에서는 '줄탁동시(啐
啄同時)'라 하여 깨달음의 순간이라고 말하지요.

앞서 얘기한 수행자의 경우도 스승의 기묘한 지도와 제자의 줄기
찬 노력이 결실을 본 사례입니다. 즉 깨달음이란, 집요한 문제의식과
그에 상응하는 올바른 지도가 요구된다는 것입니다. 어설픈 설교나
언어유희는 금물이지요.

서론이 길어졌습니다만, 불교에서는 직접적인 체험, 즉 체득을 중
시하기 때문에 이런 자리는 상당히 조심스럽습니다. 저 자신 그런 함정,
위험을 무릅쓰고 이 자리에 섰다는 것을 잘 이해해 주시기 바랍니다.

깨달음을 설명하는 데 부처님은 활[弓]처럼 말씀하셨고, 선종(禪
宗)의 선사들은 화살[矢]처럼 말했다고 합니다. 활은 둥그렇게 휘어
있고 화살은 곧바릅니다. 부처님은 아주 자세하게[委曲] 설명조로 하
셨고, 선사들은 알아듣건 말건 곧바로[直截] 깨달음의 세계를 드러내

보였다는 뜻입니다.

어떤 것이 깨달음인가에 대해 부처님은 이로정연하게 논리적으로 설명하십니다. 그것이 우리가 알고 있는 팔만대장경입니다. 그에 반해 선사들은 "어떤 것이 깨달음인가?" 하고 물으면 "버들은 푸르고 꽃은 붉다." 또는 "구름은 하늘에 있고 물은 병 속에 있다."는 식으로 답합니다. 뭐라 할까, 아주 직설적인 표현인데 다분히 체험적입니다. 부처님은 인도 사람이라서 인도 특유의 추상적이고도 개념적인 표현에 익숙해 있고, 중국의 선사들은 구상적이고 현실적인 표현양식에 익숙해 있기 때문에 이렇게 답하는 것입니다.

저는 오늘 깨달음을 말함에 있어 80%는 인도적으로, 20%는 중국적으로 할까 합니다. 너무 중국적이면 철학세미나가 안 될 것 같고, 너무 인도적이면 딱딱하기도 하려니와 그것만으로 도무지 깨달음이 포착될 것 같지도 않으니까요.

깨달음의 입장 – 연기적緣起的 관점에 섬

오늘 깨달음이라는 주제에 대해서 대략 세 가지로 나누어 말씀드릴까 합니다.

첫 번째는 '깨달음이란 무엇인가?', 즉 깨달음의 내용에 대해 한 번 묘사해 보는 일입니다. 두 번째는 '어떻게 깨달음에 도달하겠는가?'입니다. 깨달음의 경지에 어떻게 다가설 수 있는지, 방법론에 대한 것입니다. 마지막 세 번째는 '깨달은 사람의 삶은 어떠한 것인가?'라는 주제로 풀어갈 것입니다.

먼저 '깨달음이란 무엇인가?'에 대해 교과서적으로 한 번 정리해 보겠습니다.

"모든 삼라만상은 그것이 물질적이든 정신적이든 개념적이든 그 어떠한 것이든 연기적(緣起的)으로 드러나 있으며(존재하는 것이 아닌), 그러한 상태를 이해하는 것을 '깨달음'이라고 한다."

어떻습니까? 깨달음이 설명되는 것 같습니까? 좀 더 설명을 덧붙여보겠습니다.

먼저 '연기(緣起)'라는 말부터 설명해 보면, '연기'란 조건을 뜻하는 '연(緣)'과 일어난다는 '기(起)'의 합성어인데 '조건발생'이라고 말할 수 있겠습니다. 모든 삼라만상은 타의 원인과 조건을 의지하여 이루어지고 변화되어간다는 뜻인데, 이 말이 그토록 올바르게 이해하기 힘든 것일까요?

누군가는 조건이나 과정에 앞서는, 또는 그것과 관계없이 선험적·선차적으로 존재하는 그 어떤 영역이 있다고 합니다. 그것을 신(神)이라 하든 어떤 물(物)이라 하든 그런 것이 있어, 그것으로 말미암아 모든 삼라만상이 파생되거나 구성된다고 합니다.

그러나 불교적인 깨달음의 차원에서 말한다면, 이 세상에는 타의 원인을 빌지 않고(타에 의지함이 없이) 자기원인적이거나 선험적으로 존재하는 것은 없습니다. 소급하고 소급하여 더 이상 소급할 수 없는 제1원인 같은 그 어떤 실체는 결코 존재하지 않으며 존재할 수도 없다는 것입니다. 이러한 이치를 깨닫는 것이 불교에서 말하는 깨달음의 핵심입니다. 그것은 모든 존재는 조건과 조건이 얽히고설키고 또 상호 삼투되고, 규정하고 규정 당하면서, 이루어지고 이루어주면서 존재되어 가는 것이라고 이해하는 태도를 말합니다.

어떻게 보면, 대단히 합리적이고 그럴 듯해 별로 새로울 것도 특이할 것도 없습니다. 그러나 2,500년 전 부처님이 이렇게 설법했을 때 대다수의 사람들은 이해하지 못했고 받아들이려 하지 않았습니다. 오늘날에도 '객관적·궁극적 실재(實在)'를 기초로 하는 세계관을 가지고 있거나, '신'의 영역을 신봉하는 사람들은 찬성하지도 이해하지도 않으려 하겠지만 말입니다.

사람들은 제1원인이나 자기원인적으로 존재하는 궁극적인 실재(또는 실체)를 전제로 해야만 모든 것이 설명 가능하다는 인류사 이래의 신념에 무비판적으로 종속되어 있습니다. 부처님도 설법을 하면서 이런 점을 많이 의식했던 것 같습니다. 경전 도처에서 "만일 그 어떠한 실체[我]도 없다는 나의 이러한 말을 듣고도 놀라거나 두려워하지 않는다면 그것은 매우 희귀한 일일 것이다."라는 말씀을 번번이 설법 끝에 덧붙이고 있습니다. 그만큼 사람들에게 그 어떤 실재나 실체(實體)를 전제하지 않는다는 것은 혼란스러운 일일 수 있습니다. 하지만 그러한 생각을 깨는 것, 그것이 깨달음입니다. 그 어떤 실재를 전제하지 않고도 훌륭히 행복하게 살아가는 삶, 그것이 깨달음의 삶이라는 것입니다.

불교에서는 이러한 깨달음의 세계를 설명함에 있어 여러 가지 다양한 표현을 하고 있습니다. 좀 전에 말씀드린 대로 연기적이라는 말로 설명하기도 하고, 무아(無我)라고 하기도 합니다. 무아란 연기적 세계를 달리 표현한 것인데, '실체[我]가 없다'라는 의미입니다. 또 공(空)이라는 말도 씁니다. 불교에서 말하는 공이란 허공처럼 텅 비어 있는 상태를 표현하는 것이 아닙니다. 일종의 불교적인 약속언어라고 할 수 있는데, 즉 '~을 공이라고 한다'에서 '~'에 해당하는 문장은 '삼라만상이 연기적으로 존재하는 것'이라고 바꿔 쓸 수 있습니다.

과학철학자인 칼 포퍼(Karl Popper)에 따르면, "문장의 올바른 이해는 오른쪽에서 왼쪽으로 읽어야 할 경우가 많다."라고 했습니다. 시간상 다 소개할 수는 없지만 오늘 이야기와 연결하여 말씀드린다면 '깨달음이란 ~이다', '공이란 ~이다'라는 문장을 '~을 깨달음이라 한다'와 '~을 공이라 한다'라는 문장으로 읽고 이해하라는 것이지요. 즉 깨달음 또는 공이란 절대적이고도 실재적인 자기영역과 가치가 있어서 그것을 묘사 설명하는 것이 아닌, 그 어떤 상태나 사물의 속성을 약속언어로 대체하여 나타내는 문장으로 이해하라는 것이지요. 그래서 주어부가 문장의 앞에 있으면 그 주어의 내용이 곧잘 절대화·실재화 되는 오류에 빠지기 쉬우니, 주어부가 뒤에 오는 식으로 문장을 해독하면 좋겠다는 것이 포퍼의 주장입니다. 깨달음을 설명하는 데 매우 유용한 이야기입니다.

"삼라만상 그 어디에도 실체나 실재가 있는 것이 아니고 상호 연기적으로 존재하는 것이다."라는 것이 깨달음의 입장입니다. 그런데 다시 깨달음, 공 등을 실재화시키거나 절대화시킨다면 자기모순일 뿐입니다. 다시 말해 깨달음의 입장이란, "연기적인 관점에 선다.", "무아의 관점에 선다.", "공의 관점에 선다."는 것입니다. 요즘 식의 표현을 빌리면, "비실재(非實在)의 관점에 선다."라고 할 수 있습니다.

여기서 "비실재의 관점에 선다."는 것은 존재를 무(無)로 빠뜨리자는 것과는 아무런 관련이 없습니다. 존재를 보고 수용하되, 실재를 전제하지 않고 본다는 것입니다. 그것은 존재를 변화와 상관성으로 본다는 것이며 한순간도 멈추지 않는 잠정태로 본다는 말입니다.

깨달음을 소극적이거나 허무적인 세계관으로 인식하는 것은 전혀 엉뚱하게 이해된 경우입니다. 깨달음의 세계는 절대적인 가치체계에 종속되지 않는 열려진 적극성이며, 변화를 지향하는 역동성입니다. 이를 이해하는 것이 불교의 핵심입니다.

여러분 표정을 보니, 아직도 잘 받아들여지지 않는 것 같습니다. 어떠한 형태로든 실재를 필요로 하는 사고에 익숙한 까닭입니다. 절대적 실재, 관념적 실재, 궁극적 실재, 객관적 실재, 초월적 실재 등 그 어떤 실재이든, 또 그것이 일원적이든 이원적이든 다원적이든 간에 실재에 사로잡힌 생각을 불교에서는 무명(無明), 즉 어리석음, 무지(無知)라고 지적합니다. 또 그것이 모든 불행과 괴로움의 출발점이라 말합니다. 하지만 사람들은 이 실재를 전제해야만 이차, 삼차적으로 후차적인 생각을 전개하는 경험에 익숙해져 있습니다. 인류의 문명사가 바로 그러한 역사라 할 수 있는데, 불교식으로 보면 문명사가 아닌 무명사(無明史)인 것입니다.

현대에 와서는 과학철학과 예술(미술, 건축, 문학) 분야에서 실재를 전제하지 않는 생각들을 실험적으로 제시하는 사례들이-소위 일련의 포스트모던 증후군들- 있는 것으로 알고 있습니다. 현대가 근거하고 있는 '합리적 이성'이나 '객관적 실재' 등에 대한 회의로부터 출발하는 것이 소위 '탈현대' 증후군이 아닌가 생각합니다. 현재 전개되고 있는 양상은 불안하고 혼란스럽다는 평을 받는 모양이지만, 불교의 세계관과 만난다면 도전적이면서 안정적인 변화와 형상화를 성공적으로 이룰 수 있을 것입니다. 어쨌든 실재를 전제하지 않고 세계를(또는 존재를) 이해하고 수용하는 태도를 일러 깨달음이라고 정의를 합니다.

우선은 여기까지 설명을 하고 두 번째 주제 '어떻게 깨달음의 세계로 들어갈 수 있는가?'로 넘어가겠습니다. 두 번째의 주제는 방법론의 문제입니다.

깨달음에 도달하는 방법은 불교 수행의 2,500년 전통에서 많은 방법론이 제시되고 있습니다. 여러분도 잘 아시다시피 중·고등학교 교과서에서도 나오는 8정도, 37조도품(助道品, 37가지 수행법), 6바라밀 등이 그것입니다. 이러한 수행법은 초기불교시절부터 지금까지 이어져 오는 수행의 요체(要諦)입니다. 그 내용은 나의 몸과 느낌(감수작용)이나 갖가지 생각과 개념들에 대해 끊임없이 직시하며 명상하는 것입니다. 나의 신체나 여러 존재들의 구조에 대해서 살핀다든지 호흡하는 행위, 움직이는 행위들을 응시하기도 합니다. 갖가지 느낌과 생각, 개념들에 대해서도 분석적이며 객관적인 성찰을 합니다. 이러한 방법은 깨달음에 이르는 가장 확실하고 빠른 길로서 지금까지 존중되어 오고 있습니다.

요즈음 불교서적 중에서 '위빠사나'를 소개하는 책들이 눈에 많이 띄는데, 바로 이것이 이 수행법에 관한 것입니다. 이 수행법은 부처님이 직접 제자들에게 지도한 수행법이기도 합니다. 오늘날 현대인들에게도 매우 적합한 수행법이라 생각됩니다. 이 수행법의 핵심은 나 자신까지 포함해 삼라만상 모두의 속성과 그 연관성을 관찰하는 훈련입니다. 어떠한 사물이나 사안에 대해 국집되거나 매몰되지 않고 그것들의 연기적 관계를 파악하는 훈련이지요.

우선 호흡을 관찰하는 법을 보면, '내가 숨을 쉬고 있구나, 잠시 머무는 상태에 있구나, 다시 숨이 나가기 시작하는구나, 길게 내쉬는 구나…'라며 지속적으로 호흡의 과정에 따라 관찰해 나갑니다. 비단 호흡에만 그치지는 않습니다. 평상시의 모든 행위를 관찰해 나가지요. 일어설 때는 '일어선다… 일어선다…' 하고 관찰하고, 또 '걸어간다, 한 발자국을 뗀다, 앞으로 내민다…' 등 각종 행위를 관찰합니다.

이렇게 하여 나의 모든 행위에서부터 자신의 신체적 구조를 해부학적으로 관찰하기도 합니다. 각종 생각이나 개념에 대해서도 마찬가집니다. 이렇게 하여 얻는 도달점은 삼라만상의 상호 연기성(緣起性)과 그것들의 무자성(無自性)을 깨닫는 것입니다. 무자성이란 무아(無我)라는 말과 같은 뜻인데, 아까 말한 실재를 부정하는 즉, 비실재성(非實在性)을 깨닫는 것입니다. 연기, 무아, 공, 깨달음〔覺〕 등은 다 이를 지칭하는 말-약속언어-이라 할 수 있습니다. 이 같은 관찰의 핵심은 관찰대상의 변화성과 상관성을 추적하는 일입니다.

유교의 도학자(성리학)들도 공부할 때 사물을 관찰하는 일을 합니다. 유교의 기본 텍스트인 『대학(大學)』에 그런 점이 강조되고 있습니다. 『대학』에는 선비들이 몸과 마음을 닦고 사회와 국가를 위해 실천하는 여덟 가지 실천덕목을 말하는데, 그것을 8조목(條目=格物, 致知, 誠意, 正心, 修身, 齊家, 治國, 平天下)이라 하지요.

그 첫 번째 실천덕목은 격물(格物)로서, 그 격물의 격(格)은 '~에 나아간다, ~을 연구한다'라는 뜻입니다. 여기서 물(物)이란 '삼라만상의 그 어떤 것'을 말합니다. 그래서 성리학자들의 공부법도 어떤 사물〔物〕에 나아가 그것을 관찰하는 것〔格〕입니다. 그것이 대나무가 되었든 바위가 되었든 어떤 한 사물을 선정해 그것을 관찰하는 것입니다. 이런 관찰 수행으로 그들은 사물의 성(性)과 이치[理]에 대해 밝혔습니다. 왕양명(양명학의 시조) 같은 이는 격물의 '격' 자를 '~에 나아간다, ~을 연구한다'로 보지 않고 '바로잡을 격'으로 보아, 왜곡된 사물의 모습을 곧바로 이해하는 것을 '격물'이라 하여 나름대로 심학(心學)의 공부체계를 세우기도 했지요.

결국 주자학이나 양명학이나 할 것 없이 모두 불교의 영향을 깊이 받은 점은 주지의 사실인데, 다만 그들은 불교에서 말하는 깨달음의 핵심이라 할 수 있는 변화와 관계성에 대한 인식이 미흡했다고 생각됩니다. 불교 수행의 핵심은 변화와 관계성으로 드러나는 존재의 가설적(假設的)이자 잠정적인 양태를 깨닫는 데 초점이 맞춰져 있다는 바로 그 점이 그들과 다르다 하겠습니다.

'동시적 풀려남' - 돈오頓悟

중국이나 우리나라에서 존중받고 행해지고 있는 수행법에 대해서도 말씀드리겠습니다. 이 수행법은 천년이 넘게 행해져 오고 있는 것으로서 여러분들도 잘 아는 참선(參禪)이라는 공부법입니다. 이 참선은 인도의 요가(yoga) 수행이나 6바라밀의 선정(禪定) 수행 등에서 비롯되지만, 중국으로 건너오면서 독특한 수행법으로 변화 발전되어 정착된 수행법입니다. 오랜 역사적 검증 과정에서 다양한 도전과 응전 속에 채택된 수행법이라 할 수 있습니다.

어쨌든 오늘날 한국불교는 바로 이 참선을 수행의 중심에 놓고 있습니다. 한국불교의 조계종(曹溪宗)이라는 이름은 바로 중국 조계산에 오랫동안 머물면서 참선법을 펼쳤던 육조혜능(六祖慧能, 여섯 번째 조사인 혜능 스님) 선사에서 유래된 말입니다. 이 혜능 스님은 불교의 깨달음을 '돈오(頓悟)'라고 표현한 분으로 전해옵니다. 저는 이를 번역하기를 '혁명적 깨달음'이라 하고 있습니다. 이 돈오라는 말은 깨달음의 세계를 설명하거나 깨달음의 세계에 도달하는 모습을 말하는데, 아주 함축성 있으면서 요령 있는 표현이라 여겨집니다.

돈오를 '혁명적 깨달음'이라 했습니다만, 사실 혁명적이라는 표현은 토마스 쿤의 『과학혁명의 구조』라는 책에서 용어에 대한 시사를 받았습니다. 쿤에 따르면, 하나의 과학적 법칙의 발견은 기왕의 과학적 법칙이나 패러다임을 보다 정제시키고 발전시켜서 이루어지는 과정이 아니라는 것이었습니다. 이를 깨달음의 문제에 대비하면, 깨달음이란 기왕의 관점이나 생각을 단련하고 순숙(純熟)하여 도달하게 되는 것이 아니라는 것입니다. 사회사적인 혁명이 있는 것과 마찬가지로 과학에 있어서도 과학혁명이 이루어지고 있으며, 그것들로 점철된 것이 과학사라는 것입니다.

돈오, 즉 혁명적 깨달음이란 이렇게 이해하면 되겠습니다. 왜 깨달음을 혁명적이라고 부르는가? 깨달음은 실재론적 사고방식인 기존의 패러다임을 폐기하고 비실재론적 관점인 새로운 패러다임에 서기 때문입니다. 예컨대 임금이 모든 것을 주재하는 왕조사회에서 민주공화정이라는 국가로 바뀌는 것을 혁명적이라고 할 수 있을 것입니다. 국가의 정체나 국체와 관련한 국가 운영 시스템이 전혀 다른 성격으로 바뀌었기 때문입니다. 한편 깨달음을 이루는 과정이나 방법이 문제를 부분적으로 파악하거나 선후적인 과정으로 접근해서는 안 된다는 뜻입니다. '동시적 접근, 동시적 해결, 동시적인 풀려남'이 바로 깨달음의 모습이요, 그를 일러 '돈오'라고 할 수 있습니다.

삼라만상은 크게 주관계와 객관계로 나눌 수도 있습니다만, 우리들의 질곡, 미망, 선입견이나 편협된 세계관은 이 둘을 절대화시키며 실재화시키고 있습니다. 그러나 의심할 수 없는 두 영역이라 믿는 이것들은 실상 연기적 관점에서는 허구요, 착각이 되는 것입니다. 모든 객관은 주관의 반영이며, 주관 또한 객관의 반영이기 때문입니다. 서로가 서로를 규정하고 상호 형성해 가는 점에서 독자적인 영역이나 실재는 성립되지 않는다는 것입니다.

결국 모든 존재는 연기적인 것으로서 부분적이거나 선후적 태도로는 존재의 올바른 파악이 불가능하다는 것입니다. 다른 것과의 상관성을 빠뜨린 부분적 파악은 있을 수 없으며, 다양한 연결과 지속적인 변화의 과정 속에 존재한다는 연기적 입장에서는 존재를 선과 후로 따로 분리해서 파악할 수 없다는 뜻이지요. 원인이면서 결과이며, 부분이면서 전체이며, 이것이면서 저것에 관련되어 있다는 것입니다. 그래서 불교에서 말하는 연기관(緣起觀), 즉 깨달음의 세계는 삼라만상을 상관성과 변화성으로 올바로 읽어내는 태도인데, 그것은 총체적이고도 동시적인 시각을 요합니다.

'깨달음' 또는 '깨닫는다'는 말조차 어떤 의미에서는 오해의 소지가 많지요. '깨닫는다' 하면 마치 '~을 깨닫다, ~을 인식하다'라는 문장형태로 연상되기 마련인데, 그렇게 하면 깨달음의 대상(또는 인식의 대상)이 있게 되고 깨달을 주체(또는 인식 주체)를 상정하기 쉽지요. 이렇게 되면 주관과 객관이라는 이분법에 또다시 빠져들게 됩니다. 불교는 바로 이것을 타파하자는 것인데 언어의 한계 때문에 늘 오해하게 됩니다. 따라서 불교에서는 "'깨달음을 얻었다'고 말하면 잘못된 표현이며 잘못된 생각이다."라고 누누이 지적하지요. 어쨌든 깨달음을 설명함에 있어서는 조심스러운 표현을 쓸 수밖에 없고, 또 쓰더라도 언어의 한계에 대해 충분히 전제를 해야만 한다는 생각입니다.

돈오라는 말도 그래서 나왔다고 생각하는데요, '돈(頓)'이란 '단박에, 단숨에'라는 뜻이며 '오(悟)'란 '깨닫는다'는 말입니다. 그래서 돈오란 '단박에 깨닫는다'라는 뜻으로 시간적인 의미가 많이 포함된 듯이 느껴지지만, 이 말 속에는 내용적으로도 주관·객관을 동시에 한꺼번에 풀어준다는 공간적인 의미가 포함되어 있습니다. 10년쯤 참선해서 깨달아도 돈오요, 하루 만에 깨달아도 돈오요, 백년 만에 깨달아도 돈오입니다. 깨닫는 그 순간 삼라만상을 이해함에 있어 동시적 풀려남, 동시적 해결이 되는 것입니다.

그런 의미에서 깨달음에 접근하는 방식도 주객을 동시적으로 끌어안습니다. 이렇게 동시적으로 주객의 세계를 깨닫고 연기적 세계에 참여하는 것을 '혁명적 상황'이라 할 수 있습니다. 이러한 돈오의 세계, 깨달음의 세계에 뛰어든다는 것은 기존의 패러다임, 기존의 세계관과는 전혀 다른 것으로서 새로운 세계의 지평이 열림을 뜻합니다.

묵조선默照禪과 간화선看話禪의 수행법

참선을 어떻게 하기에 이러한 돈오의 혁명적 상황을 맞게 되는 것일까요? 참선 역시 삶과 사물을 대함에 있어 변화와 관계성, 즉 연기성의 입장으로 읽어내려는 태도입니다. 참선에는 대략 두 가지 대표적 방법이 있습니다. 하나는 묵조선(默照禪)이며, 하나는 간화선(看話禪)입니다.

묵조선은 '묵묵히 살핀다[照]'는 뜻이라 할 수 있습니다. 그런데 묵조선의 '살펴서 비춰보는 것'은 초기불교, 즉 위빠사나에서 말하는 '응시하고 직시해 나간다'는 것과는 다릅니다. 위빠사나 수행에서는 어떤 행위나 사물, 개념 등의 변화 양태를 지속적으로 응시하되 선(善), 악(惡), 호(好), 오(惡) 등의 주관적인 가치판단을 하지 않습니다. 그저 지켜볼 뿐이지요.

그런데 묵조선에서는 어떠한 생각이나 개념들도 부정적이고 왜곡된 것들로, 부분적이고 한계적으로 봅니다. 그래서 그런 것들을 지워나가는 작업을 하는 것입니다. 어떤 생각이 일어나면, '아, 생각(어떤)이 일어났구나, 지워버려야지.' 그리고 지웁니다. 사람의 의식이란 한 순간도 생각이 없을 수 없으며, 한 순간도 어떤 생각이 멈춰 있지 않습니다. 끊임없이 생겨나며 변화해 갑니다. 그런데 이 묵조선 수행에서는 이 의식의 흐름을 하나하나 발견하여 없애며 끝까지 추적하여 확인 사살합니다.

염기즉각(念起則覺) 생각이 일어나면 그것을 깨닫고,
각지즉무(覺之則無) 깨닫는 순간 그것들은 사라진다.

묵조선에서는 이 말씀을 지침으로 삼습니다. 그렇습니다. 무념무상(無念無想)이야말로 이들이 이루려는 경지입니다. 중생의 생각이란 어차피 물든 마음, 왜곡된 마음이라 할 수밖에 없고 그것으로는 결코 삼라만상의 참다운 모습을 파악할 수 없으며, 사소한 의식의 흐름을 지워나가는 데서부터 그것들이 근거하고 있는 세계관까지 뿌리째 뽑아 명경지수(明鏡止水)처럼 열려 있는 마음이 될 때 비로소 깨달음에 이를 수 있다는 수행방법입니다. 여기에서는 사소한 생각의 흐름뿐 아니라, 철학적 상념은 물론 '깨달음은 이러하며 불교는 저러하다'는 등의 일체의 선입견조차 금기입니다. 머리카락 한 올만큼의 생각도 일으키지 않는 자세를 견지해 나가는 것이 묵조선 수행의 요체이자 방법이지요.

또 다른 수행법인 간화선(看話禪)은 '화두(話頭)를 보는〔看〕참선법'입니다. 여기서의 화두란, 정상적이고도 평범한 사고로 이해하거나 접근할 수 없는 무의미하면서도 강력한 느낌을 주는 단어나 개념(내용 없는)입니다. 예를 들면 이렇습니다.

어떤 사람이 조주(趙州) 스님에게 물었습니다.
"부처님께서 말씀하시기를, 삼라만상에는 다 불성(佛性, 부처의 속성, 또는 부처가 될 속성)이 있다고 하는데 그렇다면 개도 불성이 있습니까?"
조주 스님이 답하기를, "무(無)"라 했습니다.
'부처님은 일체에 다 불성이 있다고 했는데 왜 조주 스님은 무라고 했을까?' 하면서 무자화두(無字話頭)의 일화를 가지고 씨름을 합니다.

또 어떤 사람이 물었습니다.

"달마 스님이 서쪽 인도에서 이곳에 오신 까닭이 무엇입니까?"

조주 스님이 답하기를, "뜰 앞의 잣나무[庭前栢樹子]."라 했습니다.

'왜 달마 스님이 서쪽에서 오신 의도를 물었을 때 뜰 앞의 잣나무라 했을까?' 하면서 계속 생각합니다. 이것이 정전백수자(庭前栢樹子) 화두이지요.

또 어떤 사람이 불법의 이치를 물으니, "앞 이빨에 터럭이 난다[板齒生毛]."라고 대답합니다. 이것이 판치생모(板齒生毛) 화두입니다.

도대체 이게 무슨 말입니까? 뜬구름 잡는 말, 뜬금없는 말 같습니다. 시쳇말 그대로 알쏭달쏭한 선문답(禪問答)입니다. 하지만 이것이 간화선의 비밀이며 핵심이기도 합니다. 간화선의 '간(看)' 자는 '보다'라는 뜻인데, 눈[目] 위에다 손[手]을 얹고 쳐다보는 모양입니다. 또 다른 '보다'라는 뜻의 '관(觀)' 자와는 명백히 뉘앙스가 다릅니다. 관은 '마음으로 생각하여 본다'는 의미가 강하고 간은 '시각적으로 본다'는 의미가 강합니다.

그런데 화두라는 것은 개념인데, 개념을 시각적으로 볼 수 있습니까? 더구나 그 개념이 말로써 설명될 수도 없고 생각으로써 이해될 수 없는 것이라면, 더구나 시각적으로 볼 수 있다는 것이 가능한 일이겠습니까? 간화선의 속뜻이 바로 여기에 있습니다. 생각도 안 되고, 말도 안 되는 화두에 모든 것을 집중시켜 나갈 때 묵조선이 노렸던 것과 같이 모든 사념과 망상에서 벗어나게 된다는 뜻입니다.

이러한 간화선은 묵조선 이후에 주장된 수행방법입니다. 묵조선이 말하는 무념무상이 실제적으로 이루기 힘들 뿐만 아니라, 그 과정에서도 곧잘 혼침(昏沈)과 무기력의 상태에 빠지기 쉽기 때문에 그를 극복하기 위한 대안으로 제시되었습니다. 화두라는 방편을 이용하여 묵조선이 노렸던 바와 똑같은 효과를 기대하는 것입니다. 보다 발전된 수행법이라 할까요?

어쨌든 아무 생각도 하지 않기란 현실적으로 매우 힘들지만 어떤 것에 집중하기란 상대적으로 훨씬 쉬우니까요. 이 화두에 집중함으로써 천 가지 만 가지 모든 상념을 끊을 수 있으니 얼마나 간편합니까? 동시에 이 화두라는 것이 어떤 사고가 미칠 수 없는, 그야말로 이빨 하나 들어갈 수 없는 쇠뭉치라 할 때 잡다한 철학적 상념에서 비롯되는 오류나 선입견으로부터 보호될 수 있으니 일석이조, 일석백조라 할 수 있을 것입니다.

화두를 철학적으로 따지고 생각하는 행위를 간화선에서는 제일 금기로 칩니다. 그저 "어떤 스님이 '묻되 개도 불성이 있습니까?' 조주 스님 답하시길 '없느니라'." 하며 화두를 들 뿐이지요. 갖가지 상념뿐만 아니라 '깨달음'이니 '부처'니 하는 말이나 생각마저 다 날려 버리고 오직 화두만 드는 것입니다. 그럴 때 갖가지의 실재의식에서 연유하는 사고로부터 해방되어 연기적 세계, 즉 깨달음의 세계로 들어가게 된다는 것입니다.

이상의 수행법을 비교하여 설명한다면, 철학적 명제를 갖고 사고해 나가는 입장은 '내용과 형식'을 다 가지는 경우라고 할 수 있습니다. 참선하는 입장에서 볼 땐 대단히 오류에 빠질 가능성이 많다고 보지요. 상정한 명제 그 자체도 일정한 세계관 위에 기초해 있는 것이고,

그것들을 사고하는 주체나 사용하는 언어도 갖가지 입장이나 견해에 서 있기 때문입니다. 그래서 선의 수행방법에서는 이와 같은 '내용과 형식을 다 갖춘 방법'을 배격합니다.

위빠사나 수행법은 '내용과 형식 그 모두에 집착하지 않는 방법' 이라고 할 수 있습니다. 가치판단을 유보한 채 그저 꾸준히 관찰하고 지켜볼 뿐입니다.

묵조선 역시 '내용과 형식' 둘 다 부정하고 있습니다. 위빠사나에 서는 그것을 살려 두고 대신 그 흐름만을 지켜 볼 뿐이고 매이지 않는 데 반해, 묵조선은 철저히 초기에 그것들을 쓸어 없애 버립니다.

간화선은 내용은 없고 형식만 있습니다. '내용 없는 형식'이란 '내 용 없는 개념'이라고도 표현할 수 있는 화두(話頭) 그 자체의 특성을 뜻하기도 합니다. '내용 있는 형식'은 그 내용이 주는 오류에 빠질 가 능성이 많은 데 비해, '내용 없는 형식'은 내용이 없음으로써 사념적 오류를 막아줌과 동시에 형식적 틀은 존재하기에 집중하기가 용이합 니다. 막연히 의식의 흐름이나 행위를 관찰하는 위빠사나 수행법이 나, 무념무상을 이루고자 하지만 곧잘 상념을 잃어 혼침에 빠지곤 하 는 묵조선보다 훨씬 용이하면서도 강렬한 집중을 할 수 있어 좋습니 다. 깨어있는 긴장상태라고도 하며 일촉즉발(一觸卽發)의 상태를 견 지하는 자세이기도 합니다.

화두 드는 자세를 표현할 때 '성성적적(惺惺寂寂)', 또는 '성적등지 (惺寂等持)'라 하여 성(惺)과 적(寂)을 균형 있게 동시에 이루어가라고 합니다. 무슨 말이냐 하면 성(惺)이란 '깨어 있음'이고 적(寂)이란 '고 요함'이라는 말입니다. '성'이란 화두를 들고 그 내용 없는 형식에 집중하느라 깨어 있는 상태이며, '적'이란 동시에 일체의 상념을 끊고 화두 그 자체에 어떤 생각도 붙이지 않는 무념무상의 고요상태를 말합니다.

묵조선에서 곧잘 빠지는 의식의 침잠이나 무기력, 그리고 어떠한 생각도 부정하는 태도는 철학적 상대주의로도 생각되는데 그것을 극복하는 방편으로 화두가 유용합니다. 철학적 명제 등 어떠한 생각에 사로잡힌다는 것은 절대주의에 빠진 것이라고 할 수 있는데, 그것은 화두의 무의미성으로 말미암아 보호될 수 있습니다.

결국 간화선은 수행상의 문제에서 나아가, 삶에 있어서의 절대주의와 상대주의를 동시에 극복할 수 있게 해 주는 기묘한 방편이 될 수 있다는 것입니다. 그리고 이 간화선은 한국불교가 현재 수행하고 있는 대표적인 수행법이라는 것을 말씀드리면서, 두 번째 방법론에 대한 내용 '깨달음에 어떻게 도달할 것인가'라는 부분을 마치고자 합니다.

깨달은 사람의 삶의 모습

마지막으로 '깨달은 사람의 삶은 어떠한 것인가?'라는 주제입니다. 깨달은 사람의 경지는 어떠하며 깨달은 사람의 삶의 모습은 어떠한 것일까? 깨달은 사람은 물 위를 걷고 허공을 날며 가려진 벽을 꿰뚫어 볼 수 있고 남의 마음을 읽어 낼 수 있는가? 한마디로 아닙니다. 그런 것은 깨달음의 문제와는 전혀 상관이 없습니다.

그러면 깨달은 사람에게는 어떤 남다른 능력이 생기는 것인가? 그것도 아닙니다. 깨달은 사람은 단지 이 세상을 연기적(緣起的, 변화와 관계)으로 이해하며 살아간다는 것입니다. 그러면 '연기적으로 살아간다'는 것은 무슨 말이겠습니까? 다시 거듭 말씀드리자면 어떠한 실재의식 없이 살아가는 경지라고 하겠지요. '실재의식이 없다' 함은 존재의 양태에는 실재 또는 실체가 없다는 것을 깨닫는 것인데, 그것은 '존재가 없다'는 것과는 전혀 다른 것입니다.

실재를 전제하지 않고 사물을 바라보는 태도, 그러면서 세상을 변화와 관계성으로 진행되는 양태로 이해하는 삶이라 할 수 있습니다. 이런 깨달음에 이른 삶을 불교에서는 '아라한'이라 부르는데, 한마디로 아라한의 삶은 자유의 세계라 하겠습니다. 불교식으로 말하자면 해탈의 세계입니다.

시간과 공간 속에 나타나는 제반 역사성은 아라한의 눈에는 실재 영역이 아니기에, 그를 심각한 구속력으로 얽어맬 수 없습니다. 어떠한 역사적 형태나 가치로부터 원천적인 자유를 담보한 삶, 그것을 아라한의 삶, 깨달은 자의 삶이라 합니다. 이러한 자유로운 경지는 연기적인 깨달음에서 비롯합니다. 실재를 인정하느냐 그렇지 않느냐에 따라, 불교에서 말하는 깨달음인가 아닌가 하는 점이 구별됩니다. 매우 중요하면서도 제대로 구분이 안 되고 잘 이해되지 못하는 부분이지요.

세상에서 흔히 이런 말을 하지요. 사람들은 불교나 기독교나 유교나 모든 종교의 가르침은 알고 보면 똑같은 것이라고 합니다. 하지만 저는 그렇게 생각하지 않습니다. 그런 두루뭉술한 태도야말로 무엇 하나 제대로 알지 못하게 하는 것이라 믿습니다. 제대로 안다는 것은 어떤 점이 공통적인가를 깨닫는 것이 아니라, 어떤 점이 서로 다른 것인가를 이해하는 것입니다.

예를 하나 들겠습니다. 아까 말한 포퍼의 이야기입니다. 예컨대 오늘이 목요일 아닙니까? 그런데 오늘을 금요일로 아는 사람이 있다고 생각합시다. 전혀 오늘을 다르게 알고 있는데도 오늘을 목요일로 바로 알고 있는 사람과 금요일로 알고 있는 두 사람은 똑같은 이야기를 할 수 있다는 것입니다. 즉 "오늘은 월요일이 아닙니다.", "오늘은 화요일이 아닙니다." 등 공통되는 여러 가지 명제를 내 놓을 수 있다는 것입니다. 이것이 포퍼가 말하는 "다른 세계관에 근거해서도 동일한 명제를 추출할 수 있다."라는 것인데, 재미있지 않습니까?

이와 같이 불교든 기독교든 서로 유사한 이야기를 한다고 해서 그 세계관 또한 유사한 것은 결코 아니라고 봅니다. 특히 불교의 깨달음은 노장사상(老莊思想)이나 브라흐마니즘, 그리고 요즈음 유행하는 라즈니쉬 류의 명상철학과는 명확하게 구분됩니다. 그 구분의 요점은 궁극적 실재 따위를 설정하느냐, 불교처럼 비실재의 입장에 서느냐 하는 것입니다.

그 어떠한 실재로부터 해방된 입장, 온갖 실재의식을 떨친 삶, 그를 일러 아라한이라 했습니다. 아라한은 깨닫기 전 자기를 구속하고 제한했던 역사성의 속성 자체가 실재가 아니었음을 통찰함으로써, 그것들이 원천적으로 자기를 구속하거나 제한하지 못한다는 깨달음을 체득합니다. 마침내 해방된 삶, 자유로운 삶을 구가하는 것입니다. 사소한 사물의 현상과 그 법칙에서부터 이데올로기나 문화적인 그 어떤 것에 이르기까지 아라한의 삶을 더 이상 구속하지 못하는 것입니다. 불교의 역사에 아라한의 경지에 이른 한 순교자가 있었는데, 그는 내리치는 칼 앞에서 다음과 같은 시를 읊었다고 합니다.

우리 몸은 연기적인 것이고
모든 존재는 가설적(假設的)인데
칼로써 내 목을 자르는 것은
봄바람을 자르는 것과 같다.

물론 당장 두렵고 아픈 것이 차이 나는 것은 아닐 것입니다. 깨달은 사람의 경지를 묘사하는 말로 "졸리면 잠자고 배고프면 밥 먹는다."라고 하는 말이 있지만, 이 아라한의 삶에 있어서도 안 먹어도 배가 부르다거나 아프지 않다는 뜻은 아닐 것입니다. 어린아이에게서 장난감을 빼앗으면 온 세상을 잃은 듯이 울지 않습니까? 하지만 어른들은 그렇지 않습니다. 약간 섭섭하긴 해도 어른들은 장난감을 빼앗긴 감정에서 자유로울 수가 있다는 것입니다. 물론 비유의 이야기입니다.

마찬가지로 아라한의 삶에 있어서도 졸리면 잠자야 하고 배고프면 밥 먹어야 하고 사랑하고 미워하는 감정이 다 나타날 수 있습니다. 그러나 그 감정이나 생각과 그 대상의 속성을 알기 때문에, 즉 원천적으로 비실재임을 통찰하고 있기 때문에 그것들로 인해 최종적으로 고통 받지는 않는다는 뜻입니다. 중국 고전에도 이것을 잘 표현한 말이 있습니다.

애이불상(哀而不傷) 슬퍼도 상처 입지 않고
낙이불음(樂而不淫) 즐거워도 방탕함에 이르지 않는다.

어쩌면 아라한은 삶과 역사를 연극이나 영화로 생각한다 해도 좋을 것 같습니다. 삶은 비실재로서 끊어진 필름의 연속 동작으로 파생된 현상일 뿐, 거기에 최종적으로 얽매이지 않는다는 것입니다. 한마디로 아라한의 삶은 '역사로부터 자유로운 삶(freedom from being and history)'이라 할 것입니다.

보살의 역사에의 꿈

또 다른 깨달음의 삶이 있습니다. 그 삶을 일러 '보살의 삶'이라 말하는데 보살이란 '보리살타(보디사트바)'의 준말입니다. 우리나라에서는 통상 절에 다니는 여자신도들을 보살로 부르곤 하는데, 본래의 뜻이 좀 변형된 것으로 '보살의 훌륭한 삶을 살라'는 권유의 뜻이 담겨 있다 하겠습니다. 그러면 어떤 것이 본래 보살의 의미인가? 그것은 그 이름 속에 모두 함축되어 있다고 말씀드릴 수 있습니다.

　　보살, 즉 보디사트바에서 '보디(bodhi)'란 서두에 말한 부드(budh)의 명사형으로 '깨달음'을 뜻하는데, 그 깨달음이란 바로 존재를 연기적으로 이해하는 깨달음이라고 할 수 있습니다. 앞서 말씀드린 아라한의 삶이 연기적 깨달음의 삶이라면, 아라한은 보살의 삶에서 보디 부분에 부분적으로 포함되는 것입니다. 그런데 그 보디에 사트바가 덧붙여져 있는 것이 보살(보디사트바)의 삶입니다. 사트바(sattva)는 중생(衆生)이라는 말로서 모든 삶과 역사를 의미합니다.

　　이러한 중생의 영역에는 비단 사람뿐만 아니라 모든 생물, 심지어 무생물, 자연 생태계까지 망라하고 있습니다. 그래서 그런 다양한 영역들이 상호 관련과 변화로서 총칭되는 것을 '사트바', 즉 중생이라 하는 것입니다. 저는 개인적으로 '역사'라는 말로 치환하여 사용하기도 합니다.

그렇게 되면 보살이란 '깨달음'과 '역사'의 합성어가 되는 것입니다. 통속적인 표현으로 '깨달음의 역사화', '역사의 깨달음화'라고 하고 싶습니다만, 이 보살의 삶에 있어서는 그의 깨달음에 기초하는 역사로부터의 자유로움만 만끽하는 것은 아닙니다. 한 걸음 더 나아가 역사와 교섭하도록 적극 참여하여 그 자신을 투사시킨다고나 할까요. 저는 이것을 '역사로부터의 자유(freedom from being and history)'에다 '역사에로의 자유(freedom to being and history)'를 겸한 삶이라고 말하곤 합니다.

보살은 실재의식을 떨친 열린 역사관을 바탕으로 하되, 소극적인 의미에서 수동적으로 역사를 수수방관하거나 자신의 위로 흘러 지나가는 역사에 그저 자유로움만 누리는 데 머물지 않습니다. 적극적이고도 열정적으로 영향을 미치고자 하며 그에 따라 구체적 행위를 시도하는 사람입니다. 그러나 그 역사적 행위는 과정이나 완성단계에 있어서 늘 성공을 담보하고 있지는 못합니다.

다만 특정한 가치나 실재에 매몰된 사람보다 훨씬 유연하고 폭넓은 세계관을 소유하고 있다는 장점을 가지고 있습니다. 그러나 세상 이치의 연기적 구조나 체계에 대해 투철하게 깨닫고 있다는 것일 뿐, 세부적인 디테일을 다 파악하고 있는 것이 아니기에 오판이나 실수·실패가 따를 수도 있습니다. 하지만 그 자신은 성패 여부에 관계없이 자신의 목적의식으로 일관해 나가며 매우 만족하고도 행복한 삶을 누리게 됩니다. 저는 이것을 굉장한 삶이라 생각합니다만, 여러분은 어떻습니까?

좀 전에 보살의 역사적 삶을 말하면서 '목적의식(目的意識)'이라고 했는데, 불교적 용어로는 '회향의식(廻向意識)'이라고도 합니다.

이 목적의식은 대개 각 보살들의 시대와 상황에 맞는 구체적인 역사적 목표를 포함하는데, 이것을 원(願)이라고도 말합니다. 불교에서 소개하고 있는 보살의 원은 추상적인 데서부터 구체적인 데까지, 조그만 것에서부터 거대하고 보편적인 것에 이르기까지 무수히 많습니다. 대개는 중생들의 불행(가난, 질병, 무지, 불안, 고독, 추함, 투쟁 등)을 극복하는 데 초점이 맞춰 있습니다.

보통 무지한 중생의 태어남을 업생(業生)이라 하고, 보살이 이 세상에 태어남을 원생(願生)이라고 합니다. 중생들이 역사를 대하고 참여함은 업으로 하는 것이고 보살은 원으로 하는 것이라는 정도로 이해해도 되겠습니다. 업이란 어떤 것(가치, 실재)에 예속된 인과적인 행위와 사고라는 뜻이고, 원이란 역사의 실재성에서 해방되었지만 특별한 목적의식으로 비롯된 의도적(또는 가상적)인 행위와 사고라 할 수 있겠습니다.

그러나 한편 경전에서는 "보살은 원을 실천하는 행위와 과정도 그리고 원의 완성된 형태(이를테면 바람직한 사회건설을 뜻하는 '정토구현') 등에도 최종적으로 집착하지 않는다."고 지적하고 있습니다. 그래서 '보디'의 깨달음으로 역사의 절대주의로부터 해방됨과 동시에, 보살의 '원'인 사트바의 실천을 통해 역사적 상대주의의 폐해를 극복하게 되는 것입니다.

저는 종종 아라한의 삶과 보살의 삶을 설명하면서 안경의 비유를 들곤 합니다.

"안경이란 본래 만들어진 시각이자 조작된 시각일 뿐, 사물을 사물 그 자체로 보게 하는 것은 아니다. 그러니 어떠한 안경이라도 벗어

버리자." 이것이 실재 의식, 또는 실재성의 베일에 비유된 '안경(역사)으로부터의 자유'를 이룩한 아라한의 삶이라 합니다.

한편 "안경의 허구성이나 정체를 알면 그뿐, 안경에 최종적으로 영향 받지 않는다. 굳이 벗어버릴 필요가 없다." 아니 거기에서 한 걸음 나아가 "필요하다면 적극적으로 안경을 취사선택해 쓴다."는 입장, "갈색이나 푸른색의 안경을 써서 햇빛으로부터 보호 받거나, 시력의 변화와 노쇠가 오면 렌즈 안경을 쓰거나 모양내기 위해서도 쓴다."는 태도, 이것이 보살의 삶입니다.

그렇지만 보살은 안경으로 인해 세상이 푸르다거나 누렇다고 여기지도 않으며 크게 또는 작게 바라보지도 않는다는 것입니다. 그러면서 역사적 상상력과 비전에 입각한 어떤 구체적이며 특정한 안경을 쓴다는 것입니다. 이것을 저는 '안경(역사)에로의 자유'라고 말하고 있습니다.

아라한이든 보살이든 두 경우 모두 깨달은 사람의 모습이요 태도라 하겠지만, 그렇게 달라지는 것은 각자의 기질이나 여건, 상황 탓일 수 있을 것입니다. 그러나 아라한의 삶을 산다 해서 그 깨달음의 세계가 줄어든다거나 보살의 삶을 산다 해서 깨달음의 세계가 늘어남은 아닐 것입니다. 늘어나고 줄거나, 실패하거나 성공하거나, 풍부하거나 빈약함은 다 사트바, 즉 역사의 차원이지 보디(깨달음)의 차원은 아니기 때문입니다. 실로 깨달음의 세계는 역사(중생의 삶, 중생계)를 그 내용으로 하되 역사성으로부터 해방(해탈)됨을 뜻하는 말입니다.

불경에서 깨달음을 다음과 같이 묘사한 것도 이 소식을 말하는 것입니다.

불생불멸(不生不滅)　나거나 멸한 것도 아니고,

불구부정(不垢不淨)　더럽거나 깨끗한 것도 아니며,

부증불감(不增不減)　늘어나거나 줄어드는 것도 아니다.

그러나 대승불교에서는 우리에게 일관되게 보살의 삶을 살도록 요망하고 있습니다. '보살의 역사에의 꿈', 그 꿈은 보살의 원(願)이기도 하지만 어쩌면 투명한 그 어떤 것인지도 모르겠습니다. 역사의 그물로는 걸리지 않는 행위와 생각들, 그런 것이 아니겠는지요.

영화야말로 불교의 세계관, 특히 보살의 삶을 설명하는 데 참 적합한 것이 아닌가 생각합니다. 앞서 아라한의 삶을 말하면서, 아라한은 삶과 역사를 연극과 영화의 필름처럼 여긴다고 했지요. 영화 즉, 삶이나 역사와 객관적 거리를 유지하는 자유로운 태도, 얽매이지 않는 태도라고 해도 좋겠습니다.

그런데 보살은 삶이나 역사가 한낱 끊어진 필름의 연속동작임을 앎에도 불구하고, 그 허구성이나 찰나적인 잠정태를 허망하다 하여 폐기하지 않습니다. 오히려 그 필름(역사)에 꿈과 사랑과 정열을 심는 것입니다. 마치 사람들이 스크린(screen)을 허구적인 것이라고 내팽개치기는커녕 적극적으로 활용하여 유용하게 발전시키는 것처럼 말입니다.

비실재, 무아, 연기, 공으로 표현되는 깨달음의 세계가 소극적, 허무적, 비현실적, 비역사적으로 흐르지 않고 오히려 적극적인 역사적 유회와 활동으로 전개되는 것! 이것이야말로 보살의 삶인 것입니다.

"실재의식을 떨쳐낸다", "사물과 세계를 대함에 실재를 설정하지 않는다."는 말은 실재의식에 사로잡혀 있는 한 결코 이해되지 못하는 것이며, 부처님 말씀처럼 오히려 '놀라고 두려워할' 결과를 낳을지 모르겠습니다. "도대체 실재라는 것이 없다면 현실은 어떻게 존재 내지 성립하는 것이며, 우리의 노력과 정열은 어디에서 비롯되어야 하는가? 역사에의 의지나 동기는 어디에서 출발하는가? 역사에서 의미란 어떻게 찾아야 되는가?" 하면서 역사에 대한 혼란, 무의미 등을 우려하기 일쑤겠지요.

그러나 소위 발상의 전환이라는 것을 하고 혁명적 깨달음을 맞는다면 이러한 깨달음의 세계가 얼마나 자유롭고 편하며, 적극적이고 능동적일 수 있고, 구체적이며 현실적일 수 있는가를 이해할 것입니다. 보살은 수많은 현실의 실험과 가설 앞에 과감히 개방되어 있으며, 스스로를 개방해 가고 있는 삶입니다.

오늘날 역사와 문명이 부딪히고 있는 갖가지 문제들은 깨달음의 세계를 펼쳐가는 아라한의 삶과 보살의 삶에서 많은 교훈과 시사를 받으리라 확신합니다. 인문·사회·자연과학, 예술과 윤리에서도, 그리고 그 모든 사고와 행위에 깨달음[覺]이 적용되어야 할 것입니다.

'깨달음화된 역사, 역사화된 깨달음' 이것이 바로 깨달음의 세계라고 감히 말씀드리면서, 이쯤에서 오늘 이야기를 마칠까 합니다. 고맙습니다.

'깨달음을 위한 산책'은 1984년 부안 내소사 지장암에서 여름 한 철을 정진할 때
정리한 원고인데, 그 후 1988년 5월부터 10월까지 「대승회보」에 나누어 게재되었다.

3장

깨달음을 위한
산책

깨달음을 위한 산책

모든 현상은 식識이다

"모든 현상은 식이다."라고 할 때 '모든 현상'이란 무엇이며 '식(識)'이란 또 무엇인가? 이러한 점을 설명하는 것으로 이 글을 시작하기로 한다.

"모든 현상은 식이다." 하는 말은 불교 유식학에서 말하는 기본적 명제인 '만법유식(萬法唯識)'을 직역한 말이다.

유식학에 따르면, 모든 현상이란 이 세계의 모든 현상, 곧 1)인식의 영역과 물질적인 영역, 그리고 언어, 풍속, 법률, 종교, 예술 따위의 추상적이면서도 객관적인 구조를 지닌 개념적 영역들이 2)시간, 공간을 통하여 유기적으로 얽히고설키어 행위하고 전개되어 가는 모습들이다. 이런 의미에서 본다면 모든 '현상'이란 순수한 자기 영역이 따로 있는 것이 아니며 또한 단순히 사진의 인화지처럼 고정된 모습의 나열이 아닌, 살아 움직이는 역사의 장(場)이다. 모든 현상들이 서로 겹쳐지고 포개져 독자의 영역이 인정되지 않는 것임을 이해하는 것은 이 에세이의 중요한 기점이 된다.

현상이라는 말은 '사물' 또는 '사실(fact)'이라는 말보다 '사건(event)'이라는 말에 가깝다.

"나는 꽃을 본다."고 할 때, 이 말은 "나라는 개체가 꽃이라는 사물(사실)을 인식한다."고 해석되나, 이 글의 '현상'이라는 관점에서 보면 "나라는 사건이 꽃이라는 사건을 본다."가 좀 더 정확한 해석이다. 또 "내가 꽃을 본다."고 할 때 인식주체로서의 '나'와 그 대상으로서의 '꽃'이 저마다 독자적인 영역으로 존재하고 있다고 보는 견해는 성립할 수 없다. 이제 이 글은 현상계를 '인식의 영역'과 '대상(존재)의 영역'으로 이분(二分)할 수 있다는 소박한 이원론(인식, 존재)적 구분을 부정하는 것으로 시작한다.

우선 '인식'에 대해 살펴보자.

1) 인식은 순수한 인식만으로 존재할 수 없다.

2) 인식은 대상존재가 주어져야만 인식으로서 존재한다(대상이 개념적이든 실물적이든).

3) 인식은 존재를 파악한 형태로 유지된다. 곧 인식은 내용물이 있으며 "인식은 존재를 머금고 있다." 또는 "인식은 존재에 물들어 있다."고 표현할 수 있다. 전자는 인식이란 존재를 전제해야만 인식일 수 있다는 뜻이며, 후자는 인식이란 존재에 의해 규정된다는 의미이다.

다음은 존재의 경우를 보자.

1) 존재는 순수한 그 자체로서의 존재가 아니다.

2) 존재는 인식되어진 만큼 존재한다. 보기를 들어 "하나의 책상이 있다."고 할 때 눈에 드러난 외양과 그것의 용도와 기능을 생각하

는 선입견이 어우러져 하나의 책상이 있다고 한다. 그러나 이것으로 책상의 현 존재가 다 드러난 것은 아니다. 나무로 만들어진 책상이라면 나무의 결이나 무늬, 미세한 나무의 입자 등 나무의 모든 구성 요소와 못이나 아교풀 같은 재료와 누구의 어떤 공정에 의해 어떤 경로로 눈앞에 나타나 있나 하는 점이 있고, 그밖에 그 책상의 특수한 용도나 속성들이 있어 우리가 그러한 것들을 모두 다 알지 못하는 한 책상이라는 존재도 다 드러나 있는 것이 아니다(물론 완전히 드러난 책상의 존재란 있을 수 없다). 이런 점에서 관찰자가 인식하고 있는 만큼의 책상이 존재하는 것이다. 이러한 사실은 비단 책상에만 한정되는 것이 아니며 모든 존재 일반에 해당된다.

3) 따라서 "존재는 인식에 파악되어 있다." 또는 "존재는 인식에 물들어 있다."고 말할 수 있다.

앞에서 인식과 존재에 대해 각각 말한 것으로 다음과 같은 결론을 내릴 수 있다.

"순수한 인식 그 자체도 존재하지 않으며, 순수한 존재 그 자체도 존재하지 않는다."

이를 불교 용어로 표현하면 "인식도 공이며, 존재도 공이다."가 된다. 앞으로 계속될 이야기의 이해를 돕기 위해 '공(空)'이라는 단어의 뜻을 서술해 보자. 이에 앞서 우리는 이제 그릇되게 알고 있는 공에 대한 선입견이나 공이라는 문자가 풍기는 느낌에서도 해방되어야만 '공'을 올바로 이해할 수 있을 것이다.

'공'이란 흔히들 생각하는 '무(無)'라는 개념과 하나도 닮지 않았다. 그리고 A =B, 곧 'A가 B이면 B가 A이다'라는 식의, 다시 말해 '이래도 옳고 저래도 옳고, 이게 그거고 그게 이거다' 하는 식의 두루 뭉실한 형태의 논리구조도 아니다. 또는 단련하고 성숙시켜 고도로 정제된 상태, 거기서 무수한 가치와 의미가 샘솟아나며 신비롭다고 말할 만큼 엄청난 그 어떤 완성된 정신의 경지와는 더구나 관계가 없다.

그러면 '공'이란 무슨 말이기에 이처럼 혼돈되고 있는가? '공'이란 한마디로 관계로써 이루어진 존재 또는 그 존재의 부독자성(不獨自性)을 말한다. 관계로써 이루어진 존재란 존재가 없다[無]거나 텅 비었다는 의미가 아니고, 많은 다른 원인들과 결부되어 유지되어 가는 존재 형태임을 말한다.

그리하여 불교에서 "모든 현상[萬法]은 공이다."라고 할 때는, 현상이 존재하지 않는다는 뜻이 아니고 모든 존재는 자기 원인적으로 존재하는 것이 아니라는 뜻이다. 곧 어떠한 존재도 순수하게 독자적인 실체로 존재하는 것이 아니고 서로서로 겹쳐 있고 영향을 주는 상태에 있다는 말을 하고 있는 것이다.

보기를 들어 "대한민국은 공이다."라고 할 때 이 말은 아주 정확한 표현이다. 왜냐하면, 첫째, 우선 지정학적으로 볼 때 대한민국은 아시아 동북쪽 반도에 위치하고 있고 태평양의 서쪽에 접해 있어 지구 전체의 지도상으로만 그 위치가 정해진다. 주위의 위치와 관련 없이 독립된 것이 아닌, 지구상의 지리 여건 속에서만 규정된다는 점에서 지리적으로 대한민국은 지구와의 관계에 있어서 공이다. 이 말이 지구상에서 대한민국이 없다는 말이 아님은 이미 말한 대로이다. 이를 조금 더 확장해 보면, 지구는 또 태양계 내의 질서 속에서만 그 존립 형태와 의미를 부여받는다. 우주계를 떠난 지구는 존재하지 않는다.

이런 관점에서 지구는 태양계와의 관계에서 공이다. 마찬가지로 태양계도 더 넓은 차원의 우주 질서에서 공이다.

둘째, 정치적인 차원에서 볼 때도 역시 대한민국은 공이다. 이 말도 역시 대한민국이라는 정체(政體)가 없다는 뜻이 아니다. 대한민국은 건국과정의 국제적인 정치 상황과 그에 따른 신생국 태동이라는 처지, 국제적인 승인과 각국과의 정치적 교류, 그리고 그 뒤 지금에 이르기까지 대한민국은 한순간도 국제정치의 질서 밖으로 벗어난 적이 없다. 이와 같이 지구상의 어느 나라나 마찬가지로 모든 국가들과 얽히고설킨 정치관계 속에 정립되어 있다는 뜻에서 대한민국은 국제정치적인 면에서 공이다.

그 다음 경제적인 면이나 군사적인 면도 같은 식의 논리로 공이며, 그 밖에 언어, 문화, 풍속 등 어느 분야에서도 전체 인류사적인 구조 밖에 동떨어져 있지 않기 때문에 "대한민국은 공이다." 하고 말할 수 있다.

이상은 대외적인 관점에서 대한민국이 공이라는 점을 이야기한 것이다. 그 눈길을 대한민국 자신에게 돌려보자. 대한민국이란 직육면체로 된 매끄러운 하나의 얼음덩이로 되어 있어 그것이 외적으로 이리저리 관련하는 것이 아니다. 우선 대한민국이라는 명칭을 살펴보면 이 명칭 역시 우연히 산출된 것이 아님을 알 수 있다. 한(韓)은 바로 민족을 지칭하는 것이며 민국이란 민의(民意)가 존중되는 민주주의 국가라는 것임을 곧 알 수 있다. 또 여기서 민주주의는 어떻게 생겨난 개념인가 하는 것들을 파고들면 대한민국이라는 말을 설명하기 위해 인류 역사의 전부를 거론하지 않으면 안 될 것이다.

대한민국이라는 명칭은 현상적으로 어떤 실재가 아니며 필요에 의해서 '대한민국'이라 부르자는 과정을 거친 약속언어이다. 이 약속 언어의 이면에는 수많은 역사적인 의미가 관련되고 포함되어 있음은 다 아는 바와 같다. 이래서 '대한민국'이라는 명칭도 공이다.[01] 이 공한 '대한민국'이라는 명칭 속에는 차원을 달리하는 많은 구성요소들이 있다. 하늘, 바다, 땅 등의 자연 요소로부터 도, 군, 시 등의 행정관할과 각종 이익단체, 수많은 가족, 개인들과 보이지 않는 법적 정치적 구속력, 경제 질서, 사회풍속, 종교나 이념 등이 종횡으로 연결되고 겹쳐져 짜여 있다. 마치 큰 그물에서 그물코를 하나 들면 그물 전체가 다 흔들리듯이 앞서 든 대한민국이라는 명칭 속의 구성요소 중 어느 한 가지를 들어도 전체 대한민국이라는 명칭 속의 구성요소들과 관련되지 않음이 없다.

어디 그뿐인가. 지구 전체의 모든 것들과 관련되고, 나아가 태양계 내지 전 우주계와 연관될 것이다. 이렇게 되면 한 개체의 존재양태와 움직임은 우주적인 의미를 띠게 되며, "지상의 꽃을 꺾을 때 하늘의 별이 아파한다."는 어느 시인의 시구절도 단순히 시인의 정서적 인식구조라고만 할 수는 없다.

이렇게 되면 굳이 "대한민국은 공이다." 하는 설정에 구애됨이 없

<hr />

01 칼 포퍼는 『열린 사회와 그 적들 II』, 민음사(pp. 19~20)에서 논리적 원자론과 논리실증주의를 비판하면서 다음과 같이 말한다. "과학에서 사용되는 좋은 정의는 왼쪽에서 오른쪽이 아니라, 오른쪽에서 왼쪽으로 읽어야 한다. '중중성자(重中性子)는 두 개의 중성자로 구성된 불안정한 조직이다'라는 문장은 '중중성자란 무엇인가'라는 물음에 관한 해답이 아니라, '두 개의 중성자로 구성된 불안정한 조직은 무엇인가'라는 물음에 대한 답변이다. '중중성자(dineutron)'라는 말은 긴 서술문에 대한 간단한 대치물이다."

이 "모든 존재와 행위는 다른 모든 부분과의 관련 속에서만 규정되며 또한 전개되어 간다."고 할 수 있다. 결국 각각의 부분들은 다른 부분과의 관계에서 모두 공의 관계에 있다.

"모든 것은 모든 것에 대하여 공이다." 더 줄여서 "모든 것은 공이다."

'공'이란 '관련성' 곧 '연기(緣起, 조건발생)'라는 말과 동의어이다. 서로 관련되어 겹쳐 있는 존재의 상태를 '공'이라 부르기로 약속하는 것이다.

다시 원래의 논점으로 돌아가서, '존재에 규정된 인식'이며 '인식에 규정된 존재'이기 때문에, 우리는 이를 달리 공의 이론을 빌려서 "인식도 공하고 존재도 공하다." 또는 공한 상태를 명사화하여 "인식도 공이고 존재도 공이다." 하는 명제를 추출할 수 있다. 그러면 이 둘(인식, 존재)은 공의 관계에 있기 때문에 단순히 인식이라 부를 수도 없고 단순히 존재라고 부를 수도 없다. 이 둘을 각각 독자의 영역으로 파악한 것이 기존 철학과 사상들의 오류였다. 그러면 이러한 오류를 지양할 수 있는 새로운 표현은 없을까? 이에 대한 해답으로 나타난 것이 '식(識)'이라는 개념이다. 이 글의 첫 소제목인 "모든 현상은 식이다〔萬法唯識〕."라는 명제에서의 그 식 말이다.

식이란 공한 상태로 유지되어 가는 현상을 가리키는 일종의 약속 언어다. 어떤 현상도 다른 것과 관련 없이 존재하는 순수 독자 영역을 인정할 수 없다. '인식', '대상', '마음', '물건' 등 명사화할 수 있는 현상계의 어떤 이름도 사실상 실재 개념화될 수 없는 까닭에 더 포괄적이면서 정확하게 표현하기 위해 산출된 말이 '식'이다. 곧 인식도 식

(=공)이고, 사람도 짐승도 식이다. 나아가 돌, 꽃, 나무 등 정신적·물질적 모든 현상은 식이다. 이 식이라는 말은 모든 현상을 공의 관점에 서서 부르는 용어다. 다시 말해 공한 모든 현상을 식이라 부르기로 한 다는 뜻이다.

모든 현상계를 인식주관과 그 대상으로 분류할 때 식은 존재와 인식을 포함한 개념이다. 따라서 심리학에서 말하는 인식주체로서의 '인식'이라는 표현과는 구분된다.

마명(馬鳴)의 『대승기신론』에 따르면 '식'은 아홉 가지의 과정으로 전개되어 가는 하나의 피드백 양태를 띠고 있다. 그 아홉 가지 단계는 다음과 같다.

1단계: 업식(業識)

이는 앞서 말한 '존재에 규정된 인식'이라 할 수 있는 것으로서 물들여진 인식이다. 곧 존재가 인식을 물들이는 단계로서, 여기서의 존재는 선행된 인식에 의해 확정된 정신적·물질적 존재이다. 업(業)이란 산스크리트어의 '카르마(karma)'에 해당하는 말이며 '움직이다' '행위하다' '사유하다' 따위의 온갖 정신적·육체적(물질적) 작위를 뜻한다. 따라서 업식(業識)이란 '업으로 물들여지는 인식의 상태'라는 말이 되며, 순수한 인식 그 자체가 아니고 존재와 행위 들이 인식과 뒤섞여 있다는 뜻에서 '업식'이라 이름하는 것이다. 아래의 '~식(識)' 등도 같은 의미이며, 이 업식은 비유해 말하자면 '색안경에 색깔이 덧칠해지는' 단계다.

2단계: 전식(轉識)

새롭게 '존재에 규정된 인식(1단계의 업식: 색깔이 칠해진 안경)'으로 바라보는(행위하는) 단계로서 업식의 자율적인 활동이다. 전(轉)이란 '(바퀴 따위가) 구르다'라는 뜻으로 여기서는 업식이 움직이는 활동을 상징하는 표현이다.

3단계: 현식(現識)

새롭게 형성된 '존재에 규정된 인식'이 그 이전 사이클의 제4단계 지식(智識)의 실재화 과정을 거친 인식으로 파악되어진 존재양상에 대응할 때 드러나는, 새로운 '인식으로 파악된 정신적·물질적 존재양태'로서, 덧칠해진 색안경으로 바라보는 덧칠해진 모습으로서의 세계이다. 현(現)이란 '나타나다, 드러나다'라는 의미이다.

위의 세 가지 단계는 아주 은밀하다고 할 만큼 거의 동시적으로 이루어지는 과정들이다. 더 정확히 말하면 아래의 여섯 가지 단계를 포함하여 아홉 가지 과정들이 항상 동시에 이루어지고 있다고 해야 할 것이다. 왜냐하면 하나의 과정은 나머지 여덟 가지 과정을 자체에 포함하고 있기 때문이다. 색안경을 쓴 상태(業識)에서 색안경의 유리를 통해 본(前識) 색으로 물든 세계(現識)의 과정은 그 다음 여섯 가지 후차적 과정을 거쳐 색안경에 또 다시 색을 칠하게 되는 순환 과정을 거치게 된다. 그러나 색안경이 점점 달라진다는 점에서 단순한 반복적 순환은 아니다.

4단계: 지식(智識)

이 '지식'을 이해하는 일은 매우 중요하다. 한마디로 '지식'이란 업식에서 현식으로 전개되는 상태를 확정적으로 지각하여 실체화(또는 실재화)하는 단계이다. 곧 업식에 대한 실체화는 '나'라는 주체가 있다고 한정하는 '자아의식'이 되며, 전식에 대한 실체화는 전식을 그 '자아의식'의 인식 주관적 작용이라 생각하여 인식 주관의 실재화를 유발시키며, 현식에 대한 실체화는 인식대상으로서의 정신적·물질적 존재양태를 실재화시킨다. 넓은 의미에서 업식의 실체화인 자아의식도 이 현식의 실체화에 귀착한다.

5단계: 상속식(相續識)

지식의 단계가 심화되어 가는 것으로서 실재의식이 점점 고착화하는 단계이다.

위의 업식에서 상속식에 이르는 다섯 단계는 현상구조(인식과 존재)의 기본단계로서 이러한 과정을 토대로 하여 모든 현상계가 교류하며 전개된다. (유식학에서는 이상의 과정을 7식 이상의 영역으로 간주한다.)

6단계: 집취식(執取識)

인식(존재에 규정된)이 존재(인식에 물든)를 만나 감각기관 등으로 교류하는 과정이다. '집취'란 '국집되어 취한다'는 뜻이다. 4단계, 5단계의 지식, 상속식의 실재화 과정을 거쳐 실재의식으로 국집된 상태의 존재현상을 받아들인다는 의미이다.

7단계: 계명자식(計名字識)

우리가 보통 '의식한다', '사고한다'고 말하는 것으로 여섯째 단계의 집취식으로 받아들인 것을 분석 검토하는 단계로서 짜다, 맵다, 뜨겁다, 차다, 싫다, 좋다, 틀리다, 맞다 등으로 헤아린다. '계(計)'는 '헤아리다, 분별하다'는 뜻이며, '명자(名字)'는 사물의 개념을 뜻한다. 합쳐서 '계명자'는 받아들여진(집취된) 것들을 개념화하여 분별한다는 뜻이다.

8단계: 업을 지음〔造業〕

현상들과의 관계에서 구체적이고도 능동적인 작용을 하는 단계이다. 일곱 단계로 인해 유발되는 것으로서, 싫으면 버리고 좋으면 추구하고 틀리면 배격하고 맞으면 지지하는 따위의 행위들이다. '업'은 업식에서의 업과 같은 의미이다. 이러한 업의 행위와 그로 인한 결과가 다시 업식을 물들인다.

9단계: 결과의 받음〔受報〕

여덟 단계 행위의 결과가 구체화된 것으로서, 그것이 사유 과정의 개념화이든 물리적으로 귀착되는 필연적인 존재양상이든 변해진 현상계의 모습이며 그것이 이 아홉 단계의 '결과 단계'이다. 이 변해진 결과로서의 현상계의 모습들은 또 다시 처음 단계인 업식에 새로운 경험적 정보를 제공하여 업식을 질과 양의 면에서 변화시킨다. 이를 불교에서는 "냄새나 연기로 쪼이고 익혀서 물들게 한다."는 의미로 '훈습(薰習)한다'고 표현한다.

이들 중 여덟째, 아홉째 단계는 '~식(識)'으로 명명하지는 않았으나 그 행위와 결과들 속에 인식과 존재를 구분할 수 없는 총체적인 것들이 움직이며 작용한다는 뜻에서 다른 단계들과 마찬가지로 '식(識)'이라 부른다.

식의 아홉 가지 과정은 우리에게 모든 현상의 존재양태가 실재론적인 측면에서 순수한 인식이나 존재가 없다는 것을 보여주고 있다. 인식과 존재가 뒤엉켜 구분될 수 없는 것, 그것이 바로 이 현상계의 모습이다.

위에서 말한 식(識)의 아홉 가지 과정은 다음과 같이 요약된다.

$$\cdots \rightarrow \text{색안경}^1 \rightarrow \text{색안경을 통해서 봄} \rightarrow \text{색으로 물든 세계}^1$$
$$\quad\quad\text{(업식)}\quad\quad\quad\text{(전식)}\quad\quad\quad\quad\text{(현식)}$$

$$\rightarrow \text{물든 세계를 살아감} \rightarrow \text{다시 안경을 물들임} \rightarrow \text{색안경} \rightarrow \cdots \text{색안경}^n$$
$$\text{(지식에서 행위와 결과까지)}\quad\quad\quad\text{(훈습)}$$

여기서 이렇게 물을 수도 있다. 색안경^{1}은 어디서 나왔는가? 이에 대한 답은 이렇다. 이보다 앞에 있었던 아홉 단계로부터 나온다. 더 물을 수도 있다. 칠해진 색은 접어 두고 그 안경 자체는 어떻게 생겼는가? 이 질문은 칠해지지 않은 상태의 순수한 유리안경 자체는 본래 있었던 것이 아닌가 하는 것인데, 이러한 생각이 바로 네 번째의 지식의 단계에서 사실을 실재화시킴에서 비롯되는 자아의식(안경 자체)인 것이다.

색안경은 실재화 과정을 거치면서 수많은 행위를 하게 되며 그 행위의 결과로 다시 새로운 안경으로 태어나는 것이다. 곧 안경은 세계를 물들이며, 물들여진 세계는 여러 가지 행위를 거친 뒤 다시 안경을 물들인다. 이것은 인식과 존재가 서로서로를 규정하며 포함된다는 것을 뜻한다. 순수하게 독자적인 인식도 존재도 없다는 뜻에서 인식도 공(空), 존재도 공이라고 말하는 이유가 여기에 있다.

그 자체에 존재가 포함되어 있는 인식(색안경)이라면 그냥 단순히 '인식'이라 부름도 적합하지 않으며, 존재가 인식(색안경)이 한정지은 영역(색칠해진 세계)이라면 단순히 '존재'라 부를 수 없다. 존재에 규정된 인식, 인식에 한정된 존재, 이 둘은 긴밀한 관계로서 서로를 규정짓는다. 이 영역을 일컬어 우리는 '식(識)'이라 부른다.

이제 우리는 모든 현상계의 존재 일반을 '식'이라는 말로 바꾸어 부를 수 있으며, 이 '식'은 인식과 존재가 서로를 포함하고 규정지으며 끊임없이 교감하면서 나타나는 지평(地平)이라는 뜻을 가지게 된다. 이렇게 본다면 '식'이란 공간적인 면으로만 멈춰 있는 어떤 상태가 아닌, 시간적인 변화를 포함한 사물과 사건, 의식과 행위 등을 총칭하는 것으로서 '인식'이나 '존재'라는 말보다는 역사라는 개념에 가깝게 된다.[02]

따라서 "모든 현상은 식이다." 하는 서두의 명제는 "모든 현상은 역사이다."로 바꿀 수 있다. '모든 현상', '식', '역사'가 동의어가 되며,

---

02 불교에서는 모든 것을 변화하는 과정으로 보지만, 우리가 중요하게 생각해야 할 점은 하나의 유기체를 이루는 개체나 의식현상 또는 인간사회의 집단들이 그것의 동질적 현상(Identity)을 유지해 간다는 사실이다. 우리가 '식'을 '역사'라고 규정할 수 있음은 '식'이란 마치 불경에서의 횃불의 비유처럼(불꽃은 끊임없이 다른 불꽃이지만 하나의 동질적인 횃불로 지속하게 되는) 동질성을 지속하는 개체나 집단의 집적들이기 때문이다. 이런 뜻에서 역사란 하나의 유기체가 그의 동질성을 지속해 나가는 과정이며, 또한 그 과정은 영원할 수 없다는 뜻도 그 '역사성'이라는 말 속에 포함되어 있다.

따라서 "역사란 존재에 물들여진 인식으로, 인식에 파악되어진 존재에 대응하여 전개되는 형태와 행위(심리적·행동적) 등의 집합이다."

역사를 새롭게, 또는 올바르게 이해하기 위한 접근으로서의 이 글이 "역사란 인식과 존재를 포함한 식이다." 하는 결론에 이르게 된 것은 이제 중요한 의미를 지니게 된다.

감추어진 공의 두 가지 의미

불교에서 공(空)의 의미는 그를 체득함이 최우선으로 선행되어야 한다는 점에서나 모든 역사적 행위의 밑바탕에 깔려 있는 제3의 눈-절대와 상대를 벗어난 중도(中道)의 의미-이라는 점에서 알파이며 오메가이다. 그래서 우리가 역사를 바로 아는 안목을 얻고자 하면 공에 대한 올바른 체득을 그 첫출발로 삼지 않을 수 없다.

'공'은 모든 형태의 실재의식을 쳐부순다. 그러나 실상 간추리면 두 가지 형태의 절대의식을 쳐부순다고 할 수 있다. 앞에서 밝힌 식(識)의 아홉 단계 중 네 번째 지식(智識)의 단계는 역사 현상을 공으로 관찰하지 못하고 실재의식에 고착됨으로써 모든 현상을 실재화시켰음을 우리에게 보여주고 있다. 현상-정신적·물질적·개념적-을 실재화함은 역사를 공으로 바로 파악하지 못하는 원초적인 오류다. 모든 오류는 이 실재의식에서 시작되며 오류를 제거하려는 우리의 노력도 이 실재의식을 깨뜨리는 것이 첫출발이 된다.

앞서 '지식'을 설명함에 있어 업식·전식·현식을 실재화한다고 했는데 업식의 실재화는 전식·현식의 실재화에 포괄되므로 대략 두 종류의 실재화 과정으로 볼 수 있다. 하나는 인식주관(전식)의 실재화이며 또 하나는 대상으로서의 물질적·정신적 존재현상(현식)의 실재화이다. 이 인식주관과 대상은 분리될 수 없이 겹쳐져 있는 것임에도 불구하고 독자적 영역의 실재로 파악한 것이다. 이러한 두 가지 형태의 실재화의 오류에 대응하기 위해서 공의 입장도 평면적이고 일면적이어서는 안 된다. 따라서 공의 시각도 대개 이 두 가지 형태의 실재화를 지양하는 두 가지 양상의 모습을 띤다.

그 첫째는 '존재론적인 공'의 입장이며 또 하나는 '인식론적인 공'의 입장이다.

먼저 존재론적인 공이란 모든 존재들은 기본적으로 무수한 조건들이 시간과 공간을 통하여 인과적으로 연결되어 있어 실재(실체)가 아님(없음)을 말한다. 이는 자연과학적인 면으로 관찰할 때 어떤 현상도 자기 원인적으로 존재(또는 발생)함이 없음을 말하는 것이며, 어떤 개체와 부분의 상황도 전체-사회, 정치, 경제 따위-의 유기적 관련 속에서만 해석할 수 있다는 사회과학적 관점도 포함하며, 개념이나 언어나 명칭 또는 그 위에 건립되어 전개되는 설명이나 가설(명제)도 실체나 본질적인 의미가 아닌, 용도의 의미 곧 관계나 쓰임 속에서 드러나는 의미로서 받아들인다는 언어철학적 입장도 포함한다. 이 존재론적 공의 입장에 선다 함은 모든 사물을 '무'의 상태로 빠뜨린다는 것을 의미하는 것이 아니다. 그것은 존재나 현상들의 실체가 없다는 것이지 그것들의 유기적 관련으로서 동질적 현상(identity)까지 부정하는 것은 아니다. 오히려 현상을 단면성으로서가 아닌 다양성으로, 고정성이 아닌 변화성으로 파악하는 것이어서 현상과 사물들을 긍정적이고도 역동적으로 바라보는 것이다.

이러한 '존재론적인 공'의 의미는 제4지식(智識)의 단계에서 현식(現識)을 실재화함을 부정하는 것이라고 할 수 있다.

현식이란 '새롭게 형성된 존재에 규정된 인식'-업식(색안경)^n-으로 기존의 제4지식의 실재화 과정을 거친 인식으로 파악되어진 존재양상-지식(색으로 물든 세계)$^{n-1}$-에 대응할 때 드러나는 '새로운 인식으로 파악되어진 정신적·물질적 존재양태'-현식(색으로 물든 세계)^n-다.

이 과정에서는 존재란 실상 기존의 인식으로 파악된 존재다. 즉, 색으로 물든 세계$^{n-1}$-실재화 과정을 거친 지식$^{n-1}$-이다. 그런데 n이란 경험(또는 관련)의 무한대의 횟수를 의미하는데 그렇다면 n-1도 벌써 수많은 경험의 과정이 축적됨을 뜻한다. 물들어도 수없이 많이 물들어 본래의 존재가 아닌 모습을 또 다시 색안경(업식)^{n}으로 쳐다본다는 것이다. 이때 드러나는 '색으로 물든 세계(현식)^n'의 모습은 n(경험의 축적량)이 없는 '세계'와는 다르다. '현식^n'은 많은 '업식^n'과 '전식^n'과의 과정에서만 규정되어질 수 있는 존재다.

이런 뜻에서 '업식^n'과 '전식^n'과의 관계를 떠나 단순히 '현식^n'이 독자적으로 실재한다고 생각하면 오류다. 이 '현식'에는 많은 개념을 대입할 수 있다. 물질, 언어, 심리현상, '나'라는 주체성, 이념, 제도, 신들과 같이 명사화할 수 있는 모든 단어가 이 '현식'의 영역이다. 그리고 이 '현식'을 실재화하지 않는 것이, 곧 '지식'의 과정이 오류임을 아는 것이 바로 '존재론적 공'이다.

그러면 '인식론적 공'이란 무엇인가?

사물이나 상황 또는 현상을 대하는 데서 어떠한 선입견이나 편협한 견해의 방해 없이 열린 마음의 상태가 됨을 뜻한다. 이는 선행된 모든 경험으로부터 자유롭다는 것으로서 어떠한 형태의 실재론적 사고에서도 벗어나 있는 상태다. 인류라는 생물학적인 종(種)의 소속감에서도, 민족이나 종족 등의 인류학적인 구분에서도, 국가나 이데올로기 등 그 밖의 정치적인 관점에서도, 사회적 지위와 계층적 소속관념에서 오는 선입견에서도 모두 벗어나야 하며, 우상적 메커니즘이라 부르는 언어, 문화, 풍속, 신, 시공의 카테고리 속의 한정된 견해 등으로부터도 해방되는 것이며, 개인의 무의식, 욕망, 콤플렉스까지도 초월함을 뜻한다. 과연 엄청난 일이다. 그러나 그렇게 엄청난 일은 아니다. 그것은 다음과 같은 이유에서다.

"물고기가 물에서 해방되어 있다." 또는 "물에서 자유롭다." 함은 물과 무관하거나 물이 없어도 살아갈 수 있다거나 물을 제 마음대로 부린다는 뜻이 아니다. 그렇지만 물고기나 물은 각각의 삶의 방식과 흐름의 성질이 조화되어 아무런 위화감이나 가식 없이 살아가는 것이다. 대한민국 국민의 어느 한 사람이 "대한민국으로부터 해방되어 있다." 할 때 그는 대한민국 국토를 발로 밟지 않는다는 뜻이 아니다. 그리고 대한민국의 법령과 풍속을 따르지 않는다는 뜻도 아니다. 그는 법이나 풍속, 제도 등이 상황윤리임을 잘 알고 있으며, 그것을 옳고 정당하게 운용해야 한다고 믿는다. 또 그것들이 가변성을 띤 것이지만 그것을 지켜야 할 시점에서는 그를 준수하며, 수정과 개혁의 의지가 있을 때는 중의에 따라 변혁해야 한다고 생각한다. 그는 대한민국을 조국으로 삼아 태어났지만 대한민국이 세계 속의 한 일원임을 알고 보편적인 인류공영을 위해 대한민국의 일원으로서 어떤 역사적인 역할을 해야 함을 자각하며, 또 모든 국가들이 상호 교류하고 서로 영향을 줌은 필요 불가결하지만 어떠한 측면에서라도 그러한 것들이 종속적인 성격을 띠거나 수탈이거나 침해여서는 안 된다는 것도 알고 있다.

그리고 이 세계는 마치 화원에 갖가지의 꽃이 어우러져 피듯이 각 나라 민족들이 저마다의 개성 있는 문화를 키워나가되 공영의 생각에 바탕을 둔 정치, 경제, 사회 등의 교류를 통하여 독자성을 잃지 않으면서도 전체적인 조화를 이루어야 한다는 생각을 가지고 있다. 물론 이런 것들은 일종의 비유이지만 이쯤이면 "그는 대한민국으로부터 자유롭다." 또는 "해방되어 있다." 할 것이다.

또 하나, 이것은 깨달음을 성취한 불교의 선사가 스스로의 경지를 표현한 말이다. "배고프면 밥을 먹고 졸리면 잠을 잔다."

식욕과 수면욕은 불교에서 말하는 오욕락-소유욕, 성욕, 식욕, 명예욕, 수면욕의 다섯 가지 욕락-이다. 불자라면 이 다섯 가지 기본적인 욕망을 이겨내야 한다고 말한다. 그런데 선사는 "배고프면 밥을 먹고 졸리면 잠을 잔다."고 말하면서도 식욕이나 수면욕에 얽매이지 않았다고 말한다. 과연 이 상태는 어떠한 상태인가? 이 상태야말로 선입견이나 도착됨이 없는 해방된 마음의 자세인 '인식론적인 공'을 말함이 아닐까? 무의식의 욕망이나 콤플렉스까지도 초월한다 함은 그 욕망이나 콤플렉스가 없어졌다거나 그것과 아무 상관이 없게 되었다는 것을 말함이 아니다. 여전히 욕망은 있으며 콤플렉스는 작용한다. 난폭하면 난폭한 대로, 왜소하면 왜소한 대로, 괴팍하면 괴팍한 대로 살아간다. 마치 장인이 주어진 연장이 우수하든 불량스럽든 잘 알고 사용하듯이 말이다. 욕망이나 콤플렉스는 여전히 작용하지만 그것들로부터 자유롭다. 욕망이나 콤플렉스를 없애는 것이 아니고 그것들의 정체를 정확히 인식함으로써 그로부터 자유로울 수 있는 것이다.

주요한 대승경전 중의 하나인 『유마경』에서는 이러한 '인식론적 공'의 상태를 재미있는 우화를 통해 보여주고 있다.

천녀(天女)가 불제자들을 찬탄하기 위해 공중으로부터 꽃을 뿌렸다. 그런데 대승의 경지에 오른 보살들에게는 꽃이 자연스럽게 내려앉았다가 다시 땅으로 떨어지는데 그렇지 못한 보통 제자들에게는 꽃이 몸에 붙어 떨어지지 않았다. 그러자 제자들은 꽃이나 향료 따위로 몸을 장식하지 말라는 세존의 가르침을 상기하고는 꽃을 떼어내려고 했지만 꽃은 몸에 붙어서 떨어질 줄 몰랐다. 그때 천녀가 설법을 한다.

"여러분들은 이 꽃이 진리에 어긋난다고 생각하지 마십시오. 꽃은 아무 분별하는 생각 없이 여러분에게 뿌려졌는데 여러분들이 오히려 분별하는 마음으로 꽃을 대하기 때문에 꽃이 떨어지지 않고 있는 것입니다. 꽃 자체가 진리에 어긋나는 것이 아니라 분별하는 선입견이야말로 진리에 어긋나는 것입니다. 보십시오, 저 대승보살님들에게는 꽃이 붙지 않는데 그 이유는 그들이 이미 모든 분별하는 선입견이 없기 때문이지요. 두려워하는 마음이 있으면 나쁜 사람이 그것을 이용하듯이 어떤 일에 사로잡히거나 국집되어 있으면 소리나 빛, 향, 맛, 감촉, 개념 같은 대상들이 그대들을 옭아매는 것입니다. 이런 모든 선입견과 도착된 마음 상태에서 벗어나야만 참다운 해탈(해방)을 얻게 될 것입니다."

-『유마경』「관중생품」

불교의 이상경인 '열반'은 번뇌의 불꽃이 꺼져 버린 상태를 의미한다. 이 열반의 경지는 "번뇌를 끊는 것이 아니고 번뇌에 국집되는 마음을 내지 않는다〔不斷煩惱 不生煩惱〕."고 하는 대승불교의 기본 '인식론적 공'의 자세가 될 때 비로소 얻을 수 있을 것이다.

다시 이 '인식론적 공'을 '식(識)'의 아홉 단계가 다 '공(空)'임을 말한 부분과 대조해 보자.

'인식론적 공'은 제4지식(智識)의 '전식을 실재화함'을 부정하는 말이다. 전식(轉識)이란 새롭게 형성된, 존재에 규정된 인식(업식^n)으로 바라보는(대응하는) 단계이며, 업식^{n}의 자율적인 활동이다. 그런데 이 업식(색안경^n)은 그 전 단계인 지식$^{n-1}$의 실재화 과정을 거친 존재 양상의 영향을 받아 새롭게 규정된 식(識)의 상태다. 'n-1' 또는 'n'으로 표기되는 무수한 상호경험의 축적과 영향으로 형성된 것이 '업식'이며, 그것의 작용이 '전식'이며, 그리고 이 업식과 전식은 끝없이 교감하면서 변해 가는데 그것을 실체화하여 인식주관의 실재 영역으로 보는 것이 바로 제4지식의 실재화 작용 중 '전식을 실재화함'이다. '인식론적 공'의 입장은 지식의 실재화로 말미암아 전개되는 존재양상과 행위들의 무수한 경험^{n}으로부터 해방됨을 뜻한다.

깨달음의 혁명성

모든 역사는 식이다. 식은 공이다. 그런데 식(識)을 공으로 파악하지 못하고 실재화한다. 그것은 대략 두 종류의 형태였는데 하나는 인식 주관의 실재화이며, 또 하나는 대상으로서의 존재현상에 대한 실재화였다. 인식과 존재는 겹쳐 있어 실재화될 수 없는 것이다. 따라서 이두 가지 형태의 오류를 바로잡기 위한 '인식론적 공'과 '존재론적 공'의 이중적 구조도 독립되어 있는 것이 아니며, 서로를 포함한 '하나의 공(空)'의 입장으로서 불가분리의 것이다.

우리는 역사를 역사 그 자체대로, 존재를 존재 그 실상대로 아무 선입견이나 제한된 마음 없이 바로 인식해야만 그에 따른 삶의 자세를 이룰 수 있다. 그런데 "번뇌에 국집되는 마음을 내지 않는다."는 '인식론적 공'의 열린 태도는 필경 '번뇌의 공함'을 아는 '존재론적 공'의 자세가 선행되지 않으면 안 된다.

우리가 진정으로 열린 마음이 되어 욕망이나 편집, 콤플렉스 그리고 이데올로기, 재물, 기계, 신, 진리라고 믿는 법칙성 등 그 어느 것에도 국집되지 않고 허심탄회하게 객관적으로 역사 앞에 마주서기 위해서는(→인식적 공의 자세가 되기 위해서는) 그것들이 모두 경험[n], 즉 식(識)임을 알아서 그것들이 실재가 아닌 '공'임을 인식할 때(→존재적 공의 입장이 될 때) 비로소 가능한 일이다.

그런데 또 한편 이 '존재론적 공'이란 '인식론적 공'의 개방된 의식 상태가 전제되지 않고서는 결코 도달할 수 없는 차원이라는 점을 발견하게 된다. 만일 조금이라도 어떤 경험이나 가치관 등에 물들여진 인식으로서 존재를 대할 때는 그 존재가 결코 '공'으로 드러나지 못하며 그 어떤 인식으로 존재를 물들이게 되는 것이다. 그렇다면 이 '인식론적 공'과 '존재론적 공'은 서로가 서로의 전제조건이 된다는 말이 된다.

이 공의 두 가지 면을 쉽게 간추리면, 하나는 '인식으로부터의 해방(→인식론적 공)'이요, 또 하나는 '존재로부터의 해방(→존재론적 공)'이다.

그런데 '인식으로부터의 해방'에서의 그 인식은 존재에서 유래하기 때문에 '인식으로부터의 해방'이란 '존재로부터의 해방'을 내포하며, '존재로부터의 해방'에서 그 존재란 인식으로부터 유래하기 때문에 '존재로부터의 해방'은 '인식으로부터의 해방'이라는 의미가 된다. 따라서 "인식으로부터 해방되지 않으며 존재로부터 해방될 수 없고, 존재로부터 해방되지 않으면 인식으로부터 해방될 수 없다."는 역동적 구조의 결론을 얻게 된다. 왜냐하면 이 둘은 앞뒤가 없이 서로가 서로를 형성하고 있기 때문에, 그로부터의 해방도 서로 서로가 동시에 풀어 주어야 하기 때문이다. 그러므로 '인식으로부터의 해방'과 '존재로부터의 해방'은 서로가 서로의 필요충분조건이다. 앞뒤 절차에 따라 성취할 수 있는 과정이 아니다. 이 둘에 이르는 상황은 결국 동시적으로 오지 않으면 안 된다. 그렇다면 그 경지는 인과성을 떠난 혁명적 상황이라 할 수 있다.[03]

공의 깨달음을 혁명적이라고 한 것은 과거 중국의 당대 선사들에

---

03 공의 개념을 해방의 개념으로 보는 지금의 관점은 모든 현상존재가 연기적 관계로서 구성되어 있음을 체득하는 것이다. 그리고 이러한 경지를 열반의 상태라고 하는데, 『열반경』에서는 열반의 공덕과 특성을 법신, 반야, 해탈이라는 세 가지 표현으로 요약하기도 한다. 그래서 법신, 반야, 해탈의 연기적 관계의 존재 그 자체가 왜곡됨 없이 드러남을 일컬어 '불가사의 해탈경계'라고 명명한다.

게서 유래한다. 그들은 이러한 혁명적 깨달음을 '돈오(頓悟)'라고 표현했다. '돈(頓)'이란 '단박에, 갑자기'라는 뜻으로 '순서에 의해, 점진적으로, 어떠어떠한 과정에 의해서'라는 말과 반대되는 말이다. 깨달음을 이렇게 혁명적인 모습으로 파악한 것은 오늘날 선종의 실질적인 종조인 혜능 스님(638~712)에 의해서 더욱 구체화되었다. 그의 유명한 혁명적 깨달음에 대한 견해를 담은 시는 깨달음을 점진적인 수행의 결과로 이해하던 그 시절의 무리들을 질타하고 있다.

먼저, 깨달음을 점진적인 것으로 파악한 신수(神秀) 스님의 시를 보면 이러하다.

신시보리수(身是菩提樹) 몸은 바로 진리의 나무이고
심여명경대(心如明鏡臺) 마음은 맑은 거울의 바탕이네.
시시근불식(時時勤拂拭) 언제나 갈고 닦아서
물사야진애(勿使惹塵埃) 먼지 하나 묻히지 마세.

이에 대하여 반박하는 형식으로 쓰여진, 혜능 스님의 혁명적 깨달음의 시는 다음과 같다.

보리본무수(菩提本無樹) 진리가 깃들일 나무는 본디 없고
명경역비대(明鏡亦非臺) 맑은 거울 또한 무슨 바탕이 아니로세.
본래무일물(本來無一物) 본래 한 물건도 없는데
하처야진애(何處惹塵埃) 어디에 먼지가 묻으랴.

"본래 한 물건도 없는데 어디에 먼지가 묻으랴." 곧, 없는 실재 위에 먼지가 묻는다는 것은 어불성설이라는 것이다. 신수 선사는 깨달음을 점진적인 노력의 소산으로 보았지만, 혜능 스님은 '맑은 거울'이나 '진리'로 상징되는 인식의 체계나 진리를 보는 기준까지도 고정화하여 상정하지 않는 철저한 공(空)의 입장에 서서 깨달음에 들어서는 길이 점진적인 절차가 아님을 보여주고 있다. 곧, 먼지 그 자체가 실재가 아님을 밝히는 것은 두말할 것도 없고, 먼지가 끼게 되는 그 어떤 바탕조차 실재하는 것이 아님을 깨달아야 된다는 것이며, 그렇게 되면 그 위에 나타나게 되는 먼지의 문제는 자연히 해결된다는 주장이다.

이를테면, 아무리 안경에 묻은 색깔이나 먼지를 닦아내면 무얼 하느냐? 무색투명의 안경이 되더라도 그것은 사족이다. 왜 하필 안경을 써야 된다는 생각을 하느냐(사물을 '~한 기준'이나 어떤 논리의 체계로써 비춰 본다는 식 말이다)? 그것이 오류다. 어떠한 안경도 벗어 버리자. 부숴 버리자. 이것이 혜능 스님의 '본래무일물' 소식이다. 어떤 색깔의 안경을 골라서 쓴다거나 안경에 묻은 먼지를 턴다거나 색을 칠하는 일은 점진적이지만, 안경을 벗어 없애는 일은 혁명적이다.

혜능 스님과 신수 스님의 견해는 각각 그들을 따르는 무리에 결정적 영향을 미치게 되었고, 그들이 주거하였던 지역에 따라 '남돈북점(南頓北漸)'이라는 별명을 얻었다. 남돈(南頓)이란 두말할 것도 없이 강남(江南)에 거주하던 혜능 스님의 혁명적 가풍을 상징한 말이다. 혜능 스님은 여러 불경 중 "머무는(집착할) 바 없이 마음을 쓴다."는 『금강경』 구절에 접하여 처음 마음의 문을 열었고, 그 뒤로는 『금강경』을 가르침의 기본 뼈대로 삼았는데, 그 자신의 깨달음의 기본 태도가 공

(空)에 대해 밝혀 놓은 대표적인 경전인 『금강경』에 근거하고 있다는 점은 그의 혁명성과 관련해 볼 때 많은 것을 시사해 주고 있다.

'돈오'라는 말은 "돈(頓)이란 단박에 모든 잘못된 견해를 철폐하는 것이며, 오(悟)란 어떤 논리나 내용의 실재를 수용하는 것이 아니다〔頓除妄念 悟無所得〕." 하는 혜해 선사의 명쾌한 해석을 거치고 나서 이어 "진리에 들어서는 문은 없다〔大道無門〕." 하는 유명한 역설적인 명제에 이르게 된다. 이 말은 중국 송대의 혜개(慧開) 선사가 그의 제자들을 가르칠 때 사용한 말이다. "진리에 들어서는 문은 없다."는 말은 진리에 들어서는 '방법'이 없다는 것으로, 어떠한 노력이나 수행도 진리의 경지에 들어서게 되는 필연적인 원인이 될 수 없다는 것이다.

모든 존재가 공한 줄을 알아서 어떤 것에도 국집되지 않은 해방된 마음의 상태를 진리의 경지라고 한다면, 이러한 상태가 되기 이전의 노력이나 수행은 그 어떤 것에 물든 의식의 지향하는 바다. 그것은 인식적이라 하든 존재적이라 하든 또는 그것이 어우러진 형태외 것이라 하든 어쨌거나 실재의식의 사로잡힘인 것이다. 그래서 아무리 다스려서 순수하게 하였다 하더라도 그것이 실재의식 위에 세워진 것인 이상 실재의식을 떠난 공의 세계와는 논리적으로 무관한 것이 된다. 아무리 인식으로부터 해방되는 노력이 깊이 진행되었더라도 존재로부터 해방되지 않으면 불가능하며, 아무리 존재로부터 해방되려는 노력을 하여도 인식으로부터 자유롭지 못하면 될 수 없는 것이다.

이 말은 공의 세계를 깨닫기 이전의 사유와 행위는 그것이 아무리 축적되고 정리되어 체계화되더라도 깨달음의 세계와는 본질적인 연관을 가질 수가 없다는 것이다. "진리에 들어서는 문은 없다."는 표현은 어떠한 노력이나 수행도 깨달음의 세계로 연결시켜 주는 직접적인 동기가 될 수 없음을 역설적으로 나타낸 것이라 하겠다.

이러한 입장은 귀납법적인 인식 방법에 의문을 표했던 근대 철학자들의 말을 상기시켜 준다. 예컨대 데이비드 흄(1711∼1776)은 고전적 인과성의 관념을 부정했는데, 그는 낱개의 관찰적 진술 문장을 아무리 많이 모은다 하더라도, 그것이 무제한적인 일반적 진술 문장을 함축하지는 않음을 지적했다.

특히 그는 물리계(物理界)에서는 인과 관계를 찾아 볼 수 없고, 다만 계기(繼起) 관계가 있을 뿐임을 암시할 수 있다고 생각했다. 계기의 규칙성은 정신 속에 연합을 만들어 내고, 이 연합에 의하여 전건(前件)이 나타나면 곧바로 후건(後件)을 기다린다. 그러나 흄에 따르면 이 필연성은 오직 정신 속에 있는 데 지나지 않으며 사물 자체에서는 찾아 볼 수 없다는 것이다.

이러한 견해에 대해 많은 전통적 태도를 고수하는, 곧 귀납법적 인식방법을 믿는 사람들은 다음과 같이 의문을 표했다. "개별적인 관찰로부터 일반이론을 끄집어 낼 수 없다는 것은 인정하더라도, 개별적 관찰은 일반적 이론을 암시해 줄 수 있다. 다시 말하면 과학자에게 어떤 통찰이나 상상력은 불러일으킬 수 있다. 그러므로 사실에 있어서 이론들은 관찰된 사례들로부터 일반이론에 도달한 것이다. 물론 개별적인 것으로부터 일반적인 것으로는 하나의 비약이 포함되어 있다. 그러나 그 과정이 전혀 마구잡이이거나 비합리적인 것은 아니다. 거기에는 어떤 종류의 논리가 포함되어 있다고 보여지는데 그것이 바로 우리가 귀납법이라고 부르는 것이다."

그러나 칼 포퍼[04]는 과학의 논리와 지식의 성향에 대해 독특한 견해를 내세우는데, 그의 주장은 이러한 귀납법적 사고 양상을 부정하는 것을 근간으로 하고 있다. (그의 견해 가운데 '관찰'과 '실험' 등을 깨달음에 도달하려는 노력이나 수행으로 보고 '과학적 이론'이나 '결론'을 '깨달음의 상태' 또는 나름대로 깨달았다고 생각하는 '유사 깨달음'의 상태로 비교하여 보면 재미있을 것이다.) 그는 어떤 이론이 어떤 과정에 의해 도달했느냐 하는 것은 그 이론의 과학적 위치와는 상관없다고 생각했으며, 관찰이나 실험은 이론을 낳게 한다기보다는 이론으로부터 따라나온 부분적 결과이며 그 이론을 시험하는 데 그 목적이 있다고 했다.

그리고 귀납적 인식 방법은 과학적 방법의 문제에서 불필요한 것이며, 그러한 것은 존재하지 않는다고 했다. 그리고 귀납적 이론 형성의 방식은 심리적 과정의 문제이지 논리적 과정에 관한 문제가 아니라고 했다. 왜냐하면 관찰 그 자체는 이론 그 자체보다 앞서는 것일 수 없으며, 관찰은 이론을 전제로 하기 때문이라는 것이다. 그는 이러한 것을 인식하지 못하는 것은 경험론적 전통의 토대에 깔려 있는 결함 때문이라고 했다. 그는 이러한 그의 견해를 그 자신의 에피소드를 소

---

04 포퍼처럼 여러 가지 측면에서 불교의 기본적 입장에 근접하는 주장을 한 학자는 드물다고 생각한다. 그러나 그의 견해가 완전히 불교적 입장과 같은 인식 기반 위에 있다고 생각하지는 않는다. 그럼에도 불구하고 불교에 근접한 이야기를 할 수 있음은 그가 밝힌 것처럼 상이한 견해나 인식 기반 위에서도 동일한 명제를 추출할 수 있기 때문이다. 그는 참이 아닌 과학적 이론이 사실에서 대단히 중요하고도 유용한 많은 결론에 도달할 수 있음을 인정한다. 그래서 논증에 상대편의 전제를 반증하는 것으로는 상대편의 결론을 반증할 수 없다고 한다. 이러한 그의 과학적 접근 태도-곧, 어떤 과학적 이론은 추측에 의한 가설로서 연역적 테스트를 하여 반증되지 않는 한 잠정적인 수용을 하게 되는 것이며, 새로운 계기로 그 이론이 반증되면서 계속 수정될 수 있다는 생각-는 모든 존재양상을 실재(實在)나 완성된 상태로 보지 않는 불교의 입장과 일치하기 때문에 대단히 우호적으로 느껴진다.

개하면서 설명한다.

"과학이 경험으로부터 이론화된다는 주장은 광범하고 확고하게 퍼져 있어서 내가 그것을 부인하면 아무도 귀담아 들으려 하지 않는다. 그러나 사실 우리가 아무런 이론적인 성질의 것도 지니지 않은 채, 순수경험으로부터 시작한다는 신념은 우스꽝스러운 이야기다. 이것이 얼마나 우스꽝스러운가는 다음의 이야기가 잘 말해 준다. … 나는 20년 전에 같은 논점의 이야기를 비엔나에 있는 물리학도들에게 하기 위해 다음과 같은 지시를 하면서 강의를 시작했다. '연필과 종이를 쥐시오. 그리고 조심스럽게 관찰한 다음 당신들이 관찰한 것을 적으십시오.' 물론 그들은 나에게 묻길 내가 무엇을 관찰하기를 원하느냐고 하였다. '관찰하시오.' 하는 지시는 분명히 우스꽝스럽다. 관찰은 항상 선택적이다. 그것은 선택된 대상과 일정한 과제, 관심, 문제 들을 필요로 한다. 그것을 기술하기 위해서는 기술적 언어가 필요하며 유사성과 분류가 필요한데, 분류를 하기 위해서는 관심, 관점, 문제 등이 요구된다."

또 그는 "관찰, 관찰적 진술, 실험의 결과를 적은 진술 등은 항상 관찰된 사실들에 대한 해석이라는 것을 뜻한다. 그리고 그것들은 이론의 빛 아래에서 내린 해석들이라는 것을 뜻한다."고 한다.[05]

그의 귀납법적 사고에 대한 결론은 이렇다. "곧, 새로운 과학적 이론이나 법칙은 귀납적 인식 방법의 결과로서 등장하는 것이 아니

---

05 이러한 포퍼의 이야기는 토마스 쿤의 "아무런 패러다임도 없는 연구라는 것은 존재하지 않는다."(토마스 쿤, 『과학혁명의 구조』, 김명자 역, 정음사 p. 129)는 말과 같은 맥락이다.

며, 예술에서와 마찬가지로 과학에서도 새로운 이론에 도달하는 방법적 논리란 없다. 모든 발견은 '비합리적인 요소' 또는 베르그송적인 의미에서 '창조적 직관' 같은 것을 내포하고 있다."

이와 비슷하게, 아인슈타인도 순수연역에 의해 도달할 수 있는 세계에 대한 모습을 추출해 낼 수 있는 가장 보편적인 법칙을 탐색했지만 그런 법칙에 이르는 논리적 법칙은 없다고 했다. 그는 그러한 법칙은 경험의 대상들에 대한 지적인 사상과 같은 것에 토대를 둔 어떤 직관에 의해 도달할 수 있다는 포퍼의 견해에 동조하여 "이론은 관찰의 결과로부터 조작될 수 없고, 그것은 오직 창안될 수 있을 뿐이다."라고 말했다. (이상은 문학과지성사에서 펴낸 브라이언 매기의 『칼 포퍼』를 참조한 것이다.)

깨달음을 지향하는 입장에서 살펴보면 어떤 견해나 선입견으로부터 벗어나려고 하는 노력도 그것이 공을 깨닫기 이전의 상태라면, 그 상태는 그 어떤 실재의식—포퍼에게서의 이론의 빛—에서 아직 탈피하지 못한 것이며 공의 열린 세계와는 무관한 것이 된다.

다음과 같은 선문(禪門)의 말은 이러한 입장을 대변한다.

"만일 부처를 이루고자 하면 모름지기 견성(見性)[06]을 해야 한다. 만약 견성하는 일이 선행되지 않으면 염불을 하고, 경전을 읽고 규범과 계율을 엄수하더라도 부처를 이룰 수 없다. 염불이나 선행을 하는

---

06 '성품을 보다'라는 말로 풀이되는데, 성품이란 존재의 실상을 말한다. 견성은 선가 특유의 용어로 『화엄경』의 "그대 만일 과거·현재·미래의 부처를 알고자 하면 법계(法界: 존재의 모습)의 성품을 관찰하라."는 구절과 연결되어 있다. 『화엄경』은 법계의 모습을 모든 존재가 서로서로 겹치고 연결되어 끝없이 전개되는 공의 모습이라고 설명한다.

일 등은 그 선행의 대가로 그에 상응하는 일시적 좋은 과보는 받게 되겠지만 부처의 경지는 결코 얻을 수 없는 것이다."

선가(禪家)의 이런 태도는 종종 도덕적 규범이나 역사, 사회의식을 마비시키는 것이라 하여 비판을 받았다. 그렇지만 선가의 이러한 태도는 '깨달음[見性]'이야말로 삶에서 가장 선행되어야 하는 조건이며 이 깨달음 위에 전개되는 역사적 삶이라야 올바른 역사적 삶일 수 있다는 신념에 근거한 것이다. 그래서 선가는 수행 자체가 무의미하다거나 배제되어야 하는 것이 아니며 논리적으로 볼 때 인과적인 노력의 결과로서 깨달음을 얻는 것이 아니라 하더라도 그러한 노력이 깨달음의 계기가 되게 한다는 점에서 오히려 꾸준한 노력의 필요성을 강조하고 있다.

이런 태도는 선가로 하여금 독특한 수행 방법을 채택하게 한다. 그것은 두 가지의 잘못된 형태를 지양하면서 깨달음에 나아가려는 방식이다. 두 가지의 잘못된 형태란, 하나는 깨달음을 추구하려는 생각에서 빚는 갖가지 행위와 사유(산란심)이며, 또 하나는 "어떠한 행위나 생각 그리고 노력까지도 부정하여 없애려고 하는 일종의 허무의식(혼침, 무기력)"이다. 곧 깨달음을 추구하는 자체도 '진리라든지 깨달음'이라는 것에 구애된 실재관념의 소산이므로 지양되어야 하며, 그렇다고 의식이 지향점을 잃어 아무 목적 없는 것이 되어 그 의식작용조차 없애려고 하는 행위는 무기력과 끝없는 어둠으로 흐를 뿐이라는 점에서 배격해야 한다.[07]

---

07 '혼침'과 '산란'이라는 두 가지 유형의 수행상 병폐를 없애는 방법으로 '화두(話頭)'를 드

그러면 과학에서의 귀납적 과정을 거치지 않은 창조적 이론에의
도달과 불교에서의 혁명적 깨달음은 서로 유사한 형태의 것인가? 그
렇지 않다. 왜냐하면 과학적 이론이나 깨달음에 이르는 과정이 귀납
적이 아니라는 점에서는 닮았지만, 과학에서의 이론 수립과 불교에서
의 깨달음의 시각 확립은 같은 차원의 것을 말하는 것이 아니기 때문
이다. 과학에서는 이론의 새로운 창조가 꾸준히 계속되지만 불교에서
는 맨 처음 한번뿐이다. 이 차이를 쿤의 생각을 곁들여 살펴보자.

　　과학적 이론이나 법칙이 실험이나 관찰에 입각한 재구성이 아닌
창조적 직관에 의한 것이라는 생각은 토마스 쿤(1922~1996)에 의해서
새로운 과학사에 대한 이론을 탄생시켰는데, 그는 과학의 역사를 누적
적인 발전이라기보다는 혁명적 과정의 점철이라고 보고 있다. 그의 『과
학혁명의 구조』에 따르면, 과학에서의 발전은 하나의 패러다임[08]이 새
로운 패러다임으로 대치되어 가는 과정들의 진행이다. 곧, 하나의 패

는 참선법(간화선, 화두선)'이 일반적으로 채택된다. 화두란 일종의 '내용을 가지지 않는 형
식'이라 할 만하다. 화두는 철학 상의 명제에서 보듯 내용과 형식을 가지는 언표와 달리 내용
성을 배제함으로써 선행적·선험적으로 주어지는 이론의 흔적을 떨쳐버리며, 그러면서도 일
종의 형식적 틀을 유지함으로써 정신과 노력을 내용을 갖지 않는 뜨거운 그 어떤 형식에 긴장
된 집중으로 몰아갈 수 있는 것이다. 이러한 화두 첨선법으로 내용성(기존의 세계관, 입장)에
침해받는 '산란'을 배격하고, 동시에 근거와 집중을 통하여 긴장을 잃는 '혼침'에 빠져드는 것
을 경계하는 것이다. '혼침'과 '산란'을 배격하는 화두법의 특징을 보통 '성성적적(惺惺寂寂)',
'성적등지(惺寂等持)'라고 표현한다. 성성↔혼침, 적적↔산란.

08　패러다임은 쿤에게서 독특하게 사용되는 개념이다. 그는 이것을 다양한 의미로 사용했
는데[쿤의 연구가는 쿤이 패러다임이라는 용어를 스물두 가지 용법으로 사용했다고 밝힌 바
있다. 이에 대해 쿤 자신은 1979년 개정판 후기에서 여러 가지 혼동을 피할 목적으로 '전문 매
트릭스(Disciplinary Matrix)'라는 새 용어로 바꾸어 부를 것을 제안한다. 전문 메트릭스는
네 가지 주요한 요소가 있다고 말한다.] 개괄적인 의미로는 어느 과학사회의 근간을 이루는
것으로서, 구성원 전체가 공유하는 이론, 법칙, 지식, 가치, 전통 등을 일컫는다.

러다임을 공유하는 과학사회의 구성원들이 그 패러다임을 기반으로 한 연구 활동을 진행해 가는 정상과학, 즉 현재의 과학적 업적을 가능케 하는 하나 이상의 패러다임에 확고한 기반을 둔 연구 활동의 단계가 있는데, 이 정상과학의 단계는 어느 시기를 지나면 그 정상과학의 연구 활동을 가능하게 해 주는 패러다임의 법칙성으로는 해결할 수 없는 각종 과학적 문제에 부딪치게 된다. 그리고 그 위기의 반향으로 그러한 문제를 설명할 수 있는 새로운 패러다임이 나타나게 되며, 그 새로운 패러다임은 여러 사람의 지지를 받아 기존 패러다임에 대신하는 과학사회의 근간이 되어 그에 입각한 정상과학의 단계가 또 진행된다는 것이다. 그리고 새로운 패러다임은 기존의 정상과학 단계에서의 연구 활동을 토대로 한 결과로서 탄생하는 것이 아니고, 오히려 기존 패러다임 분야에 새로 접한 사람이나 기존 패러다임의 효용성에 회의를 가진 사람들에 의해 창안되는 것으로서, 그것은 마치 정치사회와 마찬가지로 혁명적인 형태로 다수 과학자들의 지지를 받아 기존 패러다임을 압도하는 새로운 과학사회의 근간이 된다는 것이다. 쿤의 이 생각은 다음과 같이 요약될 수 있다.

패러다임 이전 시대 → 패러다임 1 → 정상과학 1 → 변칙현상 → 위기 →

패러다임 2 → 정상과학 2 → … 과학혁명

쿤의 과학혁명은 한마디로 하나의 패러다임이 그것과는 양립할 수 없는 새로운 패러다임으로 대체-전적으로 또는 부분적으로-되는, 누적에 의한 것이 아닌 변화의 에피소드를 말한다. 그러나 쿤은 과학혁명을 설명하는 데서 혁명적이게 된 그 어떤 이론이 어떤 이유에서 성취되었는지는 알 수 없다고 했다(이 점은 포퍼나 아인슈타인의 경우도 마찬가지다). 새로운 패러다임의 규칙성이 어떻게 고안되는가 하는 문제는 알 수 없지만, 다만 새로운 패러다임을 근본적으로 창안하는 사람들은 기존의 정상과학의 전통적 규칙에 매이지 않은 사람들로서, 아주 젊다거나 아니면 그들이 변형시키는 패러다임의 분야에 새로 접한 사람들이라는 것을 짐작할 뿐이었다(토마스 쿤, 『과학혁명의 구조』, 김명자 역, 정음사, 1981, p.142). 그리고 마치 정치사회에서 혁명이란 한 체제나 이념이 다수의 지지를 받아 이룩되듯이 쿤은 누적된 기존 패러다임의 위기성을 대치할 수 있는 새로운 패러다임의 효용성이 좀 더 많은 사람들에게 받아들여졌다는 뜻에서 '혁명'이라 불렀던 것이다.

이렇게 본다면 쿤에 있어서의, 다시 말해 과학에서의 새로운 패러다임의 혁명과 불교에서의 깨달음의 혁명성은 개념의 차이가 있다. 왜냐하면 깨달음의 혁명성은, 그것이 기존 가치관(시각)과는 판이하다는 점에서도 그러하지만, 그보다는 깨달음을 얻는 과정이랄까 방법이 본질적으로 어떤 선행된 조건이나 과정들이 배제된 상태에서 순간적이며 동시적으로 이중적인 실재의식의 구조가 풀려난다는 점에서 그리고 그 깨달음이 과학적 이론과 같이 계속 변화해 가는 것이 아닌 완성태로서 단번에 성취된다는 점에서 쿤이 이야기하는 새로운 패러다임의 혁명과는 차이점을 갖는다.

깨달음을 얻는다 함은 올바른 역사적 삶을 살기 위한, 왜곡되거나 굴절되지 않은 등의 기본적이면서 필수적인 시각의 확립이라는 뜻이다. 그리고 과학이나 정치 따위의 역사적 활동은 이런 깨달음 위에서 전개되어야만 비로소 그릇됨이 없게 된다는 것이다. 따라서 불교에서는 깨달음 위에 전개되는 제반 사회과학적 이론 또는 규칙성이나 활동만이 '방편바라밀'[09]로서 존중되며 고무되는 것이다.

역사를 '연기(緣起)로서 현현되고 있는 공의 세계'로 보는 관점에서는 고정적인 입장이나 주의는 사실상 존재할 수 없으므로, '방편바라밀'은 역사적 단계나 시대적 상황에 맞게 설정되어 나타나는 것이며 사회적인 모든 활동도 시대나 상황에 맞춰 그때그때 적용되며 끝없이 수정, 변경, 발전되어 갈 수 있는 것이다.

그런데 그러한 방편바라밀이 그릇되지 않고 항상 옳음으로 기능하도록 하는 바탕으로서의 시각 곧 깨달음은 변화한다거나 수정한다거나 발전한다는 것과는 다르다. 깨달음은 존재를 대함에 있어 "어떠어떠한 방법으로 보자."는 식의 방법론적인 인식 체제를 뜻함이 아니라는 점은 앞서도 밝힌 바 있다. 깨달음은 어떤 '내용'도 아니며 어떤 '틀'이든지 '내용'이든지 그것이 없어진 상태, 모든 것으로부터 해방된 상태다. 깨달음은 어떤 내용을 가진 법칙성으로 이해하는 것을 법집(法執, 법에 대한 집착)이라 하는데 이 법집을 제거하기 위한 『금강경』의 구절은 신선하기조차 하다.

"소위 불법이란 불법이 아니며 다만 불법이라고 이름 붙였을 뿐이다." 곧, 깨달음이란 모든 것으로부터 해방된 상태이기 때문에 어떠한 역사적 상황에서도 객관적이고도 중정의 태도로 대처할 수 있

---

09 불교에서 '아뇩다라삼먁삼보리(최상의 깨달음)'를 성취한 자가 구사하는 역사적 실천의 모습 중의 하나이다. 방편이란 기본적인 것을 잃지 않으면서 상황에 맞는 가변성을 띤 진리의 형태며, 바라밀이란 이상적 경지로 나아가는 행위라는 뜻이다.

는 것이며, 또한 해방된 상태란 어떤 '내용'을 의미하는 것이 아니기에 변화한다든지 수정 발전한다는 식의 말을 할 수가 없는 것이다. 깨달음이란 그것 자체로서의 모든 것으로부터 해방된, 사물을 대하는 바르고 최상인 기본적 시각의 완결된 형태다. 그래서 선가에서는 '혁명적 깨달음[頓悟]'을 달리 '원증(圓證, 완전한 증득)' 또는 '원오(圓悟, 완전한 깨달음)'라고도 부른다. 이런 의미에서 이 '혁명적 깨달음'은 삶의 과정에서 최후에 완성하게 되는 엄청난 그 어떤 것이 아니며, 반대로 마치 눈이 있어야 사물을 올바로 분간할 수 있듯이 삶에서 가장 원초적으로 갖추어야 되는 기본적 시각이다.

'혁명적 깨달음'과 인문, 사회, 자연에 관한 제반의 과학적 이론의 법칙의 차이는 의외로 명백하다. 깨달음이란 건강한 눈에 비유할 수 있고, 방편바라밀은 건강한 눈으로 살펴보아 이룩하는 역사적 활동상이다. 깨달음의 시각이 결여된 상태는 마치 색맹(또는 색안경을 쓴)의 눈으로 역사를 대하는 것과 마찬가지며, 깨달음의 시각이 없더라도 물론 역사적 활동을 할 수 있으나 그것은 '방편바라밀'이라는 이름에는 해당될 수 없는 미망과 오류의 역사일 뿐이다. 논리적 정합성이나 사물의 법칙성은 방편바라밀인 제반 과학적 이론이며, 깨달음은 제반 과학적 이론이나 활동이 방편바라밀의 이름에 값할 수 있게 해 주는 왜곡되거나 굴절되지 않은, 건강한 열린 시각이다.

그래서 불교의 깨달음과 과학에서의 이론의 창안, 이 둘에 이르는 과정이 다 같이 혁명적 양태를 띨지라도 그것이 뜻하는 의미는 다르다. 또 불경에서 말하는 것과 같이 '공'이라 표현할 수밖에 없는 존재양상의 모습들은 수없이 많은 인자—물질적인, 사회적인—가 서로 상호 조건이 되어 얽힌 채로 변화되어 가는 '불가사의한 해탈경계'라고[10] 한다면, 아마 과학적 탐구는 끝없이 진행될 것이고 수없이 많은 이론과 법칙성의 혁명을 거치게 될 것이다. 포퍼의 겸허한 생각처럼 하나의 과학적 이론은 추측에 의한 가설로서 그것은 연역적 테스트를 거치면서 반증될 때까지 잠정적 수용을 하게 될 것이며, 쿤이 말하듯이 정상과학의 단계는 새로운 패러다임의 등장으로 정상과학 1, 2, 3… 등으로 발전해 나갈 것이다. 사회 과학의 영역에서도 '비판적 합리주의자'들의 생각처럼 점진적인 개선과 수정을 통한 문제 해결이라든지, 아니면 혁명적 변혁을 지향하는 '비판이론가'들의 주장대로 혁명적인 수단을 통해서 역사의 제반 문제를 해결하든지 해서 사회는 꾸준히 개량 내지는 변화될 것이다. 중요한 것은 혁명적이든 점진 개량적이든 인문, 사회, 자연 과학 분야의 역사적 이론과 활동은 '방편바라밀'의 영역이며, '깨달음'이란 이러한 역사적인 모든 조건의 존재성에 대한 원천적인 통찰인 점을 분명히 알아야 한다는 것이다. 곧 '반야(깨달음)'와 '방편(역사적 활동)'의 차이 말이다.

십우도를 통해본 깨달음의 세계

흥미 있는 우화를 소개하는 것으로 '혁명적 깨달음'에 대한 이야기를 정리해 보자.

---

10 깨달음의 시각으로 수용하는 세계의 모습을 법신, 반야, 해탈이라는 세 가지 특성으로 표현한 말. 소외와 질곡으로 구성되는 세계가 아니라 비실재성(변화와 관계성, 곧 반야)의 입장을 통해 구가하는 해방(해탈)과 열려진 현실세계(법신)를 말한다.

중국 송대의 곽암 선사는 깨달음에 도달하는 과정을 소를 찾는 일에 비유하여 열 가지 단계로 나누어 설명했다. 십우도(十牛圖) 또는 심우도(尋牛圖: 소를 찾는 그림)[11]로 알려져 있는 이 우화는 열 가지 그림과 각 그림에 시적(詩的) 해석을 한 것으로 구성되어 있다. 그 열 가지 그림의 제목은 다음과 같다.

1. 소를 찾음〔尋牛〕

2. 자취를 발견〔見跡〕

3. 소를 발견〔見牛〕

4. 소를 얻음〔得牛〕

5. 소를 다스림〔牧牛〕

6. 소를 자유자재로 부림〔騎牛歸家〕

7. 사람은 남고 소만 없어짐〔人存牛亡〕

8. 사람과 소가 다 없어짐〔人牛俱亡〕

9. 사물 그 자체로〔返本還源〕

10. 역사에의 길〔入鄽垂手〕

---

11 십우도송(十牛圖頌), 또는 심우도(尋牛圖)라 하여 선문(禪門)에서 유명한 우화이다. 이 십우도는 사찰 벽화의 주요 소재로 등장하며, 지금도 한국 사찰의 벽화에서 이 그림이 없는 곳이 거의 없을 정도이다. 곽암의 십우도는 청거호승(淸居皓昇)의 12장으로 된 십우도에 의거하여 만들었다. 수행의 과정이나 방법을 소를 다스리는 일에 비유한 것은 멀리 불전 『아함경』에까지 소급한다. 『아함경』46, 제47 「방편품」에 지색(知色), 지상(知相) 등 소 다스리는 11법을 이야기하며 비구의 선법수습(善法修習)을 가르치는 부분이 있으며, 또 『대지도론(大智度論)』제2에 증일아함의 번역으로 보이는 『목우비유경(牧牛譬喩經)』을 인용하는 부분이 보이며, 구마라집의 번역인 『방우경(목우경)』 등이 있는 것으로 보아 원시경전에서부터 구도자의 수행 과정의 상징으로 소를 등장시켰음을 알 수 있따. 토인비는 이 선문의 십우도의 소를 미트라 신화에 등장하는 괴물과 비교하면서 인간의 무의식적 욕망의 상징이라고 보았다.

이 열 가지 그림과 이에 대한 곽암의 시적(詩的) 해석에 대해서는 많은 사람들이 그 상징성에 대해 구구한 설명과 해석을 펼친 바 있다. 그러나 곽암 자신의 견해를 포함하여 대개의 사람들은 이 십우도를 깨달음의 '점진적인 성취'를 설명하는 도구로 활용한 듯하다. 이제 여기서는 기왕의 해석들에 구애됨이 없이 이 그림들을 '혁명적 깨달음〔頓悟〕'에 관한 멋있는 설명 도구로 바꿔치기하여 이야기하고자 한다.

우선 제목부터 '소를 찾는 그림'에서 '소가 소 아님을(없음을) 알게 해 주는 그림'으로 바꿔 보자. 이는 기왕의 해석에서는 소를 찾아 다스리는 일이 중요한 요점이지만 여기에서는 그 정반대이기 때문이다.

첫 번째, 소를 찾음〔尋牛〕

미망의 첫출발이다.

사람들은 소가 있다는 소문을 듣는다. 그 소〔牛〕를 얻기만 하면, 그리고 잘 다스리기만 하면 최상의 형태의 삶을 누릴 수 있다고 생각한다.

소는 '마음'으로 상징되고, 또는 '성품'-선가(禪家)에서 말하는 견성(見性)에서의 성(性)이다. 성(性)은 법성(法性) 또는 사물의 본성-으로 불리기도 하며 '불성(佛性)' 또는 '도(道)'로 생각될 때가 있다. 그밖에 일반적인 생각으로 '명예', '재물,' '성욕' 등 보편적으로 사람들이 추구하는 근원적인 욕망의 상징으로 보아도 좋겠다. 아무튼 '마음'이 되었든 '재물'이 되었든 소로 상징되는 그 어떤 '것'이 존재함을 믿고, 나름대로 그 가치를 상정하고는 그를 찾아 얻어야겠다고 마음을 먹게 되는 것이다.

이 그림은 아무 설명 없이 돌연히 소를 찾는 것으로 시작한다. 소를 '마음'이라 가정한다면 왜 마음을 찾아야 한다고 마음먹었을까? 그 마음이란 어떠한 것인가? 이에 대한 반성 없이 '마음'으로 상징되는 사물간의 가치체계나 본성, 실체 들을 실재화하고는 그에 대한 추구에 나서는 것이다.

이 그림에서 사람〔人〕은 인식주관의 실재화의 상징이며 소〔牛〕는 대상존재의 실재화의 상징이다. 이하 여섯째까지의 그림에서 사람과 소의 만남 등은 '실재화된 인식주관'과 '실재화된 대상존재'가 상호 교감하는 모습들이다. 따라서 소가 있다고 생각하고, 소를 찾아나서는 이 그림은 소를 찾아 잘 다스리는 것이 완성된 깨달음의 경지며 참다운 삶의 길이라고 생각하는 물든 마음을 뜻한다.

식(識)의 9단계설에 따르면 네 번째 단계의 지식[1]의 실재화 단계라고 할 수 있겠다('모든 현상은 식이다' 부분 참조). 그래서 나름대로는 이것을 깨달음의 길에 있어서 수행의 첫출발이라고 생각했으나 결국 하나의 미망의 출발이 되고 마는 것이다.

이제부터는 첫 번째 '소를 찾음'에서 나타난 실재화 과정의 영향을 받아 일방적이고도 필연적으로 전개되어 가는 미망의 모습들이다.

처음 발자국을 발견하게 되고 이어서 소를 발견하고 포획하여 소

두 번째, 자취를 발견〔見跡〕

세 번째, 소를 발견〔見牛〕

네 번째, 소를 얻음〔得牛〕

다섯 번째, 소를 다스림〔牧牛〕

여섯 번째, 소를 자유자재로 부림〔騎牛歸家〕

를 훈련시킨다. 소는 점점 훈련되어 사람이 자유자재로 부릴 수 있으
며 사람과 소는 혼연일치가 된다. 그리고 마침내 소 잔등에 올라가 피
리를 불며 집으로 돌아가는 장면에 이르게 된다.

　이상 다섯 단계에서 보이고 있는 비유는 무엇을 뜻함인가?

발자취나 소를 발견한다 함은 스스로 상정한 소(마음, 도)라는 개념이 점점 구체화되었음을 뜻하며, 처음에 날뛰던 검은 소가 점점 흰소로 길들여지며 사람과 혼연일치가 되는 것은 소라는 개념이 단련되고 성숙되어 정제됨을 뜻한다. 이쯤 되면 종교적인 신비현상인 신통(초능력)이 나타난다는 경지가 되겠다. '물 위를 걷는다', '수면이나 꿈을 자유롭게 조절한다', '남의 마음을 읽어 낸다', '천이나 벽 너머의 물체를 알아 맞춘다' 하는 따위로 말이다.

하긴 이러한 경지는 엄청난 것이며 아무나 쉽게 도달할 수 있는 것도 아니다. 뛰어난 경지는 자질도 필요하겠지만 그에 못지않은 뼈를 깎는 수련 없이는 불가능하다. 마치 『갈매기의 꿈』에서 '조나단'이 수많은 수련과 명상 끝에 시공을 초월하는 비상법을 터득하는 경지에 도달하는 것처럼 말이다. 그러나 … 그러나 이러한 경지는 대단함에도 불구하고 진리가 아니다. 도의 모습과는 무관한 것이다. 설사 하늘을 날고 거꾸로 서서 백 리를 가더라도 그것은 소위 "진리는 꿈에도 보지 못한 것이다(大道 未夢見在)." 진리는 그러한 것이 아니기 때문이다.

조선조 중엽에 진묵(震默)이라는 선사가 있었다. 하루는 나한(羅漢)[12]이 진묵 선사를 골려 주려고 어린 동자의 모습으로 변신하여 깊은 강물을 얕은 개울 건너듯 건너가면서 진묵 선사에게도 얼른 건

---

12 아라한의 준말로서 '불생(不生)', '무생(無生)'으로 번역된다. 본디의 의미는 연기(緣起)의 모습으로 나타나는 '현상계의 공(空)'을 깨달은 성인'이라는 뜻인데, 주로 석가모니불의 제자를 통칭하는 말로 쓰이다가 후세에 신비한 초능력을 갖춘 괴팍한 현자를 뜻하게 되었으며, 역사나 사회 문제에는 소극적이고도 초연한 입장을 취한다고 알려져 있다.

너오라고 말했다. 진묵은 무심코 강을 건너려다 그만 물속에 '풍덩'
빠져 버렸다. 이때 나한은 유쾌한 듯 손뼉을 치며 "도를 닦는 선사가
그까짓 강물 하나 건너는 신통술도 없는가?" 하고 비웃었다.

진묵은 그때서야 나한에게 속은 줄 알고 물속에서 허우적거리면
서도 의연히 말했다. "신통과 묘용은 비록 그대에 미치지 못하나,
대도(大道)는 응당 이 노비구에게 물어라."

이것은 초의 선사가 엮은 『진묵유적(攷)』에 들어 있는 이야기이다.

도의 모습이나 수용 형태는 신통이나 이적을 행하는 것과는 무관
하다. 오늘날 종교인에게 신통이나 이적을 기대하는 마음은 도의 모
습을 이렇듯 단련이나 순숙, 은총 등으로 성취하는 것이라고 잘못 이
해하는 데 있다. 적어도 불교에서 말하는 깨달음은 존재의 공성(空性)
을 깨닫는 것이며 그 깨달음은 모든 인식구조와 존재구조로부터 해방
됨(해탈)을 뜻한다.

도는 해방된 모습이다. 해방이라 함은 보통 번뇌라고 불리는 모든
'실재의식'으로부터 해방됨이다. 실재의식에서 해방되어 공성을 깨달
으려면 인식으로부터의 해방과 존재로부터의 해방을 필요로 한다. 그
리고 이 둘은 각각 '인식론적 공', '존재론적 공'으로 표현되며 깨달음
을 얻음에 있어서 동시적으로 해결되어야 할 필요충분조건이라 함은
앞에서 이야기한 바와 같다. 혁명적으로 동시에 풀어야 할 이 이중적
구조의 공성을 어느 한쪽으로부터 또는 선후 절차에 따라 점진적으로
이해하고 해결하려고 애쓰는 모습이 바로 십우도에 나타난 여섯째까
지의 과정이다.

그 어떤 '것'을 구하는 마음[有想]으로 수행을 하면 아무리 노력하여도 결코 깨달음에는 도달할 수 없다. 구하면 구할수록 깨달음과는 멀어질 뿐이다. 왜냐하면 애초의 출발이 틀렸기 때문이다. 곧 애초에 어떤 실재를 상정하고, 그에 입각하여 도를 구하기 때문에, 그것이 아무리 단련되고 순숙되더라도, 애초에 전제한 실재의식의 노예가 되고 마는 것이다. 그래서 나름대로 이러이러한 것이 '도(道)'이거니, '깨달음'의 모습이거니 하고 시작하는 행위는 소로 상징되는 또 하나의 실재에 빠지는 것이다.

소를 훈련시켜 자유자재로 부리는 것을 긍정적으로 보지 않음은 그 시작의 동기가 나쁘다거나 그것들이 무의미하다는 것은 아니다. 다만 나름대로의 깨달음에 이르려고 노력했지만 결과적으로 도(道)와 빗나갔을 뿐이라는 것이다.

사실 실재에 있어서는 아무리 소의 함정에 빠지지 않으려고 애를 써보나 빠지지 않으려고 그 애씀이 어느덧 또 하나의 소로서 우뚝 나타나는 것이 통상의 경우이다.

우리가 추구하는 '마음', '재물', '명예', '성욕' 따위를 소에 대입할 때 그 소를 설사 자유자재로 구사한다 해도 그것이 도와는 무관하다 함은 소라는 실재에 얽매여 진정한 자유(해방)를 누릴 수 없어서이며, 또 소라는 색안경 때문에 사물을 사물 자체대로 보지 못하여서이다. 그래서 심우도 그림에서와 같이 사람과 소가 혼연일체가 되어 자유자재한 경지가 되더라도, 곧 색안경이 눈에 익숙해져 자기 몸 본래의 감각기관인 것처럼 느끼더라도 색안경은 불필요한 것이며, 사물을 본래의 모습대로 보지 못하게 된다. 이러한 비유로 '소를 찾는 그림'에서 이제 우리는 소를 찾아 잘 다스리는 것이 수행에서의 중요한 과정이라 생각하기를 그만두어야 하며 이 여섯 번째까지의 과정을 미망(迷妄)의 과정이라 규정해야 하는 것이다.

일곱 번째, 사람은 남고 소는 없어짐[人存牛亡]

이 일곱 번째 단계를 '유사 깨달음'이라 부르면 어떨까 싶다. 소가 없어짐은 대상으로서의 실재 개념이 사라짐을 뜻한다. 그동안 추구하고 단련해 왔던 소가 실재가 아님을 깨닫는 것이다. 그런데 사람이 그대로 남아 있음은 무엇을 뜻하는가? 그것은 아직 인식주관의 선입된 흔적이 남아 있음이며 판단 이전의 판단이 잔존함을 말한다.

이것은 스스로 의식하든 의식하지 못하든 자아에 대한 의식이 잔존하는 것인데 마치 데카르트에게서 의심스러운 세상 속에서 유일하게 지탱하고 있는 한 존재, 곧 생각하는 하나의 주체, 의심할 바 없는 인식행위(ego cogito, 나는 생각한다)와 같은 인식의 원초적 사실이 남아 있음을 뜻한다.

이 일곱 번째 그림은 자아에 대한 내적 경험이 고착화되어 있음을 상징하는 것이다. 그런 의미라면 설사 소가 사라졌다 하더라도 여전히 세계의 차원, 심리학적 인식의 차원, 그리고 사상(事象)들에 대한 자연 지식의 차원에 머무는 것이다. 그리고 여전히 인식주관의 흔적이 남아 있는 한, 소가 없다는 심리학적 해석은 그것이 어떤 해석이든 그 절대성을 부수고 객관성을 상대적 주관주의 속에 용해시키려 함이 불가피할 것이다.

인식과 대상은 동시적으로 구성되며 그에 대한 해방도 동시적인 점을 상기하면 사람은 남고 소만 없어진다 함은 사실상 불가능하다. 따라서 인식의 선입견이 있는 한 소의 실재는 사라진 것이 아니다. 어쩌면 그 소는 눈에는 얼핏 드러나지 않는 투명의 모습으로 계속 남아 있을 것이며 그것은 고질적인 병폐를 낳는 독선으로 고착화될 것이다. 앞서 여섯 번째까지의 과정이 보이는 소에 얽매여 있는 것이라면, 일곱 번째 그림은 보이지 않는 소에 얽매여 있는 것이다. 그렇지만 스스로는 소에 얽매여 있지 않다고 생각한다. 여전히 남은 인식의 흔적 탓이다. 이런 점에서 일곱 번째 단계는 여섯 번째 단계의 연장에 불과하다. 반쪽의 해방은 해방이 아니다. 진정한 해방 곧 깨달음은 인식과 존재로부터의 해방을 동시적으로 성취하는 완전한 해방이며 철저한 해방이다. 철저한 해방은 철저한 부정에서 산출된다.

선가의 스승들은 간곡히 이야기한다. "마음을 비워라.", "집착을 버려라.", "모든 생각을 놓아라.", "도를 구하겠다는 그 마음까지도 버려라." 다음은 조주 스님과 엄양 스님의 대화이다.

"한 물건도 가져오지 않았습니다. 이러한 상태는 어떻습니까?"
(이것은 도를 구하겠다는 마음까지도 가지고 있지 않다는 뜻이다.)
"내려놓아라."

"아니, 한 물건도 없는데 무얼 내려놓으라는 겁니까?"

"놓아 버리기 싫거든 도로 지고 가려무나."

의표를 찌르는 스승의 말이다. 제자는 제 딴엔 모든 것으로부터 해방되었다고 자부하나 스승의 눈에는 실재 위에 서 있는 제자의 모습이 보인다. 그래서 역설적으로 정곡을 찌른다. "놓아 버리기 싫거든 도로 지고 가라."[13]

실재의식에서 해방되었다는 의식마저도 극복하며, 극복했다는 의식조차도 극복하는 철저한 부정 정신과 그 과정의 혁명성은 『원각경』의 다음 일절에 잘 나타나 있다.

모든 보살과 말세의 중생들은 마땅히 온갖 환상과 같은 허망한 경계(실재의식)를 떨쳐 버려야 한다. 그리고 떨쳐 버렸다는 의식에 사로잡히게 되면 그것 또한 환상이니 마저 떨쳐 버려라. 마저 떨쳤다는 생각도 환상이니 또 떨쳐라. 그래서 떨치고 떨쳐 버려서 떨쳐 버릴 것이 없이 되어야만 모든 환상 경계를 제거함이 될 것이다. …

그리고 구도자여! 중요한 것은 '환상인 줄 알아차리는 그것이 곧 환상에서 벗어나는 것이다. 그것은 어떤 방법론이 따로 있는 것이 아니며, 또한 환상에서 벗어남을 깨달음의 경지라고 하는데 그러

---

13 이밖에 『선문염송』 1018則의 "雲門因僧問 學人不起一念, 還有過也無, 師云, 須彌山" 도 같은 뜻이다.

한 경지는 어떤 점진적인 절차로 이룩하는 것이 아니다〔知幻卽離 不作方便 離幻卽覺 亦無漸次〕.

  －『원각경』, 보현보살장

중국의 한 선사는 철저한 부정 정신을 시적인 상징성으로 간단하게 표현했다.[14]

작년 가난은 가난도 아닌 것이
금년에야 비로소 가난이라 할 만하이.
작년엔 송곳 꽂을 땅도 없었는데
금년엔 송곳마저 없다네.

여덟 번째, 사람과 소가 다 없어짐〔人牛俱亡〕

이제야 우리는 우리의 기본 입장인 '혁명적 깨달음, 돈오(頓悟)' 또는 '완전한 깨달음, 원오(圓悟)'의 이름에 값하는 단계에 들어섰다.

14　향엄이 앙산 스님에게 준 게송. 『전등록』 11권, 앙산혜적 條.

소가 사라짐은 실재화된 대상으로서의 존재 개념이 사라짐이며 사람이 사라짐은 실재화된 인식주관의 철폐됨이다. 따라서 '사람과 소가 모두 없어짐'은 인식으로부터의 해방과 존재로부터의 해방을 동시적으로 성취한 '혁명적 깨달음'의 양상이며, 달리 표현하면 인식적 공과 존재적 공의 이중적 구조의 공의 세계의 뛰어듦이다.

'사람과 소가 모두 없어짐'의 상태야말로 비로소 미망의 역사에서 깨달음의 장으로 무대가 뒤바뀜을 말한다. 이러한 상황은 선후 절차에 따라 단계적으로 이루어짐이 아닌 혁명적 절차를 통한 깨달음의 장이라는 점에서 그 이전의 상태와는 구분되는 새로운 차원이 된다.

소를 자유자재로 훈련하여 사람과 소가 혼연일체가 되는 것과, 소와 사람이 실재 아님을 알아채는 것은 아무런 논리적 연관을 갖지 못할 뿐더러 거기에는 깊은 논리적 틈이 있다. 이 말은 사람과 소가 한꺼번에 사라지기 이전, 곧 깨달음 이전 상태에서의 노력이나 행위가 깨달음의 직접적인 원인이 아니라는 점이다. 그렇지만 미망의 상태에서의 행위나 노력의 축적으로 깨달음에 인도될 수 없다는 점만 가지고 깨달음을 위한 노력을 무의미한 것으로 배격할 수는 없다.

그러한 노력들이 논리적으로 볼 때 깨달음에 이르는 필연적인 전제 조건은 아니었더라도, 그 노력들은 깨달음에 이르는 중요한 계기를 마련해 준다.[15] 그래서 어떠한 행위나 사유라도, 일반적인 도덕 통

---

[15] 이 점은 종종 극단적인 선사에 의해 무시되는 경우가 많다. 예를 들면 '불립문자(不立文字)'라 하여 교학적인 노력을 무시하고 부정하거나, 사회적 활동 등을 깨달음 이전의 단계라 하여 배척하는 것이 그것이다. 이런 극단적인 입장은 묵조선이라 지탄받을 만큼 모든 의식적 노력의 지향을 잃게 하여 끝없는 무기력과 혼침으로 침잠하게 되는 폐단에 빠지게 된다. 이의 극복 방편으로서 깨달음 이전의 수행과 실천을 깨달음과 관련을 맺게 하는 여환자비(如幻慈

념으로는 부정되어야 할 것조차도, 그 지향점이 깨달음인 한 깨달음에의 길에서는 소중한 체험일 수가 있는 것이다. 그렇지만, 그럼에도 불구하고 깨달음 이전의 노력과 깨달음 사이에 논리적 틈이 있음은 분명히 인식해야 할 중요한 사실이다. 이러한 인식으로 말미암아, 우리는 깨달음을 얻는 데 있어 시간과 노력의 축적이 많고 적음이 근본적인 문제가 아니라 시각을 한번 돌이키는 데 요점이 있음을 시사 받는다.

선종의 거장 황벽 스님의 이야기는 바로 이 점을 말하고 있다고 본다.

도를 배우는 사람이 만약 한순간에 무심의 경지(선입견이 없는 인식적 해방의 상태, 결국 인식과 존재 모두로부터 해방된 경지)가 되지 않으면 아무리 오랜 세월을 수행하더라도 도를 이룰 수 없다. 왜냐하면 도를 이루겠다는 그 의지와 노력에 구속당하기 때문에 해탈(해방)을 얻지 못하는 것이다. 그렇지만 무심의 경지에 도달하는 데는 사람마다 그 기간이 길고 짧음이 있다. 어떤 사람은 도에 대한 가르침을 믿고 따르며 실천하고 훈련하는 과정에서(十信, 十住, 十廻向) 무심의 경지에 도달하기도 하고, 어떤 사람은 물질과 정신적인 영역에서도 자유로울 수 있는 열 가지 단계의 성인의 경지[十地]를 거쳐서 비로소 무심의 경지에 이르기도 한다.

그래서 사람마다 수행하는 과정이 길기도 하고 짧기도 하지만, 무

悲)의 보살행과 성성적적(惺惺寂寂)의 화두선 등이 대승불교의 실천모습으로 떠오른다.

심의 경지가 되어야만 도를 이루는 것이지 수행하는 과정의 노력 그 자체는 도와 본질적인 연관을 갖는 것이 아니다. 무심의 경지란 어떤 내용을 이해하거나 얻는다는 것을 뜻함이 아니며, 또한 고정된 입장이나 관점을 취하는 것은 아니지만 사물을 바라봄에서 건강함으로 작용하는 진실 된 시각이다. 그리고 이러한 무심의 경지는 그것이 한순간에 도달했든 한없이 오랜 세월의 노력을 통해서 도달했든 관계없이 깨달음의 시각에서의 그 능력이 차이가 나는 것은 아니다.

– 황벽 스님, 『전심법요』(전등록 9권 p.164)

'사람과 소가 다 없어졌다[人牛俱亡]'는 깨달음의 세계는 이 세상을 무(無)의 상태로 빠뜨리는 것을 뜻함이 아니다. 오히려 그와 거꾸로 자연적 태도 속에서는 감추어져(또는 왜곡되어) 드러나지 않는 의식과 세계 사이의 연기적(緣起的) 관계가 나타나도록 하는 것이다.

소가 없어짐[亡牛]이란 객관주의(자연주의)나 형이상학적인 실재주의를 벗어남이고, 사람이 없어짐[亡人]이란 심리주의나 주관주의를 벗어남이다. 이는 불교의 깨달음이 사실주의나 관념주의와는 무관하다는 말이다. 곧 심리적 의식의 유혹을 떨치고 그것의 고질적 우발성과 상대주의를 극복하고[亡人], 사실주의와 자연주의로부터 보호받는 것[亡牛]이다. 또한 그럼에도 불구하고 철저한 경험주의로 남을 수 있음이 깨달음의 빛남이며 또한 인우구망(人牛俱亡)의 이중적 임무라 하겠다.

따라서 진정한 인우구망의 의미는 사람과 소가 없어짐이 아니라 사람과 소가 실재화되지 않음이다. 사람과 소는 여전히 존속하며 활동한다. 이것이 깨달음의 진정한 세계다. 깨달음은 모든 사물-소든 사람이든-을 없애거나 축소시키는 것이 아니라, 다만 그것들의 변화성과 관계성을 통찰하여 그것들을 고정화, 실재화(실체화)하지 않는 것이다. 이렇게 하여 모든 존재는 새로운(또는 본디의) 모습으로 되살아나는 것이다. 이제까지의 존재는 진정한 존재가 아니었고 왜곡된 존재였다는 것이다.

아홉 번째, 사물 그 자체로〔返本還源〕

　'사물 그 자체로'[16]의 세계는 여덟 번째의 '사람과 소가 다 없어짐〔人牛具亡〕'의 혁명적 깨달음과 동시에 전개된다. 그러니 여덟 번째와 아홉 번째는 동시적인 상황이기도 하다. "산은 산이요 물은 물이다." 이 말처럼 '사물 그 자체로'의 내용을 쉽게 표현해 주는 것도 드물다.

16 　'사물 그 자체로'라는 말은 후설(E. Husserl)의 표어인 '사실 그 자체로(Zu den Sachen selbst)'를 연상하는 말이다. 현상학에서 판단정지(에포케)와 지향성(志向性)의 개념은 불교의 인식적 공의 태도와 연기(緣起)의 표현에 비교되며, '사물 그 자체로'는 '불가사의한 해탈경계'와 비교됨직하다. 그러나 반본환원(返本還源)의 사물 그 자체는 하이데거에게서의 존재(Sein)와 같이 실재화되어 있는 것이 아니며, 열 번째 입전수수(入廛垂手)의 '역사에의 길'은 사르트르의 말처럼 불안한 미래에의 투기가 아니다.

이 말은 운문 스님의 고칙(古則)[17]에서 유래되지만, 고래로 선종(禪宗)에서 회자되는 이야기다. 과연 음미할수록 그럴 듯한 이야기다. 깨닫기 이전의 산이 산이 아니고 물이 물이 아니었다는 말인가? 우리는 각종 실재의 색안경을 끼고 산과 물을 바라보았는지도 모른다. 그러나 인우구망(人牛俱亡)의 혁명적 깨달음을 통해 온갖 색안경을 벗어버리고 산하대지와 온갖 사물을 있는 그대로 수용하게 된 것이다.

깨달음의 세계가 사물 그 자체로 돌아온다 함은, 피상적으로 상정하기 쉬운 깨달음의 유토피아 상을 부정하는 것이다. 깨달음의 세계는 초월적이거나 특별한 세계를 지칭함이 아니니, 왜곡되고 굴절된 현실의 삶을 올바로 보게 해 주는 시각이다. 따라서 깨달음의 입각처로서의 장(場)은 바로 이 현실이며 역사다. 깨달음의 세계의 내용이 사물 그 자체로 돌아옴은 불교와 다른 종교를 구분할 수 있는 중요한 차이점이 되기도 한다. 그런데 신심 깊은 독실한 불자까지도 더러 불법이 지향하는 세계를 이 속세(사바세계)를 떠난 초월의 세계로 잘못 생각하는 혼돈을 보이기도 한다. 곧 해탈의 세계, 열반의 세계는 이 세계를 벗어난 그 어떤 성스럽고도 진리로 충만된 세계라고 믿곤 하는 것이다.

"반야(깨달음의 세계)의 배를 타고 열반의 저 언덕으로 건너가자." 는 식의 불경 구절은 가끔 불교인으로 하여금 깨달음의 세계가 이 사바세계와 공간적인 거리가 있는 것처럼 느끼게 하기도 한다. 그러나 분명한 것은, 깨달음을 통해 획득하는 것은 공간적 거리의 단축이나 횡단이 아니라 각자의 삶의 내용의 전환이라는 사실이다. 사실, 불교

---

17 선문염송(禪門拈頌) 1055則

는 그 출발점에서부터 도달하는 귀착지까지 한 번도 우리의 삶, 이 땅의 현실(역사)을 벗어나 본 적이 없다. 그 관심과 문제에서 실천과 해답에 이르기까지.

부처님의 출가 동기라고 할 수 있는, 부처님이 문제 삼은 내용도 네 가지 고(苦), 여덟 가지 고(苦)[18]로 상징되는 바로 우리 삶의 문제였고 그 해결에의 의지였다. 그리고 마침내 해결한 결론은 삶의 문제(실상)를 바로 통찰하여 올바르고도 적절하게 삶을 운용하는 일이었다. 8정도와 6바라밀은 깨달음에 이르는 방법론이자 동시에 깨달은 사람의 일상생활의 준칙이기도 하다.

이러한 점은 삶과 역사에 대한 문제의식과 결론을 성과 속, 신(神, 초월의 영역)과 인(人, 시공 속의 역사)이라는 이분법적 세계관으로 생각하는 서구의 종교관과는 판이하다. 불교는 초월된 가치체계로서의 신이나 성스러움을 도입하지 않고도, 또한 역사를 관통하는 관념적인 틀로서의 절대정신이나 기(氣), 물(物) 등의 실재론—회귀할 의지처로서의 실재든, 자기 변화해 가는 실재든—을 전제하지 않고도 뭇 삶〔衆生〕의 문제를 설명하고 훌륭히 살려낼 수 있는 가르침에 도달했다. 그것은 삶을 연기적인, 곧 비실재론적인 모습으로 받아들이는 일이었다.

혁명적 깨달음〔頓悟〕을 통해 도달한 세계가 엄청난 신비의 세계가 아니고 초월된 진리의 유별난 세계가 아니라는 사실은, 한편으로

---

18 생로병사(生老病死)의 네 가지 고(苦)에다 구부득고(求不得苦, 구해도 얻지 못하는 괴로움), 애별리고〔愛別離苦, 좋은 일(사람)을 유지하지 못하는 괴로움〕, 원증회고〔怨憎會苦, 나쁜 일(사람)을 마주해야 하는 괴로움〕, 오음성고(五陰盛苦, 존재의 변화와 성쇠에 따른 괴로움)를 더한 것인데, 통상 삶의 육체적·정신적·사회제도적·실존적인 모든 괴로움을 함축하고 있다.

는 엉뚱하게 기대하고 상상했던 사람들에게 당혹감과 실망감까지 줄지도 모른다. 중생의 미망은 불법에 대한 기대조차 엉뚱했던 것이다. 그러나 깨달음은 단호히 말한다. 우리가 도달한 세계는 '사물 그 자체로'라고. 마침내 불교는 처음부터 끝까지 이 삶의 역사를 한 번도 떠나본 적이 없었던 것이다.

'사물 그 자체로[反本還源]'는 해방(해탈)된 삶의 모습이기도 하다. 불교의 논사(論師)들이 곧잘 인용하는 '얼음의 비유'는 지금의 경우를 설명하는 데 매우 적합하다. 그 비유는 갖가지 실재론에 고취되어 있어 자유롭지 못한 삶의 모습을 얼음에 비유하고 그로부터 해탈(깨달음)한 열린 삶의 모습을 물에 비유하고 있다.

갖가지 실재론에 근거한 세계관이나 방편적 차원에서 설정한 이념, 방법론에 교조적으로 얽매여 변화와 역동의 삶을 읽어 내지 못하는 삶의 태도를 얼음처럼 굳어 있는 상태에 비유함은 그렇다 치고, 깨달음의 모습이 유동적인 물이라 함은 무엇을 뜻하는가? 그것은 깨달음의 세계가 삶의 어떤 부분도 버리지 않음을 말하는 것이 아니고 무엇이겠는가? 얼음과 물을 버리고 물 밖으로 나아가고자 함도 아니고 물을 증발시키고자 함도 아니고 다만 굳어 있는(또는 얼어 있는) 상태를 풀어서 물 전체로 온전히 다 수용한다는 것이다.

주관적 실재론[人], 객관적 실재론[牛], 일원적·이원적·다원적인 갖가지 실재론은 우리 삶을 얼음처럼 굳어 버리게 하여 사물을 사물 자체대로 수용하지 못하게 한다. 불교의 깨달음이 비실재론적(연기적)인 세계관에 선다는 것이 비존재, 무존재로 나아감이 아니라는 점은 '얼음의 비유'에서 시사하듯 명료하다.

연기론적(비실재론적)인 세계관은 존재를 온전히 수용하는 자세로서 존재를 터럭 끝 하나 손상시키지 않으며, 축소시키거나 버리지 않는 존재관이다. 그것은 우리로 하여금 얼음처럼 굳게 하지 않고, 개체화·고정화·실재화시키지 않고, 변화와 역동 속에서 드러나고 전개되어 가는 '사물 자체 그대로'에 나아가게 한다. 따라서 깨달음의 세계는 역사의 장 밖에 달리 추구해야 할 영역을 설정하는 일이 수정되어 역사 속으로 돌아오는 일이며 역사와의 올바른 만남이며 떳떳한 마주섬이다. 그리고 번민과 고통과 욕망의 현실 속에서 다시 살아가는 일이다. 그러나 선이나 악으로 지칭되는 모든 것들을 다시 한 번 직시함으로써 그것들의 노예가 되지 않는 일이며, 선이라 불리든 악이라 불리든 모든 인간적인 요소, 사회적인 요소들의 정체를 이해하는 일이다.

그 어떤 것도 실재화시키지 않는 태도(얼음을 물로 바꾸는 태도), 그러면서 그 모든 것을 주시하며 수용하는 자세, 그리하여 모든 사물을 사물 그 자체로 온전히 드러내는 자세, 이것이 '사물 그 자체로[反本還源]'가 주는 가르침이다. 이것은, 한편 지금까지 깨달음을 통해 존재의 비실재성을 깨닫게 되었다[眞空]고 하지만 동시에 존재의 현존성[妙有]을 알게 하는 단계인 것이다. 다시 말해 존재에 대한 긍정적인 해석이 겸하여 있음을 새삼 강조하는 것이며, 나아가 그것이 본래의 취지임을 부각시킨 것이라 하겠다.

똑같이 존재성을 강조하는 입장에서도 비실재성과 실재성의 차이를 이해함은 매우 긴요한 것이며, 실재성을 부정하고 비실재성을 강조한다 해서 존재성 자체를 부정하거나 소극적으로 바라보게 됨은 어불성설이며 본말전도임을 알아야 할 것이다.

열 번째, 역사에의 길〔入鄽垂手〕

'저자거리에 들어가서 직접 활동한다'는 입전수수(入鄽垂手)의
단계는 깨달음을 체득한 사람의 역사적 활동을 뜻한다. 따라서 지금
부터의 이야기는 깨달음의 영역에서 역사의 영역으로 전개된다. 그리
고 대승과 소승이 여기에서 비로소 나뉜다. 깨달음과 역사적 실천은
어떤 상관관계를 가질까? 깨달음이라면 그것은 당연히 역사에 대한
깨달음이다. 그런데 역사에 대한 깨달음이라 할지라도 역사를 어떻게
꾸려가고 건설해 나가야 되는가에 대한 방법론적 깨달음은 아니다.

그러면 깨달음이란 무엇인가?

그것은 역사의 존재성에 대한 깨달음이다. 물질과 정신과 개념의
범주 안에 든 모든 존재양식의 존재성에 대한 올바른 통찰이다. 그 통
찰의 내용과 핵심은 어떠한 존재양태로 개체화·고정화·실재화하여서
는 안 되고, 변화와 관계의 연기적 존재양태로 받아들여야 하며, 모든
실재의 장막을 벗기고 사물을 사물 그대로 받아들이게 하는 것이다.

그런데 한편 이러한 불교적 깨달음이 많은 불교인으로 하여금 역
사의 문제에 소극적으로 대처하게 하였다는 지적이 있는데, 이는 깨
달음을 잘못 이해한 불교인의 오류이기도 하며 깨달음을 깨달음 차원

에 머무르게 한 탓이기도 하다. 깨달음을 잘못 이해하였다 함은, '얼음의 비유'에서 얼어있는 상태를 녹이자는 말을 물을 부정하거나 물을 없애자는 말로 받아들이는 경우가 있는 것처럼, 실재의식을 떨치고 사물을 수용하자는 말을 무존재나 비존재의 의미로 받아들인 잘못을 말하는 것이다. 이는 정말 깨달음이 엉뚱하게 오해받은 경우다.

깨달음은 모든 존재와 역사를 왜곡됨 없이 전적으로 싸안는 긍정적인 역사관임에도 불구하고 많은 불교인이 깨달음의 역사관을 상대주의적 역사관으로 전락시킨 경우가 허다했다. 이러한 경우의 상대주의적 성격은 존재에 대한 파괴적이고 회의적인 시각을 깔고 있으며 어떠한 역사적 사실이나 현상에도 그 의미와 가치를 부여하지 않는 비역사적이고 반역사적인 태도를 갖는다. 이는 또 하나의 일그러진 깨달음의 모습으로서 아홉 번째 반본환원(返本還源)의 교훈으로 잘못을 깨우칠 수 있겠다.

그러나 이러한 함정을 명확히 극복하고 깨달음을 올바로 체험하였다 하더라도, 깨달음은 깨달음 자체로서 그 역사적 적용에서 한계를 가지고 있음이 명확하다. 왜냐하면 깨달음이란 존재성에 대한 깨달음이지 존재의 변혁의 내용과 방법에 대한 깨달음이 아니기 때문이다. 다시 말하면 깨달음이란 그 '어떤 것'을 어떻게 변형시키거나 쌓아가는 것을 말하는 것이 아니라 그 이전에 '어떤 것'의 그 '것' 자체의 존재성을 통찰하는 일이기 때문이다(또는 무수한 것들의 변화와 관계성을 읽어 내는 일이기 때문이다).

그런 의미에서 깨달음은 '어떻게(how)'의 부분을 언급하는 것이 결코 아니니 그것은 깨달음의 본령이 아니다. 따라서 깨달음은 우리로 하여금 역사의 원천적 질곡[實在相]을 극복하여 역사성에 대한 해방을 담보하게 하지만, 중요한 것은 깨달음만으로는 삶에서의 구체적인 전망, 선택, 행동에 대한 아무런 설명과 답을 얻지 못한다는 것이다. 따라서 깨달음의 차원에 머물러 있는 한 아무런 역사적 전망과 비전을 가질 수 없게 된다.

그렇다면 역사의 모든 문제는 어떻게 해결해 나가며, 어떻게 역사를 정립해 나갈 것인가?

역사의 진행과 변혁의 문제에 대한 해답이 깨달음을 기초로 연역되거나 유추되는 것이 아님은 깨달음의 성격에 비추어 보면 명료하다. 결국 역사의 문제는 역사적 노력으로 풀어가는 것이다. 깨달음을 통해서 얻은 가장 큰 삶의 교훈, 곧 어떠한 것도 실재화시키거나 절대화시키지 않는 열려진 역사관을 바탕으로 역사 앞에 두려움 없이 풍부하고도 뜨거운 부딪침으로 나아가는 속에서 역사의 문제는 풀려갈 것이다.

역사의 존재성이 공(空)임을 통찰하는 깨달음과, 역사를 어떻게 꾸려 가는가의 문제는 동일 범주의 논리 적용 영역이 아니다. 하지만 바둑돌의 흰 것과 딱딱함이 서로 다르면서 하나의 돌로 통일되어 있듯이 깨달음과 역사적 실천은 우리의 삶을 지탱하는 이중적 구조인 것이다.

깨달은 사람이 깨달음의 영역에 자족하지 않고 왜 역사의 길에 나서게 되는가? 존재에 대한 사랑[慈]과 연민[悲] 때문이다. 자비야말로 역사적 행위의 원동력으로서 깨달음과 역사를 묶어 내는 고리이다. 이 자비가 구체적으로 표출된 모습이 방편(方便), 원(願), 역(力)이라 부르는 불교적 행동양식이다. 원(願)이란 역사에 대한 어떤 목표 설정에 해당되며, 역(力)이란 원(願)을 최종적으로 성취하게 하는 불굴의 신념을 뜻하며, 방편이란 원(願)을 성취하는 구체적 방법론과 실천을 말한다. 따라서 원력과 방편은 자비의 역사적 표출에 다름 아니다.

깨달음만 있는 사람은 아라한(Arhan)이라 부른다. 깨달음에다 자비와 원력을 덧붙인 사람은 보살(Bhodhisattva)이라 부른다. 아라한이란 '깨달음'이라는 단일 언어로 이루어져 있고, 보살이란 '깨달음(보디)'과 '역사(사트바)'의 복합 언어로 이루어져 있다. 아라한은 소승의 삶이라 불리고 보살은 대승의 삶이라 불린다.

십우도에서 '역사에의 길〔入鄽垂手〕'은 다름 아닌 보디사트바(보살)의 길이다. 물론 아라한은 아라한 나름대로의 평온함과 자족함의 극치를 누리고 있다. 어떠한 역사적 행위도 그를 원천적으로 해칠 수 없다. 어떤 아라한은 정치적 박해로 교수형을 당했을 때 "나의 몸을 해침은 마치 봄바람을 베는 것과 같다."고 담담히 말했다.

깨달음은 깨달음 자체로서 온전하다. 고봉정상에 홀로 있다 하더라도 깨달음이 증가(또는 감소)하는 것도 아니며, 저자거리에서 분주히 활동한다 하여 감소(또는 증가)하는 것도 아니다. 깨달음의 소중한 가치는 역사적 활동이 있고 없음이나, 많고 적음이나, 그의 성공과 실패-이것의 기준도 역사적 산물이지만-를 떠나 있기 때문이다. 이러한 아라한의 자족한 삶은 모든 안경으로부터의 자유(freedom from glass)를 획득한 삶에 비유된다.

반면에 보살의 삶은 어떠한 안경을 쓰는 것에도 자유로운(freedom to glass) 삶이다. 보살의 '역사에의 자유'는 아라한의 '역사로부터의 자유'를 전제할 때에만 가능하다. 보살은 깨달음을 통하여 절대주의로부터 보호되며, 고착됨이 없이 선택하는 역사적 행위는 상대주의를 뛰어넘는다. 절대주의와 상대주의를 뛰어넘은 보살의 역사적 실천은 이 세상을 정토로 이룩할 것이다. 그렇지만 보살은 정토를 실재화시키지는 않는다. 경전에서도 언급하지만 보살은 그가 이룩하고자 하는 정토조차도 공(空)인 줄 알고 시작하는 것이기 때문이다. 그래서 보살의 역사적 의지는 '환상과 같은 자비[如幻慈悲]'라 불린다. 환(幻)과 같은 존재가 환과 같은 역사적 행위를 통하여 환과 같은 정토를 이룩한다는 뜻일까?

이제 역사의 문제에서 보살이 무엇을 어떻게 선택하며 실천하는가 하는 것은 깨달음(보디)의 차원에서 더 나아가 역사(사트바)의 차원으로서의 방편과 원력을 어떻게 펼치느냐에 달려 있다. 방편과 원력은 현실적이고 구체적일 때에만 그 생명이 피어난다. 그렇다면 이 시대의 보살은 어떠한 역사적 원력으로 무슨 방편을 펼쳐야 할 것인가?

우선 우리 모두의 삶의 형태와 상황은 어떠하며, 어떠한 문제를 가지고 있으며, 그 과제는 무엇인가를 살필 일이다. 그래서 진지하면서도 뜨겁게 고뇌해야 할 것이다. 그러한 역사적 성찰을 바탕으로 보살은 마침내 역사를 선택하고, 결단하고, 이룩할 수 있을 것이다. 왜냐하면 그는 역사에 참을 수 없는 사랑[慈]과 연민[悲]을 기울이고 있기 때문이다.

'돈오점수, 돈오돈수설 비판'은
1985년 해인승가대학의 강의 원고를 정리한 글이다.

4장

돈오점수,
돈오돈수설
비판

돈오점수, 돈오돈수설 비판

쟁점의 대두

한국불교는 1970년대에 와서 불교사, 특히 선종사에서의 중요한 문제를 제기하였다. 그것은 해인총림의 방장인 성철(性徹) 스님이 '돈오돈수설'을 제창하면서부터였다.

'돈오돈수설'은 깨달음에 계합하는 과정과 내용을 혁명적인 것으로 파악하는 '돈오(頓悟)' 사상을 기본 뼈대로 삼는 수행론으로서, '돈오점수설'을 강력히 비판하는 태도를 갖는다. '돈오점수설'이 과거 중국이나 우리나라의 선종(禪宗)과 관련한 저술에서 이따금 거론되고 주장되었던 데 견주어, '돈오돈수설'은 종밀 스님(780~841)이 일곱 가지의 돈점(頓漸) 형태를 분류하는 데서 유래하지만 본격적인 수행론으로서 명명화되어 주장되기는 성철 스님에 의해서가 아닌가 싶다.

'돈오점수설'은 중국에서 신회(神會, 685~760) 스님에 의해 싹이 터서 종밀 스님에 의해 이론적으로 정립된 수행론이다. 깨달음을 얻고 난 뒤에도 일정한 수행과정을 거쳐야만 완벽한 깨달음에 이른다는 내용이 핵심인 이 주장은 교종(敎宗)의 많은 경론(經論)과의 접합을 통해 한층 설득력 있게 수행자들에게 받아들여졌다. 우리나라의 보조(普照) 스님의 『수심결』이나 『절요』 같은 저술은, 종밀 스님의 『도서』와 함께 돈오점수의 수행론을 담고 있는 것으로서 강원에서는 대표적인 필수 이력 교재로 취급되고 있다.

'돈오돈수설'이나 '돈오점수설'은 둘 다 그 표현에서도 나타나 있듯이 '돈오'라는 절차를 포함하고 있다. 그러나 뒤에서도 언급하겠지만, '돈오' 곧 깨달음을 어떻게 파악하는가 하는 견해에 분명히 차이가 있으며 이로 말미암아 대조적인 수행 가풍을 이루게 되는 것이다. 그러면 이 두 주장은 과연 어느 쪽이 옳은가? 어느 하나가 옳다면 나머지 한쪽은 그를 수밖에 없을 것이다. 하지만 이 글에서는 '돈오'에 대한 근본적인 이해를 통하여 그 두 주장이 다 같이 문제가 있다는 점을 주장하려 한다. 곧 어느 한쪽이 아닌 양쪽이 다 문제가 있음을 지적하고자 하는 것이 이 글의 취지이다.

'돈오'란 깨달음의 혁명적 성격을 부각한 말로서, 깨달음의 '오(悟)'에다 '단박에, 한꺼번에'라는 뜻을 함축한 '돈(頓)'이라는 글자를 합성한 것이다. 이러한 뜻을 담은 돈오(頓悟)의 사상은 일찍이 깨달음이 과연 점진적인 것인가, 혁명적인 것인가에 대한 혜능 스님(638~713)과 신수 스님(?~706)의 논쟁을 통하여, 돈오 곧 혁명적인 견해가 옳다는 혜능 스님의 생각이 선종에서 정설로 받아들여지면서 그 뒤의 수행의 주류를 이루게 된다. 이때가 중국 당나라 때의 일로서, 선종의 육조(六祖)라 불리는 혜능 스님의 돈오 사상이 본격적으로 선종의 정통 수행법으로 자리 잡게 된 것이다. 그 뒤 혜능의 제자, 특히 신회 스님에 의해 깨달음의 혁명적 성격이 이론적으로 정립되었고 이러한 돈오의 견해는 지금에 이르기까지 선종의 정통한 가풍으로 내려오고 있다.

그러나 한편으로는, 이러한 돈오적 수행법에 반대하는 사람들 사이에서는 "깨달음이 그렇게 단박에 혁명적인 절차로 이룩되는 것이라면 돈오를 이룩한 선자(禪者)가 왜 부처님과 같은 신통묘용과 갖가지 덕상(德相)을 나타내지 못 하는가?" 하는 반문이 크게 일었다. 또, "수행 보살은 아득한 세월에 걸쳐 무수한 생을 전전하면서 보살만행을 닦아 비로소 부처님 경지〔佛地〕에 이른다는 경전의 말씀을 어떻게 설명할 것인가?" 하는 문제도 제기되었다.

이러한 질문에 대해 '돈오'의 견해를 표명한 사람들은 명확한 해답을 하지 못한 채 돈오 사상을 왜곡하고 있는데, 이러한 혼란은 돈오 이론의 효시라 할 수 있는 신회의 '남종정시비론(南宗定是非論)', '남양화상돈교해설문직료성단어(南陽和尙頓敎解說門直了性壇語)' 등에서 진작에 보이고 있으며,[01] 종밀에 이르러서는 '돈오'의 개념이 완전히 변색되어 버리는데 이를 전폭 수용한 것이 보조 스님이다.

이리하여 돈오사상에 대한 비판을 제대로 해명하지 못한 채로 적당히 화해함으로써, '돈오' 사상에다 보충적 기능으로서 '점수'를 덧붙여 왜곡시킨 것이 바로 '돈오점수설'이다. 『도서』에 나타나 있는 종밀

---

01 胡適, 新校定적 敦煌寫本 神會和尙遺著兩種, pp. 69, 72, 73, 74, 大乘文化出版社, 民團 66년.

의 교학적 업적이라 할 수 있는 선(禪)과 교(敎)의 접합의 시도는 매우 뛰어난 감각과 예지로써 이룩되고 있지만, 왜곡된 돈오 사상이라 할 수 있는 '돈오점수설'을 정당화하기 위한, 경전에 대한 아전인수의 해석이 바탕에 깔려 있는 점을 간과해서는 안 된다. 특히 『도서』 하권의 '오십중(悟十重)', '미십중(迷十重)' 설이 바로 그런 경우로서 오해의 소지가 많은 부분이다.

　　성철 스님의 '돈오돈수설'은 이러한 '돈오점수설'을 근본적으로 비판하면서, 돈오란 그 자체에 돈수를 포함하는 것으로 파악해야 한다고 말한다. 돈오란 모든 수행의 완성처이며 최후의 구경처인 것이지, '돈오점수설'에서 보이듯이 불완전한 깨달음이거나, 수행의 시작일 수는 없다고 반박한다. 극도의 미세한 번뇌인 제8아뢰야식의 습기(習氣)까지도 단절한 완벽한 깨달음(圓證)은 더 이상 수행의 여지가 없으며, 그래서 깨달음과 함께 수행도 종결되는 돈수의 경지라 한다. 또 이러한 사람의 생활은 깨달은 뒤에 다시 수행하여 보완하는 삶이 아닌, 남이 없고 함이 없는〔無生無爲〕해탈경계에서 자유자재하는 보림(保任)의 경지라고 주장한다. '오매일여(寤寐一如)', '숙면일여(熟眠一如)', '내외명철(內外明徹)', '돈오돈수(頓悟頓修)' 등의 표현은 스님의 주장을 단적으로 대변하는 말이다. 그러나 이 주장도 깨달음을 파악하는 부분에서 문제가 있어 보이며, 이에 따른 신비주의나 비역사적인 경향과 같은 문제를 일으키고 있다고 본다.

　　선종사에서 많은 논쟁이 있어 왔지만, 그 요지는 대강 돈(頓)이냐 점(漸)이냐의 주장으로 요약되는 것이 아닌가 한다. 이를테면 혜능과 신수로 대표되는 남돈북점(南頓北漸)의 대립, 여래선(如來禪)과 조사선(祖師禪)의 구별, 우리나라의 백파(白坡)와 초의(草衣)에 의해 제기된 논변들도 대강 돈과 점의 이론적 틀을 기본으로 하여 쟁점화 되고 있다. 한마디로 깨달음이란 어떤 것이며, 어떻게 거기에 도달하는가에 대한 논쟁들이다.

이러한 지속적인 수행상의 논쟁은 오늘에까지 이어져 왔으며, 마침내 '돈오점수설'과 그를 부정하는 '돈오돈수설'의 등장에까지 이른 것이다. 이로부터 한국불교는 수행론 차원에서뿐만 아니라 수행현장인 각 선원에서조차 돈오돈수, 돈오점수의 두 가지 견해의 차이에 따른 저마다의 수행 가풍을 가지게 되었다. 그리고 당연히 그에 따른 혼란도 가중되고 있는 실정이다. 이 두 주장이 각각 뿌리를 둔 교리적 태도와 이러한 주장이 낳은 수많은 효용과 공덕의 상당한 부분을 인정한다 하더라도, 이 두 주장의 기본적 오류에 대해서는 경계하지 않을 수 없다. 그것은 바로 이 두 주장이 함께 내포하고 있는 것으로, '깨달음의 측면'과 '역사의 측면'에 대해 혼돈하고 있다는 점이다. 그리고 선종이 불교사상에 끼친 가장 중요한 공헌이라 할 수 있는 돈오-깨달음의 혁명적 성격-의 개념에 대한, 스스로의 굴절과 왜곡에 대한 문제도 짚고 넘어가야 할 것이다.

깨달음(보디)과 역사(사트바)

우선 '돈오점수설', '돈오돈수설'을 비판하기에 앞서 이 두 가지 설이 공유하고 있는 돈오 곧 깨달음에 대해 살펴보자.

깨달음이란 무엇인가? 어원으로 보면 '깨닫다'라는 동사의 명사화된 말이며, '그 어떤 무엇에 대한 깨달음'이라는 뜻이겠다. 그렇다면 불교에서의 깨달음은 그 무엇에 대한 깨달음인가? 그것은 다름 아닌 부처님의 경우에서 보듯이, 생로병사로 대변되는 삶의 문제에 대한 것, 바로 우리 뭇 삶[衆生]에 대한 것이다. 많은 종교가나 사상가들도 삶의 문제들을 해결하기 위해 전지전능한 신을 내세우거나 초월의 영역과 가치를 설정하기도 했으며, 역사 속에 내재하는 절대적인 가치체계-이를테면 절대이성(세계정신)이나 과학법칙(사회과학이나 인문과학의 법칙)-를 주장하기도 했다. 이와는 달리 불교의 깨달음은 대강 세 가지 특성을 가진다.

첫째, 우리 뭇 삶의 영역 밖에 또 다른 어떠한 존재 형태도 있을 수 없다는 점에 대한 깨달음이다. "마음 밖에 한 물건도 없다[心外無物]."는 말은 바로 이를 말한 것이다. 불교에서의 마음이란 심리현상으로서의 주관적 인식의 틀을 말함이 아니다. 어떠한 존재양상이든지, 그것이 심리적이든 개념적이든 간에, 그것은 주객이 어우러져 있는 형태의 것으로 이해해야 한다는 것이다. 이러한 복합적인 의미와 형태로서의 모든 존재양상을 일러 마음 '심(心)'이라 표현한 것이다. 이러한 마음은 달리 '뭇 삶[衆生]'이라 부르기도 하고 '부처'라고 명명하기도 한다. 그래서 마음이라고 불리는 뭇 삶들의 세계[衆生界] 밖에 어떠한 별도의 존재 영역이나 가치 체계도 있을 수 없다는 것이다. 그 까닭은 다음에 나오는 깨달음의 두 번째 특성 때문이다.

둘째, 이러한 뭇 삶의 모습은 실체도 없으며 실재적 존재가 아님을 아는 것이 깨달음이다. 삶을 구성하고 있는 모든 요소들은 상호연관과 조건 지워짐에 따라 변화되고 전개되어 가고 있으며, 이러한 모습을 성찰한 결과 존재의 제 모습은 고정 불변하는 어떠한 주체적 존재나 아무런 원인과 조건 없이도 자생적으로 존재하는 자기원인적 존재로서가 아닌, 비실체적이고 비실재적으로 변화되고 전개되어 가는 존재양상임을 깨닫는 것이다. 이는 불교 수행의 목표이기도 한데, 모든 형태의 실재의식으로부터 해방되는 것을 말하는 것으로서 무아(無我)나 무생(無生)의 이치를 깨달았다 함이 바로 그것이다.

셋째, 이러한 깨달음은 점진적인 과정에 의해 이르게 되는 것이 아니라 혁명적인 전환을 통해 성취하는 것이다. 선종에서는 이러한 깨달음의 혁명적인 성취를 돈오(頓悟)라고 표현한다. 오늘날 철학에서나 자연과학에서 지식이나 법칙의 발견은 기왕의 지식과 법칙의 연장과 정체를 통해서가 아닌, 혁명적 전환 또는 창조적 직관을 통해 획득하는 것이라는 점에 대체로 합의하고 있다. 그래서 귀납법적 사고방법에 대한 거부가 오늘날 과학적 탐구 방법의 특성이 되고 있다.

이와는 꼭 적합하게 비교할 수는 없으나, 불교에서의 깨달음도 기왕의 지식이나 관점의 축적과 단련으로 이룰 수 있는 것은 아니다. 더욱이 그러한 견해가, 깨달음 이전의 견해가 번뇌로 얼룩진 미망의 상태임에랴! 깨달음이란 존재를 바라보는 데서 실재의식의 장막을 벗기는 일이다. 곧, 실재화된 인식과 실재화된 대상존재에서 실재의 막을 벗기는 일이며, 그 둘이 어우러져 만들어 낸 삶의 갖가지 양태에서 실재의식 없이 그를 수용하는 일이다. 실재의식을 깨뜨리는 것은 존재양상의 상호관련성과 변화로 인해 선후의 유기적 절차를 통해 해결될 수 있는 일이 아니다. 어떠한 견해나 태도도 선행된 조건과 관점을 전제하기 마련이며 그로부터 독립되어 해방될 수 없다. 그래서 깨달음이란 지말적이거나 부분적이며 개체적인 시각을 떨칠 것을 요구하는 한편, 또한 유기적인 관계성 속의 전체적 시각을 요구하는 것이다. 또 이러한 깨달음의 과정은 귀납적 인식이 아닌 창조적 직관으로 다가올 수밖에 없는 것이다.

지금까지 깨달음의 성격에 대해 이야기했지만, 한편 깨달음과 그의 대상이자 내용인 뭇 삶〔衆生〕에 대한 설명으로 치자면 부분적인 것에 지나지 않는다. 따라서 이 문제를 더욱 포괄적이면서 역동적인 현실의 삶의 문제로 심화시키는 일이 중요하다.

먼저 '뭇 삶'이라는 말을 보면, 그것이 가지고 있는 객관성과 생동성 그리고 포괄적 의미에도 불구하고, 아무래도 현실적인 구체성을 결여한 느낌을 가지게 된다. 그래서 이 '뭇 삶'이라는 말을 그 뜻을 크게 손상하지 않는 범위 안에서 달리 '역사'라는 말로 대체해 본다. 물론 '역사'라는 말에는 수많은 정의를 내릴 수 있는 부분이 있지만, 불교에서의 '뭇 삶'의 개념에다 좀 더 구체적인 역사의 현실성을 덧붙이는 정도의 선으로 한다. 따라서 역사란 '검다, 희다, 딱딱하다, 무르다, 높다, 낮다' 따위의 형태적 모습 위에 좋다, 싫다 따위의 주관적 가치 판단이 덧붙여진 영역이 되며, 거기다가 '이렇게 저렇게 하고자 하고 또 그렇게 되어 가는' 변화의 과정에 있는 역동적인 삶들의 전반적인 모습이라고 할 수 있다.

이렇게 볼 때 깨달음이란 이러한 역사의 속성이 '고정 불변하는 실체'가 아닌 비실재적인 존재양태임을 통찰하는 일이며, 역사의 영역에 대한 어떤 각성이라고 할 수 있는 것이다. 이 말은 불교가 결코 초역사적이거나 비(반)역사적인 것이 아니라 모름지기 역사적이며 중생적이라는 뜻이기도 하다. 그런데 유의할 점은 역사(존재)들의 실재 상에서 해방된다 함이, 곧 깨달음을 얻는다는 것이 존재를 현실적으로 좌지우지하여 마음대로 변화시킨다거나 주재한다는 뜻이 아니라는 점이다. 역사에서 현실적인 변화는 존재들의 현실적인 경험적 속성과 관행 그리고 선택적 노력에 의해 되어지는 것이며, 깨달음이란 그러한 역사적 모습과 상황에서 실재적 구속으로부터 해방됨을 뜻하는 것이다. 곧 어떤 것을 어떻게 변화시키고 개선시키고자 하는 역사적인 측면과, 그 어떤 것이라는 '것' 자체의 실재성을 벗겨 내는 깨달음의 측면은 서로 같은 영역을 말하고 있으면서도 다른 측면을 강조하는 것이다. 그러므로 중요한 것은 역사에서의 깨달음의 논리적 한계랄까, 그 적용 범주를 인식하는 일이다.

깨달음은 모든 역사적 존재의 비실재성을 통찰함으로써 그로부터의 원천적인 해방을 획득하는 일이다. 그리고 현실 역사는 실재를 전제하지 않고도 변화되고 전개되어 나가는 존재양태로서, 불교식으로 말하면, 연기적(緣起的, 변화의 관계성)인 특징을 갖게 된다. 그래서 현실 역사를 꾸려 가는 문제에서는 존재의 연기적 관계와 내용을 잘 읽어 내는 일이 무엇보다도 중요하다. 사실 실재적 존재라야만 그것의 동질적 변화를 측정하고 유추할 수 있다고 생각함은 아무런 논리적 근거가 없는 것이다. 실재적 존재가 아니더라도 현실적으로 나타나 보이듯이 역사상의 뭇 삶의 양태는 수많은 조건과 관계 속에 비실재적인 모습 그대로 또 일정하게 변화해 가고 있으며, 그것들은 어느정도 시간적 가변성과 공간적 상관성을 측정하게 해 주고 있다.

그런데 현실적으로 역사의 문제는 잠정적이며 가설적인 실재성을 인정하면서 바라보는 것이 편리할 때가 많다. 엄밀한 논리의 측면으로 보면 그 어떠한 실재도 인정할 수 없지만, 잠정적이면서 가설적인 실재를 의도적으로 인정함은 그렇게 하는 것이 상당히 삶의 운용에 편리할 때가 많기 때문이기도 하다. 그래서 그러한 현실의 모습은 꼭 합리적이고 인과적인-여기에서는 귀납적인- 법칙으로만 전개되지 않음은 사실이나, 필요에 따라 그러한 법칙성에 잠정적으로 가탁할 수도 있다는 점에 인색할 필요는 없다고 본다.

아무튼 깨달음이란 역사에 대한 깨달음이며, 역사적 존재들이 비실재적인 속성으로 변화 전개되어 가는 것임을 통찰하는 것이다. 한편, 그럼에도 불구하고, 역사의 진행과 변화는 그것 나름대로의 갖가지 요인과 조건에 따르고 있다는 것이다. 이 두 가지 측면을 이해하는 일은 매우 중요하다. 이 말은 깨달음을 얻는다고 해서 역사 속의 삶에서 모든 존재를 자유자재할 수 있게 되는 것이 아니라는 것이다.

예를 들어 "깨달음을 얻어 윤회에서 벗어나게 되었다, 생사에서 벗어나게 되었다."는 말은 어떻게 이해할 수 있을까? 적어도 이 말은 생멸하는 윤회 현상에 대한 깨달음으로서 생멸 현상의 실재의식[我相]으로부터 해탈함을 뜻한다. 생멸 현상 자체가 축소하고 소멸하는 것이 아니라 그것을 수용하는 자세가 전환되는 것을 뜻한다. 결국 실재의식[我, 人, 衆生, 壽者]을 떠나서 삶을 수용하는 것을 일러 윤회를 영단(永斷)하는 것이라 한다. 여전히 이 각자(覺者)는 존재(역사) 속의 여러 가지 제약과 소외 속에 놓일 것이다. 그렇지만 현실적인 희로애락 속에서도 깨달음은 그로 하여금 원천적인 열반락을 견지하게 할 것이다.

이렇게 본다면, "모든 번뇌를 끊는다."는 불교의 목표는 모든 심리현상을 종결하여 목석화하는 것이 아님을 알 수 있다. 경전에서 말하기를 "번뇌를 끊는 것은 범부의 소견이며, 대승보살은 번뇌의 공한 속성을 깨달아 그로부터 자유로워짐"이라고 하였다. 제 아무리 미세한 번뇌습기일지라도 그것을 제거하고 단절시키려는 노력은 번뇌 자체의 실재성에 사로잡혀 있음이다.

거울 위의 티끌을 닦아 내고자 하는 노력의 어리석음을 질타하는 혜능 스님의 법문은 아직까지도 철저히 뿌리내리지 못하고 있다. '거울'이나 '티끌'은 말할 것도 없으려니와 그 어떤 실재[物]조차도 인정하지 않는 확연한 깨달음의 자세는 역사적 삶의 운용에 있어 기본적인 것이다.

'보디사트바(보살)'라는 표현은 바로 이러한 역사적 삶의 모습을 아주 적절하게 표현해 낸 대승불교의 압권이다. '보디'란 깨달음이며 '사트바'란 중생이니 곧 역사인 것이다. 통상 깨달음(보디)과 역사(사트바)를 병렬식으로 표현할 때, 이 두 말은 얼핏 다른 영역의 것으로 이해될 수 있으나 이들은 결코 분리될 수 없는 것이다. 그것은 삶에서의 존재양태에 대한 원천적인 통찰(보디)이며, 또 삶의 현실적 진행 모습에 대한 것(사트바)이기 때문이다. 그래서 그 둘을 늘상 묶어 두는 이름, 그리고 그에 값하는 삶을 '보디사트바(보살)'라 부르는 것이다.

이 보디사트바는 실재의식으로부터 해방된 기본적 깨달음을 바탕으로 하여, 현실적 삶의 제 문제는 현실상의 방편바라밀을 통해 대처하며 방편적인 역사적 설계를 통해 역사적 성취(불국토 장엄)를 추구한다. 그리고 역사적 성취의 정도 여부와 관계없이 모든 삶의 진정한 행복은 존재의 실재성으로부터 해방되는 데 있음을 알고, 이러한 해방(깨달음)의 성취를 모든 역사적 실천과 장엄의 배후에 근저하는 기본적 목표로 삼는다.

보디사트바의 삶은 현실 속에 살되 현실 그 자체에 원천적으로 구속되지 않으며, 구속되지 않으면서도 적극적으로 애정과 정열을 쏟는다. 투명하고도 질긴 역사관, 이것이야말로 바로 보디사트바의 역사관이라 할 만하다. 역사가 실재가 아님을 통찰하여 그로부터 원천적으로 구속되지 않기에 투명하다는 것이며, 실재적 존재가 아니라 하여 존재가 없다는 것이 아니라 오히려 변화와 관계의 형태로 끝없이 펼쳐지는 모습이며, 그러한 변화와 관계의 모습에 갖가지 역사적 상상력과 실천을 통해 역사를 일구어 가는 것이기에 질기다 하는 것이다. 역사(존재)를 비실재적인 것으로 통찰하는 '깨달음'과 그러한 비실재적인 역사를 어떠한 자세로 어떻게 꾸려 가는가 하는 '역사적 행위'는 이러한 '보디사트바'란 절묘한 변증적 삶을 통해 결합하게 된다. 그리고 이러한 '보디사트바'의 삶이야말로 병폐 없고 고통 없는 가장 바람직한 삶의 모습으로 떠오르게 되는 것이다.

두 주장의 문제점

이제 '보디사트바'라는 이해의 틀로서 '돈오점수설'과 '돈오돈수설'을 살펴보자. '보디사트바'에서의 '보디(깨달음)'를 선종에서 '돈오'라 표현함은 중국불교의 개가라고 생각된다. 그만큼 '돈오'라는 표현은 깨달음의 중요한 성격을 한눈에 드러내고 있기 때문이다. 그런데 앞에서도 말했듯이 '돈오'의 견해를 이론적으로 정리하는 과정에서 상당한 왜곡을 낳게 된다. 대표적인 것이 규봉종밀에 의해 정립되는 '돈오점수설'이다. 이 돈오점수설의 문제점은 다음과 같다.

첫째, 깨달음의 측면과 역사의 측면을 무리하게 같은 차원의 것으로 설명하고자 한 점이다. 깨달음의 측면이란 존재들의 속성이 비실재적임을 깨닫는 차원이며, 역사의 측면이란 존재들이 그러한(비실재적인) 속성 위에 그것대로의 조건과 계기 속에서 변화되고 전개되어가는 차원이니 이 두 측면은 논리적으로 볼 때 동일한 의미의 체계가 아님은 분명하다. '돈오점수설'의 문제점은, 깨달음이란 존재(역사)의 실재의식을 타파하는 것인데 역사상의 변화 개선의 차원-개인에 있어서의 습관, 체질, 심리상태의 개선이나 현실적 제 문제의 정상화까지도 포함-까지 깨달음의 소관 영역으로 보려 한다는 점이다.

불교에서의 깨달음이란 존재들을 축소하여 단절시키거나 변화시켜 개선하는 것이 아니라, 그것들의 존재성(곧 비실재성)을 통찰하는 일이다. 그리고 존재들의 변화 및 전개의 사항은 역사의 문제이며 방편의 영역이다. 곧 '사트바'의 차원이라는 것이다. 보디와 사트바에 대한 논리적 혼돈은 역사적 진행 차원의 문제까지 깨달음의 소관 사항으로 접붙이려는 무리한 시도를 낳게 된다. 그래서 깨달음의 본래 의미와 기능을 잃어버리고 역사의 모든 문제도 깨달음이라는 가치체계와 연관시킴으로써 역사를 법집(法執)의 차원에서 일관화, 도식화, 신비화시키는 오류를 범하게 되는 것이다.

둘째, 깨달음과 역사에 대한 혼돈은 '돈오'라는 깨달음의 기본적 성격까지도 모호하게 만든다는 점이다. 돈오하고 난 뒤 다시 오랜 세월의 보살만행을 통해 깨달음을 완성한다고 하는 '돈오점수설'은 점진적인 과정을 통해 깨달음을 얻게 된다는 식으로 오해될 소지가 많으며, 깨달음이 무엇을 뜻하는지를 놓치게 되는 결과를 빚게 될 것이다. '돈오'와 '점수'는 그 내용이 동일한 영역의 연장 개념이나 확충 개념이 아님을 알아야 한다.

'돈오점수설'은, 비유로 말하면, 소(牛)라는 실재를 발견하여(頓悟) 그것을 길들이고 훈련시켜(漸修) 자유자재로 노니는 것을 뜻함은 아닐까? 하지만 깨달음의 길은 소를 길들이는 목우행(牧牛行)이 아니라 소가 소 아님을, 다시 말해 객관적 실재가 아님을 알아 소로부터 해방되는 것이며, 동시에 소와 상대하고 있는 주관적 실재의식 상태에서 벗어남을 뜻한다. 곧 깨달음의 길은 모든 형태의 실재를 타파하는 일인데, 돈오점수설은 여전히 실재상에 고착되어 붙잡혀 있는 듯이 보인다. 실재상에서 진행되는 제반 사항은 필연적으로 점진적인 과정을 겪을 수밖에 없지만, 그 모든 실재의식을 벗어나는 일은 시간적으로는 동시적으로(단번에), 공간적으로는 한꺼번에 되는 일이다. 바로 이러한 모습을 선종에서 '돈(頓)'이라고 표현한 것이다.

셋째, 돈오점수설은 그 자신의 주장에 경전의 이론적 뒷받침을 꾀하고 있지만, 경전 해석에서 많은 문제를 내포하고 있다는 점이다. 종밀은 화엄종의 학승으로도 알려져 있는데, 특히 '돈오점수설'을 정립하는 데서 화엄의 이론을 많이 원용하고 있다. 깨달음에 이르는 열 가지 단계인 '오십중(悟十重)'의 이론에서도 그 과정의 실천들을 『화엄경』의 '신(信), 주(住), 행(行), 향(向), 지(地)'의 오위(五位)의 순서에 배대하여 설명한다. 그리하여 『화엄경』 등의 경전에서도 점진적인 보살수행(점수)을 통해 구경의 불지(佛地)에 든다는 점을 은연중 강조하려 한다. 그러나 화엄의 교의(敎意)는 돈교(頓敎), 원교(圓敎) 등으로 표현되는 것처럼 그리 간단한 문제는 아니다.

일즉일체(一卽一切), 일념즉무량겁(一念卽無量劫), 일초직입여래지(一超直入如來地) 같은 화엄 사상은 바로 돈오 사상의 이론적 뿌리이기도 하다. 화엄에서 광활하게 전개되는 보살의 실천적 유형은 경전에서 서술적 전개 순서 때문에 마치 점진적인 성취와 진전을 나타내는 듯이 보일지 모르겠으나, 화엄의 교의는 그렇게 해석할 수 없는 기본적 가르침으로 충만하다. 여러 부문의 설법들이 화엄이라는 동일한 경전 체계로 결집되어 편찬되는, 경전 성립사의 관점에서도 살펴보아야 하지만, 무엇보다 화엄의 구절과 실천 조목들은 그것 하나하나가 자기 완성적인 교리 구조를 가지고 있음을 주목해야 한다. 이를테면 "전단향나무 조각 하나하나도 전단향을 구족하고 있고, 바닷물의 방울방울이 다 짠 맛이다." 하는 경의 비유처럼 화엄에서의 10주(住), 10행(行), 10회향(廻向), 10지(地) 같은 실천적 모습은 서술된 순서에 따라 그 우열이 규정되는 것이 아니라, 그 낱낱의 실천들이 저마다 그 자체의 모습 속에 부처의 경지를 내포하고 있다는 것이다.

화엄 현담(5권 7~10)에서는 다음과 같이 말하고 있다.

…보살의 여러 가지 수행 모습은 항포문(行布門)과 원융문(圓融門)의 두 가지 측면으로 이해해야 한다. 순서적으로 각 보살의 수행상(十住, 十行 등)을 나열함은 항포문이며, 하나의 수행상에서 다른 전체의 수행상을 겸하여 갖추고 있음은 원융문이다. 이를테면 10주(住)는 10행(行), 10지(地) 등을 내포하며, 나아가 10주

가운데 제일 초발심주(初發心住)는 다른 아홉 주(九住)를 내포하고 동시에 10행, 10회향, 10지를 내포하는 것이다.

'현담'은 화엄의 세계에서는 보살의 실천적 모습을 병렬적으로 무수히 나열하고 있으나, 그것들이 항포와 원융의 모습으로 걸림 없이 조화되어 서로 간에 내포되는 것이라 말한다. 이런 점에서 본다면 화엄에서 말하는 보살의 여러 형태의 지위도 점진적인 과정으로 파악해서는 안 된다는 결론에 이른다. 그래서 경전의 보살 지위설(地位說)을 돈오점수의 틀로서 원용하려 함에는 많은 문제가 있음이 드러나는 것이다.

넷째, 요즈음 와서 '돈오점수설'을 지혜와 자비의 측면으로 해석하여, 지혜는 존재에 대한 깨달음으로, 그리고 자비는 그를 토대로 한 중생 구제의 차원으로 보자는 시도도 있다. 하지만 이러한 시도의 취지는 공감할 수 있으나 본래의 '돈오점수설'과는 기본적으로 거리가 있는 것으로 보인다. 왜냐하면 본래의 '돈오점수설'이 지금의 경우처럼 '지혜와 자비'의 측면으로 볼 수 있는 부분도 있음은 인정하지만, 그 주장의 기본 골격은 깨달음의 차원에서 전개되는 이론이기 때문이다. 이러한 이론을 토대로 역사적 차원의 문제를 깨달음의 문제에 귀속시키며, 또는 깨달음을 역사의 차원에 연장한 것이 '돈오점수설'의 본질인 것이다. '지혜와 자비'의 이론은 '돈오점수설'보다는 '보디와 사트바'의 채널에 맞추어야 적합하다고 생각된다.

그러면, 이제는 위와 같이 많은 문제점을 내포하고 있는 '돈오점수설'을 비판하면서 제기된 '돈오돈수설'을 살펴보자.

'돈오돈수설'도 '돈오점수설'과 마찬가지로 깨달음과 역사의 측면을 하나의 틀에 담으려 한 점이 기본적으로 문제가 되었다고 생각한다. 미세한 번뇌습기까지 끝까지 단절하고, 내외명철(內外明徹)하여 각자(覺者)로서의 위신력과 공덕상을 다 갖추어야만 마침내 돈오〔또는 원증(圓證), 원오(圓悟)〕라 부르는, 엄격하고도 완벽한 '돈오돈수설'은 수행자로 하여금 해태심과 증상만에 빠지지 않게 하는 고매한 가풍을 이룬다. 그러나 깨달음이란 번뇌를 제거하는 일도, 외적인 신통묘용을 갖추는 일도, 자유자재한 역사적 운용을 뜻하는 것도 아님은 이미 이야기한 바 있다. 이러한 요건들을 구족하는 것을 깨달음의 기본 자격으로 파악하는 '돈오돈수설'은 그가 비판하는 '돈오점수설'이 낳은 문제점에 스스로 말려 들어가고 만다. 그래서 '돈오점수설'에서와 마찬가지로 '돈오돈수설'도 역사상의 여러 모습을 다루는 데서 실재론의 언저리를 맴돌고 있는 것이다.

이러한 모습은 '돈오'라는 깨달음의 기본 성격까지도 흐리게 하고 있다. 돈오란 바로 모든 존재들의 실재성에서 벗어나는 것이며, 그것이 혁명적인 전환으로 다가오는 점은 앞서 말한 바와 같다. 그런데 '돈오돈수설'은 번뇌습기나 깨달은 자가 갖추어야 한다고 믿는 갖가지 공덕상을 실재화함으로써, 그것을 성취하고자 하는 수행의 모습을 점진적인 수정주의의 경향을 띠게 만들고 만다. 곧 '돈오돈수'라는 거창한 이름과는 달리 그 내용은 '점수돈오(돈수)'적 성격을 가지게 된다는 것이다. 심지어는 '돈오점수설'이나 '돈오돈수설'은 둘 다 돈오라는 깨달음의 성격을 제대로 부각시키지 못함으로써, 표현에 따라 '돈오점수설'은 초반에, '돈오돈수설'은 후반에 돈오의 성격을 강조하고 있으나, 사실상 '점수점오(漸修漸悟)'의 모습에 다가가고 있는 것은 아닌지 살펴보아야 할 것이다.

또 하나는 돈오돈수설이 나타내는 선정(禪定)주의적 경향이 낳게 되는 깨달음의 신비화에 대한 우려이다. 제8아뢰야식의 미세한 습기도 끊고, 어떤 상황에서도 맑음을 견지하고자 하는 '돈오돈수설'은 깨달은 사람을 슈퍼맨 같은 초능력자로 생각하게 할 소지가 있다. 깨달음이란 역사의 모든 현상-심리적인 번뇌 상태까지도 포함해서-과 사건을 자유자재로 조절하고 통제한다는 뜻이 아니라 그것들의 속성을 통찰하여 비실재성을 깨닫는다는 뜻이니, 그로 인한 원천적 자유(해방)로 말미암아 역사의 모든 제약과 변화에도 불구하고 늘상 열반락을 견지한다는 뜻이 아니던가? 그래서 이러한 깨달음을 통해 세간상의 제약에서도 해탈, 법신, 반야의 열반 삼덕을 누리자는 것이다. 고봉정상에서 고요히 앉아 있음이 그의 깨달음을 증가시키거나 감소시키는 것이 아니며, 십자가두 시내 복판에서 열심히 일을 해도 또한 그러한 것이다.

신통묘용이 도와 무관함은 진묵 스님이 일찍이 설파하였으며, 경론에서도 힘써 깨우치신 바다. "고기가 용이 됨에 비늘을 바꾸지 않고 범부가 성인이 됨에 얼굴을 고치지 않는다."는 위산 스님의 말은, 깨달은 자의 풍모가 인격적으로 고매하다거나 그것도 결국 사회적인 통념이지만 능력에서도 절대적으로 신비화된 그런 모습이 아님을 단적으로 말하고 있다. 다만 깨달은 자는 그의 깨달음으로 말미암아 역사적 제 존재의 실재성의 구속으로부터 해방된 사람이다.

또 하나 '돈오돈수설'의 문제는, '돈오점수설'이 애써 경전과의 조화를 꾀하는 점과는 달리, 교(敎)와 선(禪)의 엄격한 분리를 선언하는 점이다. 이러한 태도가 꼭 경전의 교리에 적응하고 조화하지 못하는 스스로의 입지의 약점을 보호하기 위해서라고는 생각되지 않는다. 그렇지만 선종의 교리와 사상의 근거가 교종의 사상적 근거와 다르다면 문제가 크다. 따라서 아무리 스스로의 입지를 실제 수행상의 처지에 두더라도, 경전의 여러 가지 가르침을 '지해(知解)'나 '해오(解悟)'의 차원으로 전락시켜 선과 교의 우열의 차등을 두어 사상적 괴리나 불균형을 낳게 하는 점은 문제로 지적하지 않을 수 없다. 선종이 나름대로의 철저한 실제 수행법이라면, 교종의 경험도 다른 문화적 감각으로 기술된 그러한 수행서이기 때문이다.

그래서 '돈오점수설'이 경론을 일면적으로 해석하여 자기 주장에 끌어들이는 것이 정당하지 못한 것처럼, '돈오돈수설'에서도 경론의 가르침을 이단시하고 폄하하는 것은 바람직하지 못하다고 본다. 사실 정통적인 모든 선사들이 강조하듯이, 경전의 부처님 말씀과 조사들의 선적 법어는 표현 기술상의 차이를 접어 두면 동일한 가르침인 것이다. 선종의 보도(寶刀)인 '돈오'라는 표현도 『능가경』, 『유마경』, 『금강경』, 『화엄경』 등의 대승경전에서 그 이론적 영감을 얻지 않았던가?

맺음말

'돈오점수'와 '돈오돈수'의 논쟁은 선종사에서의 주요한 논점인 '돈'과 '점'의 문제를 실제 수행상의 현실적 문제로 전환시켜, 깨달음과 수행의 문제를 그 깊이와 폭에서 한층 밀도 있는 논의로 전개하였다는 점에서 불교 수행론의 새로운 지평을 열었다고 하겠다. 그러나 한편 이러한 주장들은 적지 않은 문제점을 담고 있었다. 그 가운데 가장 기본적이고 중요한 것은, 이러한 주장들의 이면에서는 깨달음(보디)과 역사(사트바)의 차원을 그 논리적 적용 범주를 벗어나 동일 차원의 연장 개념과 확충 개념으로 받아들이고 있다는 점이다. 그리고 그것도 주로 깨달음 차원을 중심으로 역사적 사항을 설명하려 한다는 점이다. 그래서, 이러한 기본적 시각의 혼돈으로 말미암아 선종에서 정통적으로 말하는 '돈오'와, '돈오점수설'이나 '돈오돈수설'에서 말하는 '돈오'는 서로 다른 개념으로 겉돌게 되었다.

현재 한국의 수행 가풍은 '돈오점수설'과 '돈오돈수설'의 양대산맥으로 나뉘어 있는 실정이다. 그러나, 만일 앞에서 지적한 것처럼 이 두 주장이 많은 문제점을 안고 있는 것이 사실이라면, 그 개념의 혼란으로 말미암아 한국불교는 수행상의 깨달음을 성취하는 데서도 반드시 많은 장애를 낳을 것이며, 역사상의 보살행 실천도 많은 제약과 한계에 부딪칠 것이 자명하다.

그러면 과연 우리는 어떠한 수행과 실천을 해야 할 것인가? 깨달음(보디)의 길은 선종의 돈오 가풍을 살려갈 때 가장 올바르게 깨달음에 부합될 것이며, 존재에서 실재의 장막을 벗겨 내는 깨달음의 본뜻을 성취할 수 있을 것이다. 그리고 실재의식을 벗겨 내어 역사적 사항을 받아들이는 열려진 삶의 자세인 깨달음의 토대 위에, 역사적 실천은 역사상의 경험과 그 상관성을 읽어 내어 풍부한 역사적 상상력과 가설을 적용하는 일에 스스로를 과감히 개방하는 일일 것이다.

이때도 역사적 차원의 것을 불교적 진리(또는 깨달음)와 부합되는가 그렇지 않은가 하는 식으로 역사적 사항을 깨달음의 가치 체계로

심사하려 해서는 안 된다. 역사의 문제에 있어 공과의 의미, 선악, 미추 등의 가치 판단은 역사적 경험의 영역으로 이관해야 할 것이다.

이렇게 하여 깨달음과 역사가 동일한 영역이면서 다른 차원의 체계인 특성을 이해하여 이들을 변증법적으로 결합하여 하나의 삶에서 통일적으로 조화시키는 일이야말로 가장 바람직한 삶이라 할 것이다. 이럴 때 우리는 일면적인 선자(禪者, 보디)나 단순한 역사(사트바)를 넘어서 '보디사트바(보살)'가 되는 것이다.

5장

역사에
다가가는 불교

불교와 사회

이 이야기는 구체적인 불교의 사회학적인 이론을 제시하려는 것이 아니고 다만 불교와 사회의 본질적 관련성을 말하려는 것이다. 이런 점에서 이 글은 불교의 역사에 대한 태도, 곧 불교 역사철학의 영역에 포함될 수 있는 조그만 이야기다.

오늘날 많은 불교인이 사회와의 관계에서 부딪치고 있는 점은 사회에 어떻게 참여하느냐 하는 방법상의 문제도 있지만, 그보다 더욱 큰 문제는 그에 앞선 단계로서 "사회라는 것을 어떻게 보아야 하는 것인가?" 하는 물음 앞에서 헤매고 있는 점이라고 본다. 곧 "사회의 역사란 우리의 노력과 정열을 기울일 만한 실질적인 가치가 없는 부질없는 것이 아닌가?", "부처님이 제시한 가르침은 이 사회나 역사에 대해서가 아닌 초월적인 다른 세계의 영역이 아닌가?" 하는 갈등을 껴안은 채로 불교와 사회를 본질적으로 다른 영역이라고 보는 이분법적 사고방식이 불교인의 머리에 자리 잡고 있다. 오늘의 불교와 사회에 대해서 말하려는 자는 이 점을 먼저 살펴야 할 일이다.

불교와 사회는 하나다

우리는 통상 불교를 '붓다의 가르침', '붓다에 대한 가르침', '붓다가 되는 가르침' 등으로 정의하곤 하는데, 그렇다면 이렇게 정의되는 '불교'와 '사회'는 서로 어떤 관련을 갖는 것일까?

비단 오늘날뿐만 아니라 아주 오랜 과거부터 많은 사람들은 불교란 이 사회와는 무관한 종교, 이 사회를 초월하는 종교, 이 사회를 초월한 그 어떤 영역으로 지향해 나가는 종교라고 생각하고 있다. 이러한 생각을 가지고 있는 사람들에게 불교와 사회가 본질적으로 관련되어 있으며, 더 나아가서는 관련되어 있는 정도가 아니라 언어에서 종교의 언어와 세속의 언어로 달리 표현될 뿐 완전히 일치된 하나의 영역이라 말한다면 아마 깜짝 놀랄 일일 것이다. 그러나 사실 이 둘은 하나의 영역이며, 하나의 영역에 대한 지향이요, 그에 대한 실천이라고 분명히 말할 수 있다.

이 이야기가 사실이라면 왜 사람들이 대부분 이에 대해 잘못 알고 있으며 심지어 가끔은 독실한 불교신자까지도 오류에 빠지게 되는 것일까? 혹시 우리는 부처님의 일생과 가르침을 그릇되게 알고 있지는 않은가? 불교의 언어를 잘못 이해하고 있는 것은 아닌가? 여기에 대한 올바른 성찰이 있어야만 불교인이 왜 역사와 사회에 대해 거론하고 애정과 관심으로 이 역사에 동참해야 하는가에 대한 당위성을 얻을 수 있을 것이다.

불교, 뭇 삶의 고통을 해결하는 길

불교를 '붓다의 가르침'이라 할 때 '붓다'는 물론 2,500여 년 전의 '고타마 싯다르타' 그분이다.[01] 그분은 누구나 알듯이 출가의 길을, 구도의 길을, 그리고 성도 후에는 설법과 실천의 길을 걸었던 분이다. 그분이 특출한 생애를 살게 되었던 계기나 출가구도의 과정에서 해결하려했던 문제나 무엇에 대해 설법했는지는 분명하다.

그분은 뭇 삶[衆生]의 불행과 고통을 자신의 일과 같이 민감하게 생각했다. 그래서 이 문제에 대한 해결점을 찾기 위해 특수한 생활을 택하여 이 문제를 집중적으로 파악하려고 하였으며, 45년 동안의 설법 기간에서도 뭇 삶의 불행과 고통에 대한 해결점을 설명해 주었다. 문제가 없으면 해결에 대한 움직임도 없듯이 뭇 삶의 문제는 실로 불교의 첫 출발점이었고 그 귀착점이었다. 붓다에게서 문제가 된 이 뭇 삶의 고통은 통상 생, 노, 병, 사, 애별리고, 원증회고, 구부득고, 오음성고 등으로 불리는 8고(苦)로 대변된다. 이 8고는 삶에서 나타나는 육체적·정신적·사회제도적·실존적 고통을 모두 함축하고 있다. 그런데 이러한 문제를 가지고 첫 출발한 그는 고통이나 불행의 문제들이 존재나 삶에 대한 여러 가지 잘못된 판단이나 이해 그리고 선입견으로부터 비롯됨을 통찰했다. 그래서 그는 무엇보다 앞서 모든 사람들이 '올바른 이해(보디)' 위에 설 때 이 불행한 상황들을 극복할 수 있음을 강조했다. 그의 가르침에 따르면 존재에 있어서 개체든 전체든 물

---

01 물론 정통적인 불교인은 이 경우에도 붓다를 고타마 그분에게 한정하지 않는다. 그래서 이 문제는 결국 '붓다란 무엇인가'라는 본질적 물음을 낳게 된다.

질적이든 관념적이든, 또 존재들이 파생시키는 상황이든 움직임이든 그 어떤 것이라도 그것이 실체적으로 실재하는 것이 아니고 그것들이 상호 관련되어 구성되어 있음을 아는 그것이 바로 '올바른 이해(보디)'며, 이러한 '올바른 이해'야말로 뭇 삶의 문제를 풀어나가는 가장 기본적이고도 우선적인 열쇠라는 것이다.[02]

이러한 '올바른 이해'의 시각은 '연기(상호관련성)의 법칙'으로 불리며 달리 '공(연기적으로 이루어진 존재의 양상)'이라고 표현된다. '올바른 이해'를 가지고 처음에 출발했던 문제를 살피게 될 때 그는 그 자신이 가졌던 삶의 문제가 새로운 각도에서 풀어지게 됨을 깨닫게 된다. 곧 삶의 문제는 개체의 문제, 독립된 상황의 문제, 실체적이고 고정불변한 문제가 아님이 이 새로운 이해의 지평을 통해 밝혀지는 것이다.

그래서 하나의 삶의 문제는 이렇게 하여 사회적 성격의 문제로 승격하게 되는데, 이러한 이야기들은 삶의 문제에서 시작된 불교가 붓다가 성도하는 과정을 거치면서 삶들의 관계성을 파악하게 되고 모든 삶의 사회성을 통찰하게 되었다는 말과 다름이 없다. 붓다는 바로 이 점을 평생토록 설법했으며 또한 당시의 사회와 삶의 태도를 개조하기 위한 노력을 경주했음을 우리는 그의 일생을 통해 볼 수 있는 것이다. 결국 그분이 지향했던 곳은 하늘나라나 초월적인 삶의 영역이 아니라, 바로 우리의 삶의 자리며 문제였고 또 그것들은 변화하는 과정 속

---

02 여기서 조심할 점도 '어떠어떠한 것'들이 있어 상호 관련해 나가는 것이 아니라, '그것'이라는 그것조차도 독립실체화해서는 안 된다는 점이다. 그리고 모든 것은 서로 이루어 주면서 동시에 이루어지는 것이며, 무엇보다 우선 그러한 일들이 변화의 과정에 있다는 점이다. 이런 점이 변증법적 논리와 연기적(상호의존적) 법칙의 중요한 차이점이다.

에 노정되어 있는 존재들 상호간의 관계성의 문제였음이 역력하게 드러나는 것이다.

부처란 바로 사회

불교를 '붓다에 대한 가르침'이라고 정의할 때 가장 중요한 문제는 '붓다'란 과연 무엇일까 하는 점이다. 그리고 이 물음에 해답을 주는 것이 바로 불교의 세계관, 역사관이라 할 수 있다.

"어떤 것이 부처입니까?" 하고 묻는 일은 구도자가 가져야 하는 진지한 물음 중에서도 첫째가는 것이다. 그리고 이 문제의 답은 불교 전체의 일이라고 할 수 있다. 그러면 "어떤 것이 부처인가?" 또는 "부처란 무엇인가?" 하는 물음에 답하여 선사(禪師)의 번뜩이는 말투로 '부처란 바로 사회'라고 하면 어떨까?

붓다에 대한 이해의 문제는 부처님 당대부터 진즉 비롯된 문제이지만, 그에 대한 해답은 대승경전이 성립할 즈음이 되면 가히 점입가경을 이루게 된다. 대승경전의 정화인 『화엄경』에 따르면 부처란 '고타마 싯다르타'를 지칭함을 뛰어넘어 모든 '존재일반 전체'를 가리키게 되며, 또 이 '존재일반 전체'는 각각의 상황이나 영역이 서로 교감하면서 변화해 가는 장(場)으로서 부분이며 동시에 전체라는 뜻을 지니게 된다. 그리고 또 이 경에서는 이러한 '존재의 장'을 달리 '뭇 삶[衆生]' 또는 '마음[心]'이라고 부르며 '부처', '뭇 삶', '마음'이란 똑같은 '존재의 장'을 지칭하는 다른 표현일 뿐이라고 말한다.

여기서의 '마음'은 요즈음 현대인들이 말하는 심리적 현상으로서의 마음을 지칭함이 아니고 물질적인 것과 정신적인 것이 분리될 수 없는, 독자의 영역이 없이 주관과 객관이 서로가 서로를 규정하면서 어우러져 결코 명사화될 수 없는 '존재의 장'을 뜻한다. '마음'이란 이러한 '존재의 장'을 표현하는 하나의 약속언어일 뿐이다. 따라서 불교를 통상 '마음'을 찾는 종교, '마음'을 깨치는 종교, '마음'으로써 모든 것을 설명하는 종교라고 하는데, 이런 경우의 '마음'도 '부처'나 '못 삶'과 같은 뜻으로 '존재일반 전체'라는 말과 완전히 일치한다.

"그대가 만약 과거·현재·미래로 연결되어 있는 시간 위에 드러나 있는 '부처'를 알고자 하면 '존재일반 전체'의 속성을 관찰하라. 그러면 이 모든 것이 '마음'의 구현임을 알 것이다."라고 한 화엄경의 말씀도 이러한 맥락으로 이해될 수 있다. 그리고 '부처', '마음', '못 삶'이니 하는 말은 "A는 …한 것이다."라는 문장에서 A처럼 실재 개념이 아니고, "…한 것을 A라 부르기로 한다." 하는 경우에서의 A처럼 하나의 약속부호 또는 언어로 보아야 한다. 이는 모든 존재를 실재들의 집합이 아닌, 상호관련성으로 보는 불교의 존재관을 언어에까지 적용해 보면 명약관화하게 드러나는 일이다.

이런 점에서 주어+서술부로 되어 있는 모든 문장은 왼쪽에서 오른쪽으로 읽는 것보다 오른쪽에서 왼쪽으로 읽는 것이 오히려 적절하다는 말이 역설적으로 통용될 수도 있는 것이다. 이제 불교에 나타나는 많은 용어들의 실재화, 절대화, 심지어 신비화 현상은 불교 본래의 존재관에 비추어 불식되어야 하리라 본다.

이런 점은 '불교' 뿐만 아니고 '사회'에 있어서도 마찬가지다. '사회'란 여러 개인이 모여 이룩한 다수의 유기적 구성체를 뜻하는데, 이런 많은 뭇 삶의 문제는 독립된 한 개인 또는 개체들이 양적으로 집합되어 있음만을 뜻하는 것이 아니다. 한 부분의 삶은 다른 부분 또는 전체의 삶과 상호 연관의 관계에 있다. 그리고 한 사회에서 전체의 삶은 한 부분의 삶에 상호 규정, 구속, 관련 등의 영향 속에 얽혀 있다는 점을 생각할 때, '사회'라는 것은 혈연, 풍속, 법 등으로 맺어져 있는 어떤 단면적인 '전체 사회(토탈 소사이어티)'가 아니라 그야말로 불교식의 용어로 말한다면, '하나(一)도 아니고 많음(多)도 아니며, 같음(同)도 아니고 다름(異)도 아닌, 유기적 관련으로 이루어진 그 어떤 것'이라 할 수밖에 없다.

　이런 점에서 '사회'라는 것은 '불교'에서의 '붓다', '뭇 삶', '존재일반 전체', '마음'이라는 것과 얼마나 닮아 있는가? 불교를 '붓다에 대한 가르침'이라고 정의할 때, 달리 '사회에 대한 가르침'이라고 말할 수는 없겠는가?

붓다가 된다는 것은…

우리는 이제 '붓다'에 대해서 포괄적이고도 역동적인 개념을 도출해 내었다. 그것은 '붓다'를 '고타마 싯다르타' 한 개인이 아니라 모든 '존재일반', 곧 '역사'와 '사회현상'으로 지칭함을 뜻하는 일이었다. 이런 관점에서 우리의 마지막 불교의 정의인 '붓다가 되는-붓다를 이루는-가르침'을 살피게 될 때, 이 명제에는 대단히 의미심장한 역사적 의미가 깃들어 있음을 곧바로 통찰할 수 있다.

　'붓다'가 된다 함은 바로 '존재일반'이 된다 함이며, '역사'와 '사회'가 된다 함이 아닌가. 곧 한 개체나 부분의 문제가 아니라 부분과 전체가 어우러져 있는 것이 된다 함인데, 이렇게 되어야만 그릇된 이해로 빚은 개체화되고 편협화된 현상을 떠나게 되고 또 그로 인한 불행과 고통을 떨칠 수 있다는 것이다. '붓다가 된다' 함은 모든 존재와 삶을 안락과 평화로 이끄는 일이다. 이 말은 '붓다가 된다'는 말과 '올바른 역사의 구현', '건전한 사회의 실현'이라는 말이 표현만 다를 뿐 사실은 같은 내용을 이야기하고 있음을 깨닫게 해 준다.

그런데 이 명백한 '붓다가 되는 가르침'을 앞에 두고 우리는 뜻밖의 함정에 빠져 있음을 본다. 그것은 다름 아닌 '종교의 언어'와 '세속의 언어'에 대한 혼돈이다. '부처 완성', '중생 제도' 같은 모든 불교의 언어들은 상징적인 종교언어이다. 그리고 불교는 이러한 상징적인 언어체계로 구성된 관념상의 형태이며, 실상 그것의 바탕과 지향점(회향점)은 바로 구체적인 현실의 역사이다.

우리는 불교라는 것이 그것 자체로서 독자적인 실재영역이라고 생각해서는 안 되며, 오히려 불교란 구체적인 역사 현실 속에서 파생된, 종교적인 의미와 언어 체계의 집합성이라고 파악해야 할 것이다. 그리고 이렇게 불교(法)까지도 연기적(상관적) 법칙의 구조 속에서 볼 수 있어야 불교적 시각에 걸맞는 일인 것이다.

오늘날 많은 사람들은 불교와 사회가 각각 다른 세계라고 하는 이원론에 빠져 있다. 불교는 역사 현실의 문제를 설명하기 위해 생겨난 가르침이다. 불교는 변화가 다양한 현실을 설명하고 그것이 객관성과 보편성을 획득하기 위해 상징적인 종교언어의 표현을 빌었을 뿐 실상은 똑같은 문제와 상황을 이야기하고 있다. 불교인은 이러한 종교의 언어를 세속의 언어로 풀이해서 읽을 줄 알아야 한다. 마치 외국어를 읽을 때 문장을 읽고 난 뒤에 번역하는 것이 아니라 읽으면서 동시에 번역하여 이해하듯이 그렇게 불교 언어를 세속 언어로 사유하고 실천해야 할 것이다. 그러면 불교 언어는 구체적이면서 살아 있는 우리의 문제에 연결될 것이며, 그렇게 해서 역사성과 사회성을 획득한 불교의 견해는 구체적인 사회과학의 토대 위에 구현될 것이다.

이제 불교인은 흔히 무의식적으로 남발하는 이야기들-중생을 제도해야 한다, 악을 짓지 말라, 선을 행하라, 마음을 깨달아야 한다, 부처를 이루어야 한다, 불국정토를 이룩한다 따위-에서 그 각각의 언어에 대해 명확한 이해와 구체성을 결여할 때 에는 철학적으로 동어반복(tautology)의 순환논리에 빠지게 될 뿐더러, 현실적으로는 무엇에서 출발했으며 무엇을 지향하는 삶 또는 수행인지도 모르는, 그야말로 종일토록 울었는데 누가 죽었는지도 모르는 경우와 마찬가지가 됨을 깊이 깨닫지 않으면 안 될 것이다.

불교, 본래의 역사적 태도로 돌아와야

불교에서 가장 큰 문제는 비역사적인 태도에서 본래의 역사적 모습으로 돌아오는 일이며, 종교적 상징 언어 체계에만 안주함에서 구체적인 현실언어로 돌아오는 일이다. 또한 동어반복의 논리에서 구체적인 사회 과학의 논리를 읽어 내어, 우리 현실의 문제와 결부된 실천이론과 고도의 도덕의식〔大悲心〕으로 현실 속에 참여하는 일이다. 이러한 경지에 서있는 사람을 우리는 '보살'이라고 하는데, 이 뜻은 '올바른 이해로 비춰본 세계관(보디)'이 '구체적 역사 현실(사트바)'과 결부된다는 뜻이며, 또는 '구체적 역사'가 '올바른 시각' 위에 건립되어 있음을 말한다.

한편 이 '보살'이라는 개념에는 또 하나의 함정이 있는데, 그것은 보편적인 사회과학의 이론 그 자체까지도 바로 현실의 문제는 아니라는 점이다. 자연과학의 경우와는 달리 한 사회가 공통적으로 지지하거나 또는 뿌리를 둔 사회과학적 '패러다임'이 과연 존재하는지에 대해서는 의문을 가질 수밖에 없다. 모든 시대나 장소에 공통으로 적용되는 사회과학적 이론이란 사실상 불가능하므로, 하나의 사회과학적 '패러다임'이 고정화되고 절대화될 때 그에 따른 병폐는 클 수밖에 없다. 이러한 까닭으로 오늘날 사회과학적 이데올로기들이 역사와 사회를 설명하는 데 이바지했지만 또 한편으로는 그것이 절대화됨으로써 대다수의 계층과 그 구성원들의 올바른 성장과 삶의 구현을 가로막았던 것이다.

그래서 불교가 "사회 과학화되어야 한다.", "역사성과 구체성을 획득해야 한다."는 말은, 단순히 오늘날의 사회 과학적 언어와 이론으로 포장한다든지 보편적이고 객관적인 사회이론으로 고정화함을 뜻함이 아니며, 바로 우리들의 문제인 삶의 실상과 부단히 만나고, 인식하고, 대처해 나가는 일인 것이다. 보살이 됨은 쉽지 않으며, 이는 하나의 틀에서 부단히 벗어나 변화하는 현실과 대응해 나감으로써만 가능하다.

$$(보디+사트바) + 사트바 + 사트바 = 보살$$

$$상징적 \qquad 사회과학 \quad 구체적$$

$$종교언어 \qquad 이론 \qquad 현실$$

보살의 삶은 이렇게 보디와 사트바를 끝없이 지향하면서 역사적 의식으로 실천적 삶을 사는 것이다. 그렇다면 이 시대를 사는 오늘날 한국 땅의 보살은 어떠해야 할까?

보디의 시각은 불자가 기본적으로 갖추어야 할 본분사이므로 묻지 않거니와, 보디의 시각이 귀착되고 뿌리 박혀 구현되어야 할 우리의 현실 상황에 대한 이해는 어느 정도인가? 현대인 또는 한민족을 규정짓는 오늘의 사회 이데올로기나 체제나 사회규범에 대한 이해는 어떠한가? 아니 처음부터 다시 말한다면 보디의 시각이란 본디 무엇이었던가? 바로 현 세계 일반에 대한 올바른 시각을 뜻함이 아닌가. 그런데 현 세계와 역사 사회에 대해 무지한 사람이 보디를 갖추었다고 할 수는 없다. 보디와 사트바는 상호연관적(연기) 개념이며, 떨어지려야 떨어질 수 없는 개념이다. 그런데 오늘날 불교를 잘못 이해하는 사람은 텅 빈 허공에다 시각을 상정시키고는 이러한 시각을 먼저 확립하고 난 뒤 역사와 사회에 참여하자고 말한다. 그러기 전에는 사회나 역사에 관심마저도, 눈길조차도 돌리지 말자 한다.

"그대 만약 과거·현재·미래의 모든 '붓다'를 알고자 하면, 다시 말해 보디의 시각을 얻고자 하면 먼저 마땅히 존재일반의 속성을 통찰하라."

『화엄경』의 이야기다. 우리는 이제 불교 본래의 태도로 돌아와야 한다.

"역사와 사회에 관심을 갖고 이를 올바로 인식함이, 올바른 실천적 삶을 사는 것이 바로 불교적 삶이며, 불교는 다만 이 이야기를 상징적 종교언어로 표현했을 뿐이라고."

'불교와 사회'는 1985년 해인사 여름수련회 강의 원고이다.

불교의 사회적 실천

불교적 실천 방법론이 나와야

"불교의 사회적 실천을 어떻게 할 것인가?"라는 물음은, 불교의 사회
적 실천의 '논리적 근거', '실천의 방법론', '실천의 자세'에 대한 이야
기를 요청하는 것이다.

오늘날 불교는 자의든 타의든 역사와 사회 문제의 해결에서 뒷전
으로 밀려나고 있는 것이 아닌가 하는 의구심, 이에 대한 심각한 반성
적 성찰을 하고 있다. 그래서 오늘의 역사적 상황에서 불교인들이 좀
더 적극적이고도 주도적인 태도를 회복하기 위해서 이러한 질문을 이
제 본격적으로 제기하게 되었다. 또한 사회적 차원에서도 사회 과학
도들은 그들의 이론과 실천을 더욱 고양하기 위해서 이러한 질문을
통해 불교의 가르침에 진지하게 귀를 기울이고 있다.

올바른 사회를 구현함과 건전한 역사를 건설함은 근본적으로 인
류 구원(久遠)의 문제인데, 이에 대한 관심과 실천적 노력은 몇몇 지

도자나 특수계층의 독점적인 영역이 아니며 이제는 민중적 차원의 영역으로 확산되었다고 보인다. 이러한 역사의 움직임에 따라 불교인들도 사회적 참여와 올바른 역사 건설에 한몫-가능하다면 주도적인 역할-을 담당해야 하는데, 그 방법은 기존의 사회학적 이론이나 실천양식이 아니라 불교 가르침(사상)에 입각한 방법론과 실천 형태가 나와야 하지 않겠는가 하는 것이 불교인에게 공통된 요망사항인 것이다. 과연 이 일은 가능한 것인가? 그렇다면 어떠한 것일까?

불교의 존재관, 연기와 중도

불교를 태동시킨 인도 사회에는 많은 사상과 종교가 있었다. 통상 62견(見), 96견(見) 들로 표현되고 있듯이, 그때는 그야말로 이념과 사상에서 백가쟁명의 시대였다고 할 수 있다. 이러한 사상과 종교적 풍토 속에서 불교의 가르침은 기존의 사상 체계의 관점이나 세계관에 질적인 대전환을 가져오게 하는 엄청난 차이점을 가지고 있었다. 기존의 사상적 가르침이 존재(세계)나 삶의 문제를 설명하는 데서 "그것은 붉은 것이다(또는 푸른 것이다).", "이렇게(또는 저렇게) 만들어가야 한다."는 식으로 존재의 모든 부분들을 이미 기정사실로 받아들이고-실재하는 것으로 이미 전제하고- 그 후의 문제들에 대해 논의하는 데 치중했었다면, 삶에 있어서의 부조리나 괴로움 따위의 갖가지 문제를 해결하기 위해 출발한 불교는 삶에서 파생되는 문제를 살펴가는 도중에 문득 지말적인 파생 현상에 우선하는 삶의 모든 존재양식 그 자체의 실재성을 의심한 것이라고 하겠다. 곧, 이것이 '붉은 것'인가, '푸른 것'인가를 논하기에 앞서, 이러한 '것' 자체가 실상은 기존 통념상의 '실재 현상(실존)'이 아니라는 판단을 내리게 된 것이다.

물질적인 것이든 정신적인 것이든, 언어나 법, 풍속, 문화 따위의 제3의 영역이든지 이 세상의 모든 존재는 실체적인 실재가 아니라는 점에 대해서 불교는 연기적 존재(또는 空)라고 표현한다. 그리고 이것은 모든 존재를 공간적으로 살펴보면 주관과 객관과의 상호 규정, 형성 및 삼투현상으로 인해 주객을 분리할 수 없다는 점과, 하나의 부분이 빠지면 전체 건물이 무너지는 것처럼 이 세상의 존재는 긴밀히 상호 영향을 주고 받는 관계로 연결되어 있다는 점이다. 시간적인 관념으로 살펴보더라도 무수히 쪼갤 수 있는 시간의 차와 대응하여 존재들도 시시각각 변화해 가는 것으로서 최단시간이라도 유지되는 독자적인 실재영역이란 성립될 수 없다는 점에서 비롯한 것이다.

여기서 세상의 존재양식을 연기적 존재(空)라고 통찰하는 관점은 이 세상의 존재를 실재로 존재하지 않는 것(無)이라고 보는 것과는 아무 관계가 없다. 그것은 이 세상의 모든 존재영역을 인정하되 그것이 실체적으로 실재하는 것이 아니라는 것이다. 곧 '실재적인 존재(有)'나 '온전히 없는 것(無)'이 아닌 중도적인 존재양식이라고 말할 수 있는데, 경전에서는 이를 달리 표현하여 "이 세상(중생계)은 환상적으로 존재한다."고 하였다. 여기서의 '환상'이란 '보랏빛'으로 연상되는 비현실적인 아련한 그 어떤 것과는 구별될 뿐더러 실체적 실재도 아닌 것으로서, 독자적인 실체가 아닌 겹쳐진 장(場)으로서의 존재 모습이 변화의 과정 속에 나타나고 있음을 말한다.

삶이 한바탕 꿈이며 연극인 줄 알면서도

이렇게 모든 존재를 환상적으로 보는 세계관은 불교 나름의 독특한
삶의 실천 양식을 낳게 되었는데, 이러한 불교의 실천관을 쉽게 시사
해 주는 중국 고전의 한 대목을 보자.

대몽수선각(大夢誰先覺)　　거대한 꿈을 뉘라서 일찍 깨었던가.
평생아자지(平生我自知)　　내 평생 진작에 이 뜻을 알았노라.
초당춘수족(草堂春睡足)　　봄날, 초당의 낮잠은 넉넉한데
창외일지지(窓外日遲遲)　　오히려 창 밖에 해는 아직도 낮았구나.

나관중의 『삼국지연의』의 삼고초려에 나오는 제갈량의 시이다.
남양 땅에서 벼슬 없이 밭 갈던 한 선비는 이 역사를 거대한 꿈으로 보
았다. 그래서 그는 스스로를 속박하고 고달프게 하는 행동은 그만두
고 오로지 독서하고 밭 갈아 일구어 먹으며 한가한 시간을 즐길 따름
이었다.그러던 어느 날 그는 스스로가 거대한 역사의 소용돌이 속에
휩쓸려 들어가야만 하는 상황에 놓여 있음을 알게 되었다. 결국 그는
역사 속에 적극적으로 개입하기로 결심하는데, 소설이나 역사 기록
에 따르면, 그 뒤에 그는 최후의 장렬한 임종에 이르기까지 대단히 신
중하고 근면했으며 헌신적인 삶을 통해 자기가 지지하는 정치 세력을
위해 눈물겨운 투쟁을 하였다. 그는 여전히 남양 땅에 살던 때의 역사
관을 버리지 않았을 뿐더러 그의 지지 세력이 결코 성공할 수 없으리
라는 점도 애초에 예견하고 있었다고 한다.

그렇다면 이러한 제갈량의 역사적 태도는 어떻게 받아들여야 할

까. 소설에 나타난 제갈량의 경우를 불교식으로 확대해서 본다면, 그는 역사가 한바탕 꿈이며 연극인 줄 알면서도 오히려 그 속에 자신을 내던진 것이다. 한편 소설의 서시(序詩)에 나타난 작자의 역사관에 따르면 사람들이 이루고자 하는 역사적 과업은 그 성패 여부에 관계없이 덧없는 것일 뿐이다.

역사 참여(실천)의 기본적인 태도는 우리가 몸담고 있는 이 세계가 한바탕 거대한 꿈이며, 또한 이 중생계가 환상이라고 하는 불교의 관점에 바탕을 두어야 한다고 본다.

다음은 『유마경』 「관중생품」의 한 부분이다.

문수: 우리는 이 중생계를 어떻게 보아야 할 것인가?

유마: 중생(뭇 삶)의 존재란 환상적인 것이다. 마치 수면에 비친 달처럼, 거울에 나타난 모습처럼, 타오르는 불꽃처럼, 메아리처럼, 구름처럼… (중략) 그렇게 이 세계를 보아야 할 것이다.

문수: 그렇다면 자비니 실천이니 하는 것이 어떻게 생겨날 수 있으며 어떤 형태로 실천될 수 있는 것인가?

유마: 불교에서의 자비와 실천이란 이 세계가 환상적임을 일러 주어 깨닫게 해 주는 것을 뜻하며, 그것이야말로 진정한 자비의 실천이다.

문수: 그러면 근심해 주고 안타까워 도와주는 우리의 실천은 어떠한가?

유마: 그건 우리의 실천을 모든 삶들과 함께 하는 것을 말한다.

문수: 실천적 기쁨과 긍지는 어떻게 설명될 것인가?

유마: 역사적 성취에 후회 없이 기뻐하는 태도를 말하는 것이다.

문수: 아낌없이 베푸는 헌신적인 희생정신은?

유마: 남을 돕는 행위에서 어떤 보답이나 자신에게 돌아올 어떤 것에 대한 기대를 갖지 않는 것이다.

이러한 경문에 따르면 불교의 사회적 실천이란 무엇인가라고 하는, 주어진 제목 이면의 목적성은 무언가 초점이 어긋나 있는 것이다. 불교에서는 무엇인가를 지향하는 목적의식을 회향(廻向)[01]이라고 부른다. 그런 면에서 불교에서는 우리의 삶의 모든 행동양식과 의지는 결국 세 가지의 문제에 귀착되어야 한다고 말하는데, 그 세 가지란 보리(올바른 시각), 실제(올바른 시각으로 드러난 존재들의 모습), 중생(뭇 삶의 문제)이다. 이 세 가지 점은 나눌 수 없는 동일한 차원의 것이라고도 말할 수 있는데, 그 까닭은 첫째로 모든 실천과 관심은 최종적으로 우리 뭇 삶의 문제 때문인 것이며(중생회향), 둘째로 이러한 문제를 해결하기 위해서는 먼저 우리의 삶을 포함한 이 세계가 올바르게 이해되어야 하기 때문이며(실제회향), 셋째로 그러기 위해서는 올바른 견해를 갖추어야 하기 때문이다(보리회향). 그래서 이 셋을 '삼처 회향[02]이

---

01 불교에서는 통상 회향이라는 말을 불교적 행사를 끝낸 뒤 그 일의 공덕과 가치를 그 어떤 곳으로, 이를테면 이웃이나 사회로 되돌리는 것을 뜻하는 것으로 사용되고 있다. 그러나 정작 회향의 본뜻은 어떤 행위가 끝나고 난 뒤의 사항이 아니라 행위 이전의 목적 지향성을 뜻하는 것으로 보아야 옳으리라 생각된다. 그래서 이러한 회향의식은 행위의 시작에서부터 끝까지 일관성 있는 목적성으로 유도되는 것이다.

02 『대승의장(大乘義章)』[20권, 수나라 혜법(慧法) 지음, 일종의 불교용어사전] 제9권 출(出).

라고 하여 동일 문제의 연장선으로 이해하는 것이다.

따라서 『화엄경』과 같은 대승경전에서 '중생회향'을 말할 때나 선종에서 깨달음의 추구(보리회향)를 말할 때에도 동일 문제의 강조점에 대한 차이이지 본질에 있어서는 '삼처 회향'을 함축한 것으로 이해해야 한다.

이렇게 볼 때 불교에서 말하는 대표적인 실천적 노력들, 이를테면 아낌없이 베풂(보시)이나, 도덕적 덕목을 실천하는 것(지계)이나, 참음, 노력, 집중하는 맑은 정신(선정), 밝은 지혜 등의 육바라밀도 최종적으로 보리, 실제, 중생의 세 곳으로 지향(회향)하는 것이다. 그뿐만 아니라 삶에서의 일거수일투족, 직업, 환경, 습관에서부터 사회적 모든 노력까지도 최종적으로 이 세 곳으로 지향하지 않으면 안 된다.

그런데 이 세 곳이란, 그 내용을 따지면 곧 환상으로 보는 시각(보리), 환상으로 구현되는 세계(실제), 환상인 줄 알면서 환상으로 살아가고 이루어지는 뭇 삶의 모습(중생)에 다름 아니다.

삶의 이중적 구조를 이해하는 것

그렇다면 사회학적 관념에서 볼 때 '불교의 사회적 실천'이란 무엇을 뜻하는가?

생산력의 증대나 분배의 문제, 정치와 경제구조의 문제, 민족 통일의 문제와 민중의 사회적 삶에서의 여러 조건을 평등하게 구현시키는 문제, 전쟁이나 환경보존의 문제 등 산적한 사회적 문제들을 해결하는 데 불교의 실천적 태도는 어떤 효용을 갖는가?

불교가 지향하는 목적과 그 실천 양식, 그리고 사회적 차원에서 지향하는 사회역사적 과제, 이 둘은 엄밀한 의미에서 볼 때 서로 다른 차원의 문제임에도 불구하고 혼용되어 사고되며, 실천되는 듯하다. 근대사회에 들어서서 종교와 철학, 그리고 모든 과학-자연 과학, 사회 과학 등-이 분리되었던 것처럼 불교적 실천도, 사회과학적 실천과 그 영역에서 일부 유사한 점이 있음에도 불구하고, 그 성격 구분을 엄격히 해야 할 것 같다.

처음에 불교가 기존 사상체계와의 차이점을 거론할 때의 관점으로 돌아가서 볼 때, 사회과학적 관심이 존재를 푸르게 볼 것인가, 붉게 볼 것인가 또는 어떻게 만들어갈 것인가의 문제라면, 불교의 기본 관심은 존재 자체의 실상을 규명하고 대응하는 일이었다. 이는 철학적 개념으로 보면 분명히 다른 차원의 문제이다. 곧, 동일한 뭇 삶(중생)의 영역을 보는 다른 차원의 시각이 깔려 있다는 것이다.

이를테면 바둑돌의 딱딱한 것과 흰 것은 같은 것인가, 다른 것인가 라는 견백동이(堅白同異)의 이론을 생각해 보자. 돌의 무르고 딱딱함에 대한 사항은 사회적 과제의 사항에 견주고, 희고 검음에 대한 사항은 실재적인 존재인가 환상적인 존재인가 하는 사항에 견주면 어떨까?

바둑돌이 희다는 것과 딱딱하다는 것은 서로 나뉠 수 없는 문제로서 동일한 사건(또는 사실)에 대한 다른 차원의 묘사다. 그와 마찬가지로 세 곳으로 지향하는 불교적 실천과 사회적 과제에 대한 실천 부분은 동일한 삶에 있어서의 다른 차원의 문제이다. 그렇지만 또 흰 것과 딱딱한 것이 나뉠 수 없는 하나의 바둑돌로 통일되듯이 불교적 실천과 사회적 실천도 동일한 뭇 삶의 문제와 겹쳐져 있는 사항이다.

이러한 삶들의 이중적 구조를 이해하는 일은 불교의 사회적 실천 문제와 곧바로 연결되어 있다. 마치 돌이 희다, 검다 하는 문제를 가지고 딱딱하거나 무른 문제를 해결할 수 없듯이 세 곳을 지향하는 불교의 실천-그것이 개인이든, 사회적 실천이든-이 사회적 과제를 해결하는 것과 논리적 연관을 가질 수 없는 것이며, 또 무른 것을 아무리 딱딱하게 만든다 하더라도 희고 검은 문제를 해결할 수 없듯이 사회적 문제를 다 해결한다 해서 존재 그 자체가 환상적(비실재적)이라는 불교의 결론에 도달할 수 없는 것이다.

이렇게 볼 때 '불교의 사회적 실천'이라는 주제 이면에 가졌던 우리의 속셈은 사실상 개념의 혼돈에 따른 잘못된 요구사항임에 틀림없는 것이다. 곧 모든 사회적 제반 과제는 사회 법칙에 입각한 과학적인 접근 태도를 통해 해결해야 하는 것이며, 불교에서는 또 다른 차원의 존재의 문제를 배워야 하는 것이다.

또 불교인들도 사회 문제에 관하여서는 불교의 교리에서 사회적 과제를 해결하는 이론이나 실천적 근거를 구하려는 태도를 수정하지 않으면 안 된다. 물론 6바라밀이나 8정도, 37조도품과 같은 불교적 실천이 부분적으로 사회적 실천에 유용하게 작용할 수도 있다. 그렇지만 그 실천들의 목적성이 애초에 다른 곳을 지향하는 만큼 구체적인 현실의 사회 문제에서는 그런 실천의 모습들이 꼭 유용한 방향으로만 작용한다고 볼 수는 없다.

뭇 삶 속에서 정토를 건설하라

이제 '불교의 사회적 실천을 어떻게 할 것인가'라는 우리의 주제를 다음과 같이 경전의 말씀을 통해 정리하기로 하자.

> **보적 동자:** 저희 동료들이 이미 보리(올바른 시각)를 구하겠다는 마음을 내었는데 그런 다음엔 어떻게 해야 '불국토청정'을 성취할 수 있으며, 그러한 '청정정토'를 구현하는 보살의 실천은 어떠합니까?
>
> **부처님:** '불국토'란 바로 뭇 삶의 세계(중생계)를 뜻하는데, 이러한 불국토를 허공과 같은 초월적인 곳에 건설하는 것이라고 생각해서는 안 된다. 따라서 보살은 우리의 뭇 삶 속에서 정토를 건설해야 하는 것이며, 바른 마음, 깊은 마음, 6바라밀, 갖가지 방편, 자비와 희사, 8정도를 비롯한 37가지의 실천수행, 열 가지의 선한 행위 등이야말로 정토를 건설해 가는 내용이다.
>
> -『유마경』「불국품」

불교인은 사회적 실천을 바로 불국토 건설이라는 차원에서 이해한다. 그러므로 불국토 건설이라는 명제 아래 불교적 실천과 사회적 실천의 조화를 모색하지 않으면 안 된다.

불교의 처지에서 보면, 이 사회나 역사나 삶이 바로 환상적(연기적=공) 존재임을 깨닫지 못한다면, 사회적 과제의 성취 여부에 관계없이 그 속에 필연적인 비극성이 내포되어 있으리라고 판단되므로, 불교인은 같은 역사적인 모든 노력 속에서도 이 뭇 삶이 환상임을 깨우치는 작업을 또 하나 수행해야 하는 역사적 과제를 안고 있다.

그리고 세 곳을 지향하는 불교적 실천이 설령 사회적 문제와는 다른 차원의 문제라고 하더라도, 이러한 불교의 태도가 사회 문제에 대해 관심을 가지지 않는다거나 상충된다는 것이 아니며 오히려 서로 보완됨으로써 하나의 삶으로서 지탱될 수 있을 것이다. 그래서 세 곳을 지향(회향)하는 불교적 실천과 사회의 모든 문제를 해결하기 위한 갖가지 사회 과학적 실천이 겹쳐지게 될 때, 비로소 불교의 사회적 실천이라는 표현에 값할 수 있을 것이다. 이러한 불교인의 사회적 실천이야말로 환상으로서의 중생세계를 성취하는 것이며, 그것을 일러 '불국토청정'이라고 하는 것이다. 그리고 마침내는 이러한 불교인의 역사적 노력은 '환상과 같은 자비(如幻慈悲)'라고 부르는 것이다.

'불교의 사회적 실천'은 1986년 해인사 여름수련회 강의 원고이다.

민중불교운동의 대승적 전개를 위하여

민중불교의 대두와 배경

언제부터인가 사회 문제와 역사에 대해 관심을 가지는 불교의 움직임을 '민중불교운동'이라고 부르게 되었다. 중생계의 삶-좀 더 구체적으로 말하면 이 시대 민중들의 삶-과 그들의 문제에 대해 관심을 가지고 동참하여 해결해 나가고자 하는 민중불교의 정신과 전통은 멀리는 석존 당시의 가르침과 교단의 역사에서부터 그 연원을 가지고 있으며, 우리나라에서는 이 민중불교가 원효, 신돈, 서산, 사명에서부터 변혁 의지를 표방한 각 시대의 미륵불교도들과 백용성, 한용운의 민족적 불교 정신 및 8·15 이후의 혁신동맹 계열의 사회주의적 불교인에게까지 이어져 오고 있다.

한국불교가 과거에도 호국불교라 하여 사회 문제나 중생의 문제에 직접적으로 참여한 적도 있지만, 역사 문제에 대해 좀 더 교리에서의 자기 확신과 민중적인 시각을 가지고 의식적·체계적·조직적으로 우리 사회 속에 뛰어든 것은 아무래도 최근의 '민중불교운동'에 와서야 비로소 시작되었다고 하겠다.

오늘날 민중불교라는 이름의 새로운 불교 해석과 실천은 유신체제가 파국으로 나아가던 70년대 중·후반에서 싹트기 시작하여 80년 초의 민주화의 희망과 좌절을 딛고 본격적으로 민족사 위에 떠오르기 시작했다. 하지만 겨우 십년 남짓한 짧은 시간에도 불구하고 민중불교운동의 경험과 이론은 이미 불교권 내에서, 교리적으로도 교단적으로도 상당한 입지를 구축하였으며 또한 그에 상응하는 영향력을 발휘하고 있다. 그리고 앞으로의 불교운동에서도 실천의 주체가 되리라는 점에서 많은 기대를 모으고 있으니, 이제 한국불교는 민중불교 시대를 열게 된 것이다. 한편 기존의 불교 모습에 비하면 파격적이라 할 만한 민중불교운동이 많은 시련과 우여곡절 속에서도 비교적 쉽게 교단과 사회 속에 정착하게 된 것은 교단과 사회에 민중불교운동이 정착해야 할 필연적 요인이 있기 때문이다. 그러나 민중불교운동은 아직 초기 단계에 있는 만큼 많은 문제점을 가지고 있으며, 이는 지속적으로 수정되고 보완되어야 하리라 본다.

우선 민중불교의 대두는 여러 불교 이론가와 실천가들의 지속적이고 헌신적인 노력의 결과이기도 하지만, 또 한편으로 보면 불교가 처한 역사적 상황에 의해서 비롯된 것이기도 하다. 역사적 상황이란, 다름 아니라 제3세계 사회의 특징 가운데 하나인 종교계의 정치 참여, 사회 참여가 본격화되는 민족적 상황을 뜻한다. 1945년 8·15 이후의 민족의 상황은 대단히 비정상적이었다. 이러한 정치구조 속에서 매판자본이 득세하고, 외세문화는 전통문화와 민족문화를 말살하고 단절시켜 나갔다. 따라서 정치·경제·사회·문화는 자연히 갈등 속에 모순이 심화되어 갔으며, 이러한 비틀린 토대 위에서 군사독재체제가 장기화되었다.

이러한 파행의 구조 속에서 1970년대부터 종교계의 정치적 참여가 시작되었다. 침묵과 복종이 강요되는 사회 현실에서 잘못된 사회를 고쳐나가는 일에 앞장설 사람이나 계층은 종교계나 학생들밖에 달리 없었기 때문이다. 물론 종교의 이러한 정치, 사회참여는 사회구조의 모순 앞에 놓인 시대적 소명이기도 하지만, 보수와 어용종교계가 보여준 이러한 변화는 역사에 대한 획기적인 각성과 도덕적 결단에 근거한 것이었다. 곧 사회의 이러한 움직임에 느낀 바가 많았던 불교의 '민중불교운동'은 이와 같은 역사의 흐름에 동참하고자 하는 불교의 필연적인 자각운동으로 나타난 것이다.

민중불교운동이 시작되는 시기는 대체로 한국불교교단이 전통적인 수행 풍토와 자급자족적인 원시 산중 공동체가 남한 사회의 자본주의 구조로 급속히 편입되는 때와 궤를 같이 하고 있다. 한국불교교단의 정체와 고립은, 조선조 오백 년과 일제의 강점기를 지나 1970년 초에 이르도록, 산중의 주요 본사는 물론 대다수 사찰들이 여전히 촛불이나 자가발전에 의존하고 있었다는 사실 하나만으로도 충분히 상징된다. 세속 사회는 며칠씩 걸려 나들이를 하는 외부세계일 뿐이고, 채마전과 소작지에서 거두는 식량과 얼마간의 경제적 수입, 그리곤 염불·간경·참선과 달마·혜능·임제 스님의 법담만이 불교가 지닌 세계의 전부였다. 그리고 불교의 대사회 접근 기회가 어렵고 드문 것처럼 사회와 일반 민중들도 사찰과 불교에 접근할 길이 너무 멀고 아득

했다. 한마디로 한국불교는 이 사회 속에서 섬처럼 고립되고 폐쇄되어 있었다.

그러던 것이 70년대에 들어 주요 사찰의 공원화·관광화 정책이 본격화됨으로 말미암아 불교는 한국 사회 앞에, 민족 앞에, 세계 앞에 아무런 준비도 없는 채 걷잡을 수 없이 개방되었다. 이에 따라 불교는 많은 교리적 혼란과 교단 구조상의 상처와 파손을 감수해야 했다. 또한 한편으로 역사의 변증은 기묘하게도 불교로 하여금 역사와 중생의 삶에 눈뜨고 동참하는 계기를 만들어 주었다.

도로가 뚫리고 사람들이 물밀듯이 드나들고 전기와 매스컴이 절집으로 도입되면서 비로소 한국불교는 현대화(?)되었다. 이렇게 하여 한국불교는 사회구조의 일원으로 편성되었지만, 정작 불교는 정상적이고 바람직한 사회와의 만남을 이루지 못하고 부정적이고 왜곡된 틀로 사회와 만나게 되었다. '불교재산관리법'으로 대표되는, 불교와 관련한 여러 가지 악법은 불교가 정권에 예속되고 지배 이데올로기에 의해 굴절되도록 예비되어 있었다. 불교 재산의 관리권과 불교계의 인사권마저도 정권의 조정을 받았던 종단은 정치적으로 어용 보수화의 길을 걸었다.

또한 관광 수입으로 인한 사원경제의 팽창은 정상적인 포교를 통한 사부대중－승려, 신도－과의 관계를 단절시키고, 불교를 이권에 얽힌 종권분쟁으로 내닫게 하였다. 존중되어야 할 청백가풍(淸白家風)은 퇴폐적인 서구문화와 추악한 자본주의 문화에 침탈당하여 세속적 가치관이 절집안에도 팽배하게 되었다. 그러나 불교계가 표면적으로는 무분별한 개방 앞에 무너지고 종속되고 이지러졌지만, 정작 중요한 불교의 정신과 전통은 곧바로 이러한 역사와 문명의 도전에 적극적으로 대처해 나갔다.

그러한 노력은 대개 두 가지 방향으로 표출되었는데, 첫째는 불교 중흥을 위한 노력이며, 둘째는 사회 참여의 본격화를 위한 노력이다. 전자는 자본주의적 정치 및 경제 구조 아래서 종단이 어이없이 침탈 당하여 무너지는 상황에 대처하여 불조가풍을 앞세워 불교정신을 회복함과 아울러 교육제도와 행정제도 등을 개혁시키고 발전시키며 포교사업도 활발히 추진한다는 내용을 골자로 한다. 후자는 불교도 사회와 민족의 일원으로서 교단 내의 문제에만 안주할 것이 아니라 이 사회 현실에 적극적인 관심을 가지고 문제 해결에 앞장서 나가야 한다는 내용이다. 이는 사회가 정상화되고 발전되는 것이, 또 불교인이 이러한 일에 적극적으로 참여하여 기여하는 것이 불교 자주의 문제나 중흥의 문제에 직결된다는 것이다. 이러한 보살의 자세야말로 불교 본래의 취지요, 정신이라는 것이다.

이러한 노력들은 초기에는 이원적인 모습을 보이다가 80년대에 들어와서 교단의 자구적 노력과 불교 중흥의 차원에서 출발하였던 불교운동과 민족과 민중의 현실에 주목하는 사회개혁운동은 교리적 인식 전환과 역사적 각성을 통해 조화와 균형 속에 하나의 틀로 갈래를 잡게 되었다. 80년 이후에 민중불교가 표방한 '불교자주화'와 '반독재 민주화'에의 노력은 이러한 불교 인식과 역사 인식의 성과이며, 이러한 성과를 바탕으로 '민중해방'과 '민족통일'의 문제를 현 단계 민중불교운동의 주요한 과제로 설정하기에 이르렀다.

민중불교는 이렇듯이 전통의 불교 교단이 자본주의 사회에 편입

되면서 비롯된 역사적 충격과 각성의 결과로 태동된 불교의 정당한 자기 발현의 모습이다. 이는 지배 체제와 왜곡된 문화 질서에 순응하는 보수 어용의 태도를 거부하는 것이며, 불교의 본질을 방기하는 무기력하고 이기적인 소승적 태도와는 달리 열려진 역사 앞에서 불교의 올바른 이념과 실천의 위상을 세우고자 하는 진보적인 불교운동인 것이다. 그리고 또 한편으로는 역사와 중생의 삶을 불교의 세계로 끌어들이고 정토사상을 새롭게 구현하고자 하는 점에서 새로운 대승불교 운동인 것이다.

이제 민중불교는 불교사의 올바른 자기 전개의 성과를 한 몸에 계승하려 하고 있다. 이에 따라 민중불교는 지난날 불교의 잘잘못까지도 자신의 문제로 수렴하고 극복하지 않으면 안 될 것이며, 이렇게 하여 지금의 불교가 안고 있는 과제를 해결해 나가야 할 것이다. 동시에 전체적-불교의, 사회의, 민족의, 인류의- 요구를 의연하게 감당하는 책임 있는 자세가 되지 않으면 안 될 것이다.

민중불교의 특징과 몇 가지 문제점

민중불교는 불교가 처한 민족적 상황에서 출발하여 사회 문제에 첨예한 관심을 가지고 그러한 사회 문제와 민중의 문제를 불교의 문제와 일체화시키는 노력을 하였다. 엄밀하게 보자면, 현재의 민중불교는 불교적인 출발이 사회 문제로 전이되면서 나타나는 경우와 사회적 갈등과 문제 해결에의 노력이 불교 쪽으로 접근하게 되면서 나타나는 경우가 있으나, 이러한 일은 자연스러운 사회문화 현상으로 보이며 민중불교를 더욱 살찌우고 힘차게 하는 보완적 요소가 될 듯하다. 그리고 무엇보다 이 두 경우가 모두 불교의 문제와 사회의 문제를 통일된 관점에서 보고자 하는 것이 기본적이고도 공통된 자세라는 점이다. 아직 출발 단계라고 하지만 민중불교는 이미 많은 불교적·사회적 성과를 보이고 있는데 이는 민중불교의 주요한 특징과 그에 따른 노력에 기인하는 것이다.

민중불교의 특징은 다음과 같이 요약할 수 있겠다.

첫째, 민중 중심적 시각이다. 민중불교에서의 '민중'에 대해서는 지금도 많은 토론과 새로운 이론이 제시되고 있지만 대개 보편적인 삶이나 미혹한 삶, 고통스러운 삶의 뜻을 가지는 '중생'의 개념에서 한 걸음 더 나아가 현 사회적 단계에서 정치·경제·사회·문화적으로 고통 받고 소외 받는 삶, 억눌리고 착취당하는 불행한 계층의 삶을 뜻한다. 이러한 '민중'은 불교에서 가장 중시해야 하는 대상이며 그들의 문제 해결에 앞장서 동참해야 한다는 것이다. 그래서 중생 가운데에서도 더 고통스러운 중생이 민중이므로, 모든 민중의 고(苦)가 해결된 사회, 곧 중생의 고가 해결된 사회가 이상사회요, 불교에서 말하는 정토세계라는 것이다. '중생이 부처'라는 불교 교리가 민중불교에 와서는 '민중이 부처'라는 세계관으로 성립되는 배경이 여기에 있다. 민중불교에 오면 '민중'은 평범하게는 기왕의 '중생'을 포함하는 것이며, 이것은 좀 더 정토 구현에 적합한 사회학적인 방편바라밀을 실천하기 위해 '민중'을 사회 변혁의 주체로 압축하는 것이다.

둘째, 강력한 사회 변혁의 의지다. 기왕의 불교가 민중불교와 다른 점은 사회와 역사를, 곧 중생계를 정태적으로 바라봄으로써 존재를 본질적으로 증감이나 변화가 없는 것으로 파악하였다는 점이다. 이는 노장사상의 자연주의 영향을 받은 것이기도 하고 불교 교리를 그릇되게 수용한 것이기도 하다. 그래서 주어진 존재양식을 숙명처럼 받아들이는 소극적인 삶을 살거나 주관적인 의식의 선택과 조절에 기대곤 하였다. 그렇지 않으면 불보살에 발원하는 의타적인 신앙 형태를 띠었던 것이다. 그러던 것이 '민중불교'에서는 사회 변혁을 통해서만 뭇 삶의 문제와 민중의 문제가 해결될 수 있으며, 그러기 위해 민중이 주체가 되어 이상사회 건설을 위한 강력한 사회적 실천을 해야 한다고 말한다.

셋째, 부처의 세계와 정토의 세계는, 내세나 초월의 세계가 아닌 바로 이 땅에서 우리가 이루는 것이라고 주장한다. 그리고 정토란 바로 모든 민중이 평등, 평화, 자유를 구가하는 행복이 가득 찬 사회 공동체를 뜻한다고 말한다.

넷째, 불교 실천의 중심이 승단이나 교단에서 민중불교를 실천하는 보살(菩薩) 중심으로 전환된 점이다. 여기서 보살이란 흔히 말해지듯 여자신도를 뜻함이 아니며 또 재가불자만을 말하는 것도 아니다. 경전의 의미 그대로 비구보살, 재가보살 등을 뜻한다. 곧 출가든 재가든 구분하지 않고, 민중불교 이념에 찬동하면서 같이 실천하는 모든 불자들을 평등한 동지의 관계로서―물론 이것은 본래적 의미이며 현실적으로는 선·후배, 선참·후참, 승·속 따위에 따라 충분한 상하 관계와 지도관계가 이루어진다― 민중불교 실천의 중심을 세우는 것이다. 이러한 시각은 과거에 '불교' 하면 으레 산중의 전통사찰에서 염불하거나 수선(修禪)하는 스님의 모습을 불교의 주체로서 생각했던 것에 비하면 엄청난 변화다.

다섯째, 민중불교의 실천 현장은 비단 산중의 사찰이나 포교당뿐만 아니라 사회 속의 현실의 장까지 다 포함한다. 이를테면 학교, 회사, 공장, 포교당은 물론 필요하면 기존의 사찰이나 거리 등지에서도 예불과 수련회를 하고, 불교와 사회에 대한 세미나를 하며, 현실 조건을 변혁하기 위한 갖가지 투쟁과 농성을 한다는 것이다. 이렇게 산중의 사찰이나 한정되어 있는 신앙 공간을 떠나 민중의 삶 깊숙이 접근하여 그들의 삶을 같이 나누고 해결하고자 한다. 이것은 전통적 불교 수행이나 실천이 고정되고 폐쇄된 공간 안에서의 한정된 실천임에 반하여, 민중불교의 실천 영역은 이념성, 현장성, 기동성, 다발성 따위의 특징을 살릴 수 있는 뭇 삶의 현장을 지향하는 것이다.

이는 한편 민중불교가 아직 사원이나 사무실, 강당과 같은 물적 토대가 빈곤하다는 반증이기도 한데, 그것은 민중불교운동이 젊은 승가와 청년 불자들을 중심으로 추진된다는 점에서 그러하기도 하다. 그러나 실천의 효과가 머물러 있기보다 광범한 영역으로 파급해 나갈 수 있다는 점에서 긍정적인 면이 무척 크다 하겠다.

여섯째, 민중불교가 그리고 있는 정토세계와 이루고자 하는 이상사회의 모습은 다분히 사회주의적 성격을 띠고 있다.-나아가서 공산주의적이기도 하다.- 이러한 점은 민중불교가 정치적으로 지금의 남한사회에서 매우 미묘한 입지에 서 있음을 말한다. 민중불교가 사회주의 내지는 공산주의의 세계를 지향하고 있음은 남한사회의 정치, 경제 상황에서 비롯된 것이라고 할 수 있다. 외래 자본을 도입하여 수출 위주의 고도성장 정책을 펴고 있는 남한의 경제구조는 수많은 상대적

빈곤층을 낳았다. 그리고 이를 극복하려 해도 독점자본과 매판자본의 자기증식 욕구와 탐욕성에 따른 착취구조로 말미암아 해결되지 않으며, 결국 그것은 왜곡된 형태의 자본주의 구조임을 인식하게 되었다. 또 이러한 구조를 영속하기 위한 정치·사회 제도가 막강한 군사력과 외세에 의해 뒷받침되고 있음을 알게 됨으로써 이를 해결하는 길은 이러한 정치·경제 제도를 그 밑바탕부터 변화시키는 데 있다고 생각하게 되었고, 그의 모델은 자본주의의 병폐를 극복하고 있다고 말하는 사회주의(공산주의) 제도에 두고 관심을 가지게 되었다.

　　이러한 생각과 시각은 이 사회가 변혁됨을 통해서 자신과 이웃의 문제를 해결할 수 있다고 생각하는 많은 민중 계층과 남한 사회의 부정적이고 비도덕적인 사회질서 형태를 찬성하지 않는 지식인들에 의해 진지하게 받아들여졌으며, 그리하여 이러한 시각을 가진 사람들이 광범위한 민중운동 세력을 형성하였다. 민중불교운동도 이러한 영향을 받게 되었으며, 민중불교 역시 민중의 해방을 주요한 문제로 생각하기 때문에 민중운동 세력과 보조를 같이 하게 되었다. 다만 민중불교운동은 사회의 민중운동이 지향하는 세계에다 불교에서 말하는 정토세계의 의미를 덧붙였을 따름이다. 이러한 점은 민중불교로서는 정토세계의 성격을 좀 더 사회과학적으로 무장할 수 있는 계기가 되었고, 한편 사회의 민중운동이 지향하는 세계로서는 불교의 이상적이고 종교적인 정토세계의 장엄과 그 내용을 받아들이게 되어 더욱 풍부한 내용을 가진 사회상을 그릴 수 있게 되었다.

　　특히 민중불교가 사회주의에 관심을 가지게 되는 배경에는 중국을 포함한 동남아시아의 많은 불교국이 사회주의 내지 공산주의를 정치·경제 이념으로 하고 있음과 밀접한 관계를 가지고 있다. 일어본과 영어본으로 흘러들어온 동남아시아 불교의, 불교와 마르크시즘과의 만남과 대응 및 변화 과정을 담은 글은 이 땅의 민중이 겪는 현실에 대해 고뇌하는 젊은 불교인들에게 많은 점을 일깨워 준 것이 분명하다.

일곱째, 민중불교가 기본적으로 가지고 있는 세계관과 존재관은 유물적이거나 객관적인 실재론에 기초하고 있다. 이 점은 민중불교가 지향하는 사회가 사회주의적 성격을 띠는 점과 밀접한 관계를 가지고 있다. 민중불교는 바로 이러한 세계관으로 지금의 사회를 설명하고 앞으로의 세계를 전망하는 바, 불교 교리도 이러한 관점에서 이해하고 해석하려는 노력이 꾸준히 이어지고 있다. 특히 대승불교 사상 비판을 통해 민중불교 철학을 창출하려고 하는 여익구 씨의 글이 아주 유명하다.

여덟째, 계급투쟁의 성격을 내포하고 있다는 점이다. 민중불교가 내세우는 민중 중심의 실천과 투쟁 이면에는 계급투쟁 이론이 깔려 있음을 감지할 수 있다. 이 점 역시 민중불교가 객관적인 실재를 전제하는 것이나 유물사관에 동조하는 것, 그리고 사회주의를 지향하는 것과 맥을 같이 하는 것이라 하겠다. 비타협적인 계급투쟁 노선은 선도적인 민중불교운동가에게서는 기본적인 원칙으로 통용된다. 따라서 민중불교는 모든 지식인, 종교인, 학생들은 노동자 계급을 중심으로 사회 변혁운동에 나서야 하며 노동자 계급이 주체로서 우뚝 설 수 있도록 해야 한다는 시각에 서 있다고 하겠다.

아홉째, 원시불교에 우호적이고 대승불교에 배타적인 점이다. 민중불교의 정신이 중생 구제와 역사 참여라는 점에서 대승불교 정신에 가깝다고 보이는데, 정작 일부 민중불교운동가는 단호하게 대승불교 사상을 관념적이라고-또는 객관적인 관념론이라고- 비판하면서 『아함경』 같은 원시경전에서 유물적 사고나 객관적 실재론의 이론적인 바탕과 힘을 찾으려 하고 있다. 민중불교 이론에서 대승경전은 적당한 구절에 따라 유효적절하게 인용될 따름이니, 민중불교는 그 사상 토대를 원시경전에서 확보하려고 한다. 이 점은 또 공산화된 동남아시아 불교권이 대부분 소승불교권이며 이들 나라의 소의경전들이 원시 아함 계통의 경전이라는 점, 무엇보다도 아함 계통의 원시 경전들이 비교적 현실적이며 사회주의 사상과 접합될 부분이 많다는 점과 깊은 연관을 갖는다.

대략 이상과 같은 특성을 지니고 있는 민중불교는 그 자신이 가지고 있는 좋은 취지와 정신에도 불구하고 수정할 점과 보완해야 할 점을 많이 가지고 있다. 이들 중에는 민중불교의 특성과 연관된 것도 많아 깊이 있는 성찰을 요하고 있다.

그러면 이제 민중불교의 문제점을, 수정하거나 보완해야 할 필요가 생각되는 점들을 살펴보자.

첫째, 불교의 세계관에 바탕을 둔 역사철학의 빈곤이다. 민중불교운동은 강렬한 사회 참여 주장으로 말미암아 불교인으로 하여금 이론의 괴리감에서 비롯된 당혹감에 빠뜨렸다. 그것은 아직까지도 많은 불교인의 역사 인식이 불교의 세계와 역사의 문제를 별개의 것이라고 생각하는 차원에 머물고 있기 때문이다. 이러한 경향은 승려나 재가불자 할 것 없이 일반화되어 있으며 상당히 깊은 역사적 뿌리를 갖고 있는데, 곧 그들은 불교인이 불교의 이름으로 역사 문제에 개입하는 것을 불교의 타락이나 저열한 의미에서의 세속화쯤으로 생각하고 있다. 따라서 민중불교의 사회 참여 운동이 긍정적으로 인정받으려면 불교인의 사회 참여나 역사에의 관심이 정당화될 수 있도록 불교의 역사관, 곧 역사철학을 하루빨리 정립하여 사회과학적 실천과 병행하여 제시되고 인정받아야 할 것이다.

지금도 물론 민중불교 철학은 나름대로의 역사철학이 있어 그를 바탕으로 한 실천을 행하고 있다고 하겠지만, 대다수 불교인은 그러한 민중불교의 역사철학이라는 것이 마르크시즘의 역사철학과 유사하지 않느냐는 의구심을 가지고 있으며 기존의 불교사상과 어떻게 연결되는지 잘 납득하지 못하고 있다. 유물실재론에 바탕을 둔 역사철학을 불교에 접붙이는 이론도 중요하지만, 민중불교의 입지와 역할을 보아서도 불교 본래의 교리와 사상에서 역사철학을 도출해 내는 일이 무엇보다도 중요하며 절실하다고 본다. 그러기 위해서 민중불교는 불교의 역사철학의 보고라 할 수 있는 대승불교 사상에 더욱 주목해야 하리라고 본다.

둘째, 소승불교 곧 원시불교에 대한 선호와 대승불교에 대한 배타로 말미암은, 교리 이해의 불충분함이다. 이 문제는 또한 민중불교가 취하고 있는 '실재론적 세계관'과 연관된 것이기도 하다. 민중불교의 특징에서도 언급되었지만, 민중불교가 원시불교에 관심을 가지는 것은 그럴 만한 이유가 많다 하겠다. 하지만 아마도 이러한 선택적 사고는 대승과 소승 중에서 어느 쪽이 좀 더 사회주의적인 면이 많은가, 유물론적인가, 객관적 실재를 인정하기 용이한가 하는 기준으로 작용하는 듯싶은데 이는 불교를 이해하는 정당한 자세가 아니다. 설령 백보 양보하여 이런 기준을 받아들인다 하더라도, 원시소승불교가 결코 유물적이거나 객관적 실재를 인정하는 것이 아니며, 마찬가지로 대승불교도 관념적이거나 또는 객관적 관념론이 아님을 분명히 알아야 할 것이다.

민중불교의 이러한 관점은 교리를 이해하는 데서의 혼란과 편견에서 비롯된 것이다. 원시불교가 유물적이고 대승불교가 관념적이기보다는 오히려 원시불교는 객관적 실재를—그것이 물질적이든 정신적이든 개념적이든— 부정하는 데 온 힘을 쏟고 있으며, 대승불교는 주관적 실재를 부정하는 데서부터 출발하고 있다고 보인다.

원시경전에서 말하는 5온, 12처, 18계설은 객관적인 요소의 실재를 설명하는 것이 아니며 오히려 존재의 실재성을 부정하기 위한 것이다. 이를테면 5온(五蘊,색·수·상·행·식)이라는 다섯 가지 존재의 요소들도 희랍 철학의 각종 실재론과 같은 실재적인(실체적인) 요소들이 아니다. 온이라는 말이 의미하듯이 쌓여서 축적되어 있다는 뜻이고 연생(緣生, 조건발생)의 의미를 가지기에 그것은 비독자성과 비실재성을 표현하고 있는 것이다.

색(色)은 포말(泡沫)이 모인 것과 같다.
수(受)는 수포(水泡)와 같다.
상(想)은 아지랑이와 같다.
행(行)은 파초(芭蕉)와 같다.
식(識)은 마술과 같다.
이는 일종족[日種族(世尊)]의 소설(所說)이니라.

이 『아함경』의 구절은 5온의 성격을 비유적으로 잘 설명하고 있다. 12처(處), 18계(界) 설도 여러 가지 실재들이 있어 그것들이 서로 관계하면서 변화해 감을 뜻하는 것이 아니라, 모든 존재양식은 색이든 수·상·행·식이든 주관적 영역이든 객관적 영역이든 할 것 없이 그것들은 서로의 상관관계 속에서 변화의 과정 속에 존재가 이루어짐을 말하는 것이다. 그래서 원시 아함경의 전반에서 말하는 5온, 12처, 18계설이나, 무상·무아·연기의 설은 어떠한 존재양태든지 그것들의 실재성〔我, 실체〕을 부정하는 데 기본 취지가 있는 것이다.

따라서 모든 존재양식은 비실재성 위에서만 이루어지고 변화해 가는 것임을 말하고자 하는 것이다. 사실 이러한 견해는 실재론 위에서만 세계를 바라보는 데 익숙한 일반의 생각에서 보면 파격적이며 쉽게 납득이 가지 않는다. 유물적이든 유심적이든, 일원론이든 이원론이든 다원론이든간에 실재론적인 세계관만이 의심받을 수 없는 자명한 진리인 것처럼 생각하는 풍토에서 석존이 원시 아함에서 제시한 세계관처럼 실재론을 전제하지 않는-또는 거부하는- 존재에 대한 설명은 매우 충격적이고 오해의 소지도 많았을 것이다.

이렇게 본다면 민중불교가 『아함경』의 교설을 받아들이는 데서 연기설과 5온, 12처, 18계의 설을 실재론의 범주로 파악하거나 유물론적 요소론으로 이해함은 대단한 잘못이라는 것이다.

또 한편 대승불교 사상이 관념론이나 객관적 관념론이라고 생각하는 일부 민중불교 운동가들의 견해도 사실은 오해라고 본다. 먼저 대승경전의 현란하고 방대하고 심오한 서술 양식을 두고 현실과 실천을 배제한 소외된 관념체계가 아니냐는 반론에서부터 시작하여, 원시

경전에 견주어 개념적인 용어를 많이 쓰고 있으며 또 모든 것을 주관적 영역으로 귀착시키는 듯한 경전의 여러 구절-보기를 들어 심(心)이라든지 진여(眞如), 유식(唯識)과 같은 구절들-에서 관념론의 극치를 보이고 있다는 비판이 제기되고 있다. 하지만 이는 반야, 방등, 화엄, 법화, 유식, 선, 정토 등-이러한 대승사상은 물론 원시경전의 존재관과 세계관을 고스란히 수렴하고 있다-처럼 다양한 방식으로 역사철학화하고 역사형상화한 방대한 양의 전적들을 차분히 살펴볼 시간적 여유가 없었던 일부 운동가들의 성급한 판단이라고 생각한다.

대승불교는 관념론이 아니라 오히려 반야경 계통에서는 특히 관념적 실재-또는 주관적 실재-를 타파하는 데 많은 정열을 쏟고 있음을 주목해야 할 것이다. 원시불교에서는 물적 요소나 인식적 요소까지도 객관화하여 그것들이 연기적 조건의 존재양식임을 강조했으나 많은 주관적 선입견과 판단기준 등의 병폐까지는 언급하지 못했던 것이다. 곧, 원시불교에서 모든 존재양식은 어지간히 객관화시켜 해부학자의 엄정한 집도술로써 파헤쳐졌지만, 집요한 중생의 미망과 고집은 많은 주관적인 문제들을 내부적으로 심화하여 갔다. 그래서 대승불교에서는 그러한 뿌리 깊은 주관적인 여러 집착과 편견 들을 실재화시키고 고착화하는 것을 지적하기 시작한 것이다.

반야를 비롯한 대승경전이 원시경전의 연기 설법에 덧붙인 것은 바로 뿌리 깊은 주관적 실재의 고착화를 거부하는 것이었다. 그러다 보니, 다시 말해 주관적 오류나 편집을 지적하고 다루다 보니, 반야를 비롯한 가르침이 주관적인 영역을 주장하는 것이 아닌가 하는 오해를 받게 되었다. 『금강경』에서 아상(我相), 인상(人相), 중생상(衆生相),

수자상(壽者相)의 네 가지 상을 지적하여 배척하는 것이나, "머무는 바 없이 마음을 쓰라."는 구절이나, 『반야심경』의 "지혜도 없고 지혜를 얻은 바도 없다."는 따위의 구절은 그 같은 태도를 드러내 보여주고 있다. 그밖에 "마음이 일어나면 모든 법이 생겨나고, 마음이 멸하면 모든 법이 사라진다."는 『기신론』의 구절이나, "모든 것이 마음으로 만들어진다."는 『화엄경』의 설법 따위도 존재론적 해석으로 받아들여서는 안 되는 것이며 오히려 실천적인 언표로 해석해야 할 것들이다. 곧 마음먹기에 따라 존재가 생기거나 없어진다는 따위의 주관주의로 해석할 것이 아니라, 보살의 실천에의 의지를 고양시키는 말로 받아들여야 한다는 것이다. 인도의 카스트 제도라든지 모든 것을 숙명처럼 받아들이는 풍토에서 스스로의 존재론적 결단과 실천에 따라 스스로의 존재양식과 사회의 존재양식을 변화시킬 수 있다는 뜻으로 받아들여야 한다는 것이다.

이런 불교의 주체적인 생각-의존적이거나 정태적인 세계관, 숙명적인 세계관을 거부하는-은 당대에 이미 혁명적인 실천 사상이 되고도 남는 것이었다. 그리고 물론 대승경전에서 빈번히 사용되는 마음(心)이라는 용어도 오늘날의 심리학적 영역의 마음과는 전혀 의미가 다른 것으로서 불교의 마음은 『기신론』이나 『화엄경』, 「유식학」들에서 거듭 강조되고 있듯이 뭇 삶(衆生)의 유기적 관계와 변화의 총칭과 별칭을 뜻하는 것이다. 유식(唯識)에서 말하는 식(識)도 물론 같은 경우다.

이렇게 볼 때 대승불교 사상을 관념적이라 해석함은 전혀 잘못된 것으로서 대승이든 원시경전이든 기본 태도는 비실재론이며-불교가 다른 종교나 사상과 구분되는 유일한 점은 실재론인가, 비실재론인가의 차이

일 것이다. 그만큼 실재를 극복하고 실재를 전제하지 않고 세계를 설명하고, 살아가고, 실천할 수 있다는 것이 불교의 특색이자 자랑인 것이다.- 그 중 소승불교는 객관적 실재를 부정하는 데 몰두했으며 대승은 그에 덧붙여 주관적 실재까지 지적한 것이라 하겠다. (물론 『아함경』에서도 5온, 12처설에서 인식의 갖가지 영역에 대해 연기성임을 강조하지만, 그것들조차 원시불교에서는 객관화하여 바로 보고자 했던 냉정함을 지녔다고 본다.)

한편 대승불교 사상을 '객관적 관념론'이라 비판하는 경우가 자주 있으나 그 또한 대다수가 경전의 용어와 개념의 몰이해, 연기(緣起)와 공(空)의 세계를 제대로 이해하지 못한 데서 비롯되는 것인 바, 그밖에도 이 같은 점들을 이야기하자면 일일이 다 거론할 수 없을 정도다. 연기의 세계나 공의 세계는 원시경전에서 대승경전에까지 이어지는 불교의 기본 사상인데 이러한 사상까지도 주관적이거나 객관적 관념론으로 해석됨은 불교를 매우 왜곡한 것이다. 연기의 세계란, 존재되어지는 양상과 현재성에서 볼 때 존재의 공간적 상관성과 시간적 변화성으로 인해 실재적(실체적) 존재형태가 아니라는 것이지, 관념론자의 말처럼 표상(idea) 배후의 현실 곧 외적 세계의 실재성을 부정하는 것과는 전혀 다른 이야기인 것이다.

여기서 '관념론'을 잠깐 살펴보면, 행위와 사유의 모태로서의 자아를 유일한 실재로 보고, 세계는 이 자아가 활동할 수 있게 하기 위하여 자아에 의해서 세워진 것으로 생각하는 피히테(Fichte)의 전기(前期) 철학은 주관적 관념론이라 하고, 이러한 자아철학에 객관성을 보충함으로써 자연철학을 확립하고 초월론적 관념론의 체계를 통하여 주관과 객관, 정신과 물체가 서로 독립적으로 대립하고 있으나 실은 이들 양자는 그들에게 공통된 본질인 절대적 동일자의 두 현상, 형식, 속성 또는 양태에 지나지 않는다는 동일철학에까지 도달한 쉴링(Schilling)의 전중기(前中期) 철학을 객관적 관념론이라 부른다.

그러나 분명한 것은, 이 모든 것이 그것이 주관적 관념론이든 객관적 관념론이든 또 헤겔(Hegel)의 절대적·논리적 관념론이든 실재론에 근거하고 있다는 점이 불교의 존재관과 차이가 난다는 것이다. 헤겔이든 그를 극복했다고 하는 마르크스든 할 것 없이 인식주관과 대상존재를 구분해 바라보았던 데카르트 이래의 서구적 이원론적 실재론의 발상에서 벗어나지 못하고 있는 것이다. 이에 반하여 불교는 일원론이든 이원론이든 다원론이든 관계없이 어떠한 실재론하고도 그 차원을 달리 하는 것이 무아·무상·연기·공의 세계관인 것이다.

덧붙여 서구적 변증법과 불교의 연기법의 차이에 대해서도 간략히 언급하자면, 서구의 변증법이란 A(이를테면 物), B(인식), C, D… 등이 있어 이것들이 서로 관계하여 변화해 나가는 것-이것은 이원론 또는 다원론의 실재론에 근거한 변증법-이며, 또는 A의 자기소외와 변화 발전의 모습으로 B, C 등으로 진행되는 것-이것은 일원론의 실재론에 입각한 변증법-이다. 이와 달리 불교는 A나 B나 C라는 것의 실재성까지도 성립되지 않는다고 보는데, 그것이 연기성(緣起性)이며 세계는 그 연기적 요소(蘊, 處, 界)가 변화 전개되어 가는 것이라고 본다. 그래서 서구적 변증법과 불교의 연기법이 둘 다 변화의 관계성을 말하지만 실재론에 기초하고 있느냐 그렇지 않느냐의 차이로 둘의 관점은 하늘과 땅의 거리를 두게 되는 것이다. 이로써 민중불교가 대승불교는 관념적이고 소승불교는 유물적이거나 객관적인 실재론이라고 파악함은 전혀 엉뚱한 것이었음이 자명하다.

또 한 가지 민중불교가 『아함경』을 비롯한 원시경전에 나타난 현실적인 실천규범과 덕목을 높이 평가하는 반면 대승불교는 추상적이고 현실적이라고 비판함에 대해서도 한번 살펴보자.

우선 아함과 같은 원시경전이 대승경전에 견주면 좀 더 일상적인 당시 생활상에 근거한, 부처님의 육성에 가까운 설법이 많아 오늘날의 사람들에게 친숙하고도 쉽게 받아들여지는 점은 이해가 간다. 하지만 민중불교가 역사를 말하고 사회적 실천을 말하고자 한다면, 원시경전에서 말하는 4제, 8정도, 4념처, 37조도품 등은 새로운 역사 건설이나 중생회향의 차원이 아니라 다만 깨달음(보디)을 지향하는 실천덕목임을 알아차려야 할 것이다.

원시불교에서의 깨달음과 해탈이란 무상·무아·연기를 체득한 아라한[不生, 無生]의 경지를 말한다. 그래서 원시경전에서 말하는 수행자의 덕목과 실천은 사회적 실천을 의미한다기보다는 존재(5온)들의 연기성을 깨닫기 위한 방법으로서의 성격을 지닌다고 하겠다. 이에 견주어 대승불교는 분명 거기에서 한 걸음 더 나아가고 있다. 이것이야말로 대승불교가 중생불교, 역사불교라 불림직한 것인데, 그것은 대승불교의 실천적 주체인 보살의 명칭에서부터 드러나고 있다. 보살이란 '보디'와 '사트바'의 합성어인데 깨달음이라는 '보디'에다 역사나 중생, 현실의 의미를 가진 '사트바'를 결합한 것이다.

이를 다시 설명하면 아라한의 투명하고도 정태적인 세계관에 원(願)과 방편과 지혜를 변화와 의지 속에 담는 역사성을 덧붙인 것이 보디사트바 곧 대승불교라는 것이다. 대승경전에서 말하는 장황하고도 방대한 보살의 실천과 세계의 모습은 연기적 세계관을 바탕으로 한-보디-, 다양하고도 실험의지로 충만한 역사적 실천-사트바-을 말하는 것이다.

그래서 불교로 하여금 깨달음의 차원에 안주하는 소승 아라한의 영역에서부터 역사의 세계로, 시간과 공간의 세계로, 바로 오늘 우리의 현실로 나아가게 하는 것이다. 그러므로 원시경전도 그러하지만 대승불교 사상이야말로 민중불교가 반드시 다시 한 번 살펴보아서 어머니 삼아야 할 가르침의 원천이 아닌가 한다.

셋째, 민중불교의 사회주의에 대한 경사성이다. 이 점 역시 민중불교의 특징이기도 한데, 그러면서도 많은 것이 보완되어야 한다고 본다. 민중불교가 사회주의에 관심을 기울임은 사회과학적 판단에 근거하는 것일 수도 있고 민중불교가 파악하는 불교 교리에 근거하는 것일 수도 있겠다. 그러나 불교 교리에서 보면 불교는 사회주의적 경향뿐만 아니라 자본주의적 성격도 많음을 알 수 있다. 특히 오늘날 진보적인 불교인은 대개가 불교가 내세우는 교리나 지향하는 세계가 사회주의적이라고 묵시적으로 인정하는 경우가 많은데 이에 대해서는 다시 한 번 살펴볼 일이다.

민중불교가 불교를 사회주의의 성격으로 파악함은 원시불교의 갖가지 교리와 실천 덕목에 따른 것인데, 이를테면 '무욕', '무소유', '근검', '절약', '평등', '불살생(불착취)'이나 도덕적이고 이념 지향적이면서도 공산적 성격을 띤 승가(僧伽)라는 공동체 같은 것이 사회주의가 일찍이 실현하고자 하는 가치와 근사한 것이었다. 그리고 그를 뒷받침하는 연기의 교리도 일면 유물적 변증론과 흡사해 보인다는 것이다. 바로 이런 여러 가지 점 때문에 불교를 사회주의 성격으로 파악하게 할 소지가 많다(사실 오늘날 동남아시아의 공산권에서 불교를 그렇게 마르크시즘과 결합하려고 하고 있다).

이런 점은 물론 불교의 교리와 사상을 시대 상황에 맞게 필요한 관점에서 적용하고 실현할 수 있다는 점에서 긍정적이라고 하겠다. 그러나 문제는 인류 장래의 문제나 우리 민족의 경우에는 많은 특수와 보편의 조건들이 있으며, 무엇보다도 그것들이 역동적인 관계 속에서 변화되고 수정되고 있다는 점이다. 바로 이런 까닭에 불교의 사상을 사회주의의 성격으로 못박고 시작해서는 안 된다는 것이다. 더욱이 우리 민족의 상황은 앞으로 자본주의 체제와 사회주의 체제에 대한 민족적인 조화와 통일을 꾀해야 하는 세계사적인 과제를 안고 있다. 그것은 문화, 사상, 이념, 정치, 경제의 모든 면에서 정의와 도덕에 바탕을 둔 슬기롭고 창의적인 사상과 실천을 요하는 일이다.

그렇기 때문에 민중불교가 앞으로 감당해 나가야 할 역사적 과제를 두고 볼 때, 불교를 사회주의의 색채로만 파악함은 다양하고 풍부한 불교의 자산을 스스로 축소하고 획일화하는 셈이 된다. 조금 도식적이고 단면적이긴 하지만, 원시불교 사상이 사회주의의 색채가 짙음을 수긍하면서 그와 아울러 대승불교 사상은 그러한 사회주의의 성격에다 자본주의 정신을 강렬히 덧붙이고 있음을 주지해야 한다고 본다.

원시불교나 대승불교 모두 평등과 조화 그리고 불살생과 우애, 절제, 근면을 바탕으로 하는 기본적 덕성에서 출발하고 있음은 말할 나위도 없지만, 여기에서 대승불교는 기왕의 원시불교에 견주어 파격적인 역사 해석을 하고 있음에 주목해야 할 것이다. 원시불교는 욕망을 부정적으로 보지만, 대승불교는 욕망을 긍정적으로 해석한다. 물론 욕망의 본질이랄까, 그것의 비실재성을 통찰하는 것을 전제한다. 나아가 욕망에 근거하고 욕망을 적극적으로 활용함으로써 깨달음도 얻고 정토도 이룩할 수 있다는 것이다. 이른바 '발상의 전환'이라 할 만하다.

보살의 자비와 사랑은 역사와 중생에 대한 애정이며, 중생을 제도하고 정토를 구현하겠다는 거대한 역사적 욕망이다. 하지만, 이것은 소승불교에서는 금기 사항이다. 아라한은 삶과 역사의 비실재성(연기성)을 통찰함으로써 그것의 실재성이 주는 구속에서, 곧 역사의 억압에서 해탈함을 목적으로 한다. 그러나 대승불교의 보살은 거기서 한 걸음 더 나아가, 무상하고 환상적인 존재와 역사를 적극적인 애정과 욕망을 바탕으로 하여 고통 없는 장엄한 정토세계로 만들고자 한다. 물론 보살이 이루고자 하는 정토까지도 공이요, 연기적인 것이다. 그래서 환(幻)이라는 것을 잘 알거니와, 알면서 이루어 가는 역사의 세계요, 보살의 실천인 것이다. 그것을 무연자비(無緣慈悲)라고 하니 실재론에 근거하지 않는 자비를 말함이요, 또한 여환자비(如幻慈悲)라고 하니 곧 환과 같은 존재가 환과 같은 정토를 이루고자 하는 환과 같은 역사적 실천을 이름이다.

대승불교도 범부의 이기적이고 미혹한 욕심은 물론 버려야 할 악덕이라 치부한다. 그러나 연기성을 통찰한 보살은 역사를 변화시키고 전개시킬 수 있는 열린 자세를 견지할 수 있으며, 여유롭고 풍부한 역사적 상상력을 발휘할 수 있다는 것이다. 이러한 대승불교의 시각은 개인의 욕망과 욕망의 확대 의지를 보장하고 충동하는 자본주의적 발상과는 다르다. 다만 불교라는 것이 그렇게 간단히 욕망을 버리고 의

지도 버리고 적극적인 참여 자세까지도 버리는 소승적 태도만으로 일반적으로 받아들여짐은 곤란하다는 것이다. 대승불교야말로 소승불교에서 말하는 기본 사상과 실천 규범을 수용하되 거기서 한 걸음 더 나아가 모든 것을 긍정적으로 받아들이고 확대하고 풍부히 해나가는 적극적인 존재관과 역사의식을 내재하고 있는 것이다.

소승불교에서는 어떠한 존재 형태-정신적이든 물질적이든-도 그것의 무상성으로 말미암아 집착하여 취할 바가 못 된다. 모든 것은 특별히 애정과 관심을 받을 수가 없다. 하나하나 버려 나간다. 그래서 철저히 가난해지는 것이다. 역사로부터도 그러하다. 그러나 대승불교에서는, 그 어떠한 것들도 무상하고 무아(無我)인 연기적 존재이지만, 그러함을 아는 한에서는 그런 것을 수용하고 적극 발현해 나가는 것이 조금도 장애가 되지 않는다. 역사는 보살의 무한한 자기실현의 실천의 장이 된다(이런 점은 인간의 역사적 발현에서 '자유'의 문제와도 깊은 연관을 맺을 수 있을 것이다).

무소유 공동체인 승가 중심의 원시불교가 대승경전에 오면 수많은 보살, 장자, 선남, 선녀의 다양한 삶으로 확대된다. 상인, 뱃사공, 군인, 백정, 농민, 관료들과 같은 다양한 직업군이 보살의 모습으로 나타난다. 이런 여러 가지 특징은 꼭 사회주의적이다, 자본주의적이다 하는 근대의 경제 제도와 비교할 성질이 아닐는지 모른다. 하지만 성급한 일부 민중불교운동가들은 불교를 욕망을 부정하는 종교, 소유를 부정하는 종교 따위로 파악하여, 불교는 자본주의와는 기본적으로 만날 수 없으며 사회주의야말로 불교와 우호적이라고 생각하는 것은 아닌지 반성할 일이다.

아무튼 오늘날 민중불교가 사회주의 지향의 노선을 취할 것인가, 자본주의적 노선을 취할 것인가, 이 두 가지를 절충하고 보완하는 성격을 취할 것인가, 둘을 바탕으로 하되 제3의 사회제도와 성격을 모색할 수 있는가 하는 문제에서 다만 분명한 것은 이 모든 것이 시대 상황에 따라 선택되어야 할 역사의 방편적 영역이라는 점이다. 따라서 민중불교가 지향하는, 고정적이고 확정적인 특정한 사회 성격일 수는 없다고 생각한다.

그밖에 민중불교가 가지고 있는 현실적인 측면에서의 문제점이 있다면 민중불교가 불교 내부 문제에, 이를테면 교단 행정의 효율적이고 합리적 쇄신 문제라든지 포교, 교육, 역경과 같은 일에 소홀하다는 것이다. 이러한 점은, 사실 민중불교가 자기 대중의 지지와 애정을 확보하는 중요한 부분임에도 불구하고, 현실적으로 급박한 조건과 부족한 역량으로 말미암아 그냥 간과해 버리는 경향이 많다. 민중불교가 진정 불교의 전통을 이어받아 앞으로의 불교를 열어나가고자 하는 큰 뜻이 있다면, 이런 불교 자신의 문제를 짊어지지 않으면 안 될 것이다. 이 점은 또한 민중불교의 역량과 조건의 확산과도 직결된다는 점에서 매우 중요한 문제라고 생각된다.

대승불교의 실천사상

대승불교의 가장 대승다움은 무엇일까? 그것은 아마 통일의 성격이리라. 깨달음(보디)과 역사(사트바)를 묶어내는 일처럼 엄청나고 야심적인 일이 또 어디에 있을까?

현대 철학의 두 조류, 곧 지식이 성립하는 과정을 법칙화하고 지식의 기준을 수립하려는 경향과 또 우리가 처한 인간적·사회적 상황을 집요하게 탐구하려는 경향의 두 가지는 모두 상당한 호소력과 장점을 지니고 인간의 문제에 기여하고 있다. 근대 철학의 밑바탕에 깔린 진정한 통일적 요소는 우리 모두가 할 수 있는 선택의 범위를 제한하기도 하고 또 선택을 하는 데 보탬을 주기도 하는 인식적 제약과 사회적 제약을 두루 이해하려는 노력일 것이다. 그런 만큼 이 두 가지 부류의 제약에 대한 이해를 유기적으로 관련시키는 일이야말로 오늘날 실천과학의 과제가 되고 있다.

　　이것은 우리의 철학이 한편으로는 추상적이고도 기준을 수립하는 방향으로 나아가야 하면서, 그와 동시에 또 한편으로는 사회적으로 좀 더 구체적인 양상을 띠어야 하는 필요성과 일치한다. 이러한 두 가지 주문을 동시에 요구하는 것을 모순이라고 할 수는 없다고 본다. 현대 인류가 인문학에서의 혼돈과 사회학에서의 갈등을 빚고 있는 큰 이유는 이러한 두 가지 성격의 사상과 실천을 묶어내는 데 아직 성공하지 못했기 때문이 아닐까 싶다. 그래서 분석철학이나 현상학 들은 역사적 상상력과 현실의 구체적인 사회 문제 앞에 속수무책이었고, 마르크시즘이나 공리적인 사회과학들은 인식의 문제와 논리를 적용하는 문제에서 많은 무리와 허점을 보임으로써 역사적 성과에 대한 회의에 부딪치고 있는 것이다. 이런 저간의 문제에 대한 해답이 대승불교 사상에서는 일찍부터 배태되어 있었다고 하면 지나친 독단일까?

　　대승불교 사상의 특징은 존재의 구조나 생성변화의 성격과 원리를 파악하는 '보디'의 측면과 사회적 실천에 관한 사상적 태도와 규범을 말하는 '사트바'의 측면을 훌륭히 결합해 내는 일이었다. 그것은 한편 논리적으로 볼 때 다른 차원이라 할 수 있는 인식적인 측면과 실천의 영역을 하나의 삶 속에서 역사의 장으로 통합해 내는 일이었다. 이는 마치 흰 것과 딱딱함이 하나의 바둑돌로 나타나는 것과 같은 원리일지도 모르겠다. 곧 '보디'는 존재의 실재성을 해부하여 그의 구속으로부터 해방되는 일이고, '사트바'는 한시적인 또는 잠정적인 실재론 위에서 전개하는 갖가지 삶의 실천이다. '사트바'는 이것을 붉게 보거나 푸르게 보거나 왼쪽으로 가거나 오른쪽으로 가거나 단층집을 짓거나 이층집을 만드는 것이라면, '보디'는 '이것을 …한다'는 문장 가운데에서 '이것'이라는 그 '것'에 존재적인 성찰을 집중하여 후차적인 모든 실천 영역의 원천을 확보하는 것이다.

　'보디'와 '사트바'는 분명히 서로 다른 논리 적용의 차원인 바, 저마다 자기 만족의 영역을 구축하고 있다고 본다. 그래서 소승불교에서는 '보디'의 측면에 안주하고서도 열반의 경지에 머물 수 있었는지도 모른다. 그러나 현실적인 역사의 갖가지 문제 곧 '사트바' 차원의 문제는 너무도 치열하여 잠시도 외면할 수 없는 일이었다. 선종의 선사들이 깨달음을 얻고서도 사회나 역사의 성취 문제에 기여할 수 없었던 것은 이와 같이 논리적 차원이 달랐기 때문이었다. 한 마디로 '보디'밖에 없었던, 치우치고 절름발이인 역사적 삶이라 하겠다.

　한편 오늘날 민중불교에서는 '사트바'의 사회적 문제, 실천의 문제에 몰두하는 데 흘러 '보디'의 측면을 소홀히 하거나 오해하고 있는 듯이 보인다. 현 단계의 민중불교가 지니는 태도는 '보디사트바'가 아닌, '마르크시즘사트바'라고 하여도 지나치지 않을 성싶다. 이즈음의

'산중불교와 민중불교를 발전적으로 지향하자'는 말은 이러한 '보디'에 치우친 입장이나 '사트바'에 치우친 불교의 모습을 통일적으로 묶어야 한다는 취지였다.

대승불교에서는 '보디사트바'라는 말을 보편적이거나 추상적인 개념으로 안이하게 받아들이지 않는다. '보디'는 존재성에 대한 논리적 이해이며, '사트바'는 구체적인 그때그때의 현실과 그에 대응하는 그 어떤 실천양식과 태도를 뜻하는 것이다. 특히 '사트바'는 '보디'라는 보편적 영역에 특수한 영역을 접붙이는 일로서 '방편바라밀'을 지고지대의 내용으로 하고 있다. '방편바라밀'은 '방편'이라는 말과 '바라밀'의 접합어인데 어떤 특정한 역사적 방편이 방편 그 자체에 고착되어 얽매이거나 역사에 같이 천류하는 것이 아닌, 역사성 그 자체에서 원천적인 자유를 획득한 방편이라는 뜻이다(이는 방편이 '보디'의 기본 태도와 결합하여 있기 때문이다).

대승불교에서 '사트바'는 '보디사트바'이며 '방편바라밀'이다. 그것은 구체성이며 현실성이며 특수성이다. 그리고 그것을 가능하게 하는 원리는 보살의 투명하면서도 뜨거운 원력(願力)과 자비다. 역사에 대한 긍정적이고 따뜻한 마음이다. 앉아 있거나 누워 있지 못하는 존재의 행동성이다. '보디'만 있던 소승불교에 '사트바'를 강력하게 접붙임으로써 대승불교는 역사불교, 중생불교, 실천불교라 불린다.

이러한 대승의 '보디사트바'의 역사 정신과 실천은 오늘날 인류가 안고 있는 사상과 실천의 문제에 중요한 사상적 영감을 주리라고 확신한다. 그것은 인문학과 사회학을 결합해 낼 수 있도록 할 것이고, 철학과 사회를 만나게 할 것이다. 사회과학에 있어서도 비판적 합리주의와 비판이론을 통일시킬 것이고 자유의 문제와 평등의 문제를 합치고 자본주의와 사회주의를 손잡게 할 것이다. 그리고 마침내 남과 북이, 동과 서가 서로 얼싸안게 할 것이다.

'민중불교운동의 대승적 전개를 위하여'는
1988년 '대승불교승가회' 회원 학습용 강의 원고로 작성되었다.

'기본불교와 대승불교'는 「불교평론」 제44호(2010년 가을호)에 실린 글이다

6장

기본불교와
대승불교

기본불교와 대승불교

'기본불교'란 무엇인가

나는 대다수 사람들이 대승불교의 성격과 의미를 잘 이해하지 못하고 있다는 생각을 늘 가지고 있다. 달리 말하자면 기본불교(무상, 무아, 연기, 공, 반야 등의 가르침을 중심으로 하는 모든 불교)와 대승불교의 차이를 정확히 이해하고 있지 못하다고 보는 것이다. 지나친 오만일 수도 있고, 착각일 수도 있는 이런 생각을 오래전부터 해 왔다. 큰스님들의 법문과 강의를 들을 때도 외람되게 그러했고, 서적을 통해 국내외 여러 불교학자들의 의견과 주장을 보면서도 마음 한편에서는 불만스러운 감정이 자리 잡곤 했다. 그 이유는 그러한 법문이나 저술에서 이야기하고 있는 내용들이 기본불교와 대승불교의 차이를 명확하게 알고 있지 못하다고 여겨지는 그 어떤 점으로 인해 대개 만족스럽지 않았기 때문이다.

나는 먼저 2,600년 불교의 흐름 속에 나타난 다양한 불교의 가르침을 크게 기본불교와 대승불교라는 용어로 분류하고자 한다.

'기본불교'라고 이름하는 것은 새로운 시도인데, 초기불교·근본불교·소승불교 등으로 쓰이는 일련의 불교와는 별도로 기본불교라는 용어를 사용하여 대승불교의 가르침과 비교함으로써 이 시대에 필요한 불교적 전망을 이야기하고자 한다.

그렇다면 기본불교와 대승불교의 내용은 무엇인가?

'초기불교'라는 표현은 가치중립적이기는 하지만, 용어상으로는 그 내용의 특성이나 위상이 잘 드러나지 않는다. 단지 '시기적으로 처음 시작하는 단계의 불교'라는 의미로서 부처님 당시에서부터 일정 기간 동안 불교를 지칭할 때 사용하는 것으로 보인다.

'근본불교'는 초기불교를 지칭하는 또 다른 용어이기도 한데, 근본이라 함은 '근원, 기원, 원천, 유래(root, source, origin)'라는 의미로 읽히기 때문에 오리지널한 원형이라는 당위성과 절대성을 강조하는 사람들이 선호하는, 다소 논쟁적인 표현이기도 하다.

'소승불교'는 초기불교, 근본불교, 상좌불교, 부파불교 등을 통틀어 지칭하지만, 실은 부파불교를 가리켜 대승불교도들이 폄하하는 뉘앙스를 담아 쓴 용어로서, 근자에는 다소 조심스레 사용하거나 대승불교와 특별히 대비하여 말할 때 사용하는 말이다.

이에 비해 '기본불교'는 '기초, 근거, 토대, 바탕[foundation(fundamental), basis(basic), standard]'의 뜻을 가지는 '기본'이라는 용어를 사용한다. 따라서 '기본불교'라는 표현은 불교의 가장 기본적인 가르침인 '무상, 무아, 연기, 공, 반야의 가르침'과 그 '가르침을 잘 알기 위한 모든 방편과 노력들(4념처·8정도를 위시한 37조도품이나 지관행, 선불교의 참선 등)'의 내용을 담지하고 있는 불교라는 뜻이다.

이러한 기본불교의 내용은 초기불교나 아비달마의 기본을 이루고 있기 때문에 초기불교나 아비달마의 가르침은 기본불교라 부를 수 있다.

또 선(禪)불교도 표현 양식은 다르지만 반야와 공을 기본 내용으로 하기에 기본불교라 할 수 있다. 대승경전과 논(論)도 무상, 무아, 연기, 그리고 반야와 공을 기본 내용으로 하고 있다. 그렇기 때문에 대승불교도 기본불교의 가르침을 기본적으로는 갖추고 있다고 볼 수 있다. 다만 대승불교는 그러한 기본적인 측면에 더하여 성격을 달리하는 별도 영역을 추가하여 말하고 있는 것이기 때문에, 기본불교와 구분하여 대승불교라 부르는 것이다.

따라서 대승불교는 초기불교, 근본불교 등과 대칭되는 용어라기보다는 기본불교와 대칭되는 것이다. 그렇다면 기본불교에서 추가되는 대승불교의 별도 영역은 무엇이며 왜 추가하게 되었는가?

대승불교 출현과 그 배경

불교의 기본 가르침은 무상, 무아, 연기, 공 그리고 반야의 가르침이다. 이러한 가르침은 사람들로 하여금 존재가 덧없고 허망한 것임을 일깨워 주어 존재의 실재성으로부터 해탈하게 해 주는 효과를 이끌어 냈다. 또한 부파불교, 아비달마 시대를 거치면서 교리적 발전과 정립을 거쳐 더욱 정치한 이론으로 전개되었다. 이러한 것들이 바로 기본불교인 것이다.

그러나 이러한 기본불교의 가르침은 삶과 세계를 설명하고 해석하는 입장이었다. 즉 기본불교는 세상을 어떻게 보아야 하는지에 대해서는 일깨워 주었지만, 세상을 어떻게 변화시키고 바꾸어 나가야 하는지, 어떤 세상을 만들어 가야 하는지에 대해서는 설명하지 않았다.

무상, 무아, 연기의 가르침은 상대주의적 세계관에 입각한 것이므로, 그 어떠한 실재(實在)도 세우지 않는다. 세상의 어떤 존재나 가치도 절대적이지 못하며, 덧없으며 허망하다는 것이다. 이에 반해 부처님 당시의 인도사회에는 브라만교가 있어 '브라만'이라는 보편적 실재를 중심에 놓는 교리를 내세우고 있었다. 브라만교는 모든 가치가 브라만으로부터 비롯된다는 것이었다. 그 밖에도 당시에는 객관적 실재론, 주관적 실재론, 일원적 실재론, 다원적 실재론 등 다양한 실재론을 표방하는 가르침이 횡행하고 있었다.

그런데 불교가 출현함으로써 인도사회는 다양한 실재론을 내세우는 여러 종교와 어떠한 실재도 인정하지 않는 불교로 크게 이분되었다. 불교 이외의 종교나 가르침은 모두 실재론에 근거한 것이었다. 당연히 비실재론의 불교와 실재론의 여러 종교 간에 치열한 논쟁이 벌어지게 되었다.

'세상이 무상하고 무아하다면 결국 세상이 허망하다는 것인데, 그렇다면 왜 삶을 살아야 하는 것인가?'

'목숨은 과연 연장할 필요가 있는 것인가?'

'가정생활은 해야 하는가?'

'세상이 허망하다면 사회는 바람직하도록 개조해야 할 필요가 있는가?'

'세상이 허망하다는 이론이 세상을 변화시킬 방향과 방법을 이야기 할 수 있을까?'

이런 질문들이 불교도들에게 쏟아져 들어왔을 것이다. 도대체 실재를 전제하지 않은 세계가 가능한 것인가? 상상도 할 수 없는 일이었고 납득이 되지 않았을 것이다. 신(神)이나 존재의 본성 같은 실재가 없다면 우리 삶의 가치는 어디서 유래되며, 행동의 동기는 어디에 근거해야 하는가? 비단 다른 종교인들의 질문뿐만 아니라, 불교도 스스로도 이런 질문을 자연스럽게 제기하지 않을 수 없었을 것이다.

이런 점에 대한 딜레마는 불교 내부에서 교리적으로 모색하여 해결해야 했던 과제이기도 했다. 그리고 이것은 당시의 인도사회에서 불교 이외의 종교나 사상들과 많은 논쟁을 하는 과정에서 당연하게 부각되었던 것이다.

그러나 실재론적 세계관에 서 있는 그들과 논쟁하는 과정에서 불교도들이 무상·무아의 세계관을 설명하여 이해시키는 일은 매우 힘들었을 것이고, 더구나 모든 것이 덧없고 허망하다는 입장을 가지고 어떻게 삶을 살아가는 것인지 설명하기란 더욱 힘들었을 것이다.

그러한 당시의 정황은 많은 경전에서 묘사되고 있다. 예컨대 초기 대승경전인 반야경(『금강경』, 『소품』, 『대품』 등)에는 "어떠한 종류의 실재도 성립하지 않는다는 이야기를 듣고도 놀라지 않거나 두려워하지 않는다면 매우 희유한 일일 것이다."라는 표현이 무수히 나오고 있다.

대다수 사람들은 그것이 어떤 종류이든 반드시 실재를 전제로 해서 살아간다. 그렇기 때문에 그러한 실재가 없다는 가르침을 받아들이기가 무척 어렵다는 것이다. 또한 그 어떤 실재를 전제로 하지 않는 삶의 경우 어떻게 살아야 할지 너무 막연하다는 것이다. 이것이 무상, 무아, 공을 내세우는 불교가 대중을 설득하기 힘든 점이었다. 반야경 등 대승경전의 편찬자는 이 점을 충분히 인식하고 있었으며, 그 어려움 점을 토로하고 있는 것이다.

다시 말해서, 일반적으로 사람들의 삶과 행동의 근저에는 그 어떤 실재(예컨대 신, 브라만, 선, 이성, 명예, 부, 쾌락 등)가 전제되어 있다. 그리고 그러한 실재로부터 행위의 동기와 목적을 부여받고 있다. 그런데 불교가 말하는 무상, 무아, 공의 가르침을 받아들인다면 실재성의 근거를 상실하게 된다. 그렇기 때문에 삶의 동기와 행동의 당위성 및 필요성이 어떻게 성립하는지를 알 수 없어 '놀라고 두려워하고 허둥댄다.'는 것이다.

이러한 상황에서 불교는 실재론에 서 있는 다른 종교, 사상들과 대항할 '적극적인 연기적 역사관'이 필요하게 되었고, 내부적으로도 연기론을 이해한 불교도들에게 삶을 열심히 살 수 있도록 하는 보다 진전된 불교 이론을 펼치지 않을 수 없었다. 기본불교의 가르침은 이러한 교리적 도전에 응전하는 과정에서 '새로운 내용을 포함하는 불교'로 발전하게 된다. 그것이 바로 '대승불교'인 것이다.

그렇다면 그 새로운 내용은 무엇인가?

그것은 무상, 무아, 연기, 공이라는 비실재론적인 세계관을 통해서 존재와 세계의 실재성으로부터 해탈하여 모든 괴로움을 원천적으로 소멸할 수 있다는 삶의 자세에서 한걸음 더 나아가 그러한 비실재론적 세계관을 유지하면서도 실천적이며 적극적인 삶을 살 수 있도록 하는 그 어떤 태도와 방법을 말한다.

실재를 전제하지 않는 연기론적 세계관을 가진 불교도가 세상을 덧없이 알고 허망하다고 하는 생각을 유지하면서도 과연 세상을 적극적이고도 뜨겁게 살 수 있는가?

여기서 냉정한 판단을 기초로 한 해답이 나왔다. '덧없다, 허망하다, 꿈같다'라는 것은 사실판단이지 가치판단이 아니라는 점이다. 세계가 덧없고 꿈같고 허망하다는 것은 현실이 그러하다는 사실판단의 영역이며, 그것이 아름답다거나 추하다거나, 즐겁다거나 괴롭다거나 또는 무언가를 하겠다거나 아무것도 하지 말아야겠다는 것은 가치판단의 영역이라는 것이다.

상투적으로 생각하면 '덧없다, 허망하다, 꿈같다'라고 하는 면은 당연히 '그만두어야지, 아무것도 하지 말아야지, 아! 슬프다' 따위와 연결된다고 생각할 수 있지만, 이는 논리적으로 아무런 상관 관계를 가지지 못한다. 즉 사실판단과 가치판단은 전혀 다른 논리적 차원의 영역인 것이다. 그러므로 대승불교는 사실판단과 가치판단을 결합하는 데 아무런 문제가 없다고 판단하여 그 결합을 적극적으로 시도하였다.

마치 흰 것과 딱딱함이라는 다른 차원의 내용이 하나의 바둑돌이 되는 것처럼, 세계가 허망하다는 사실판단을 전제로 하면서도 특정한 가치판단인 어떤 목표를 세워 행동을 하는 것이다. 이는 두 가지 서로 다른 성격의 논리적 영역이 결합하여 새로운 삶의 지평을 열어가는 것이라 할 수 있다.

대승불교란 이와 같이 세계가 허망하다고 보는 사실판단을 바탕으로 하되, '자비'와 '원(願)'이라고 하는 투명한 가치판단을 내세워 다양한 방편바라밀을 통해 적극적이고도 뜨거운 삶을 살아갈 것을 가르친다.

예를 들어보자. 영화는 끊어진 필름의 연속동작으로 이루어지는 착시현상을 통해 성립된다. 이러한 착시현상으로 이루어지는 영화는 허망하며, 덧없고, 꿈같고, 환상(illusion)과 같다. 사실판단으로 보면 그렇다. 하지만 사람들은 이러한 활동사진을 허망하고 환상과 같다고 하여 일찌감치 폐기처분하지 않았다. 오히려 움직이는 허망한 필름 속에 인간의 꿈과 사랑, 슬픔과 용기 등을 담아내면서 영화를 지속적으로 발전시켜 왔다. 즉 영화는 허망한 것이긴 하지만, 그 허망함 위에 뜨거움과 정열을 구현한 것이다. 그러면서도 영화가 허망한 것인 줄 알기에, 또한 그러기에 영화 속에 구현되는 삶의 모습들과 꿈들을 애틋하게 여기는 것이다.

대승불교도들도 이와 같은 맥락으로 허망한 삶과 세계에 투명한 '자비'와 '원'을 바탕으로 뜨거움과 적극적인 실천을 담아내고자 했다. 이러한 일은 세계를 무상, 무아, 공, 반야라고 하는 연기론적 세계관을 저버리는 데서 가능한 것이 아니다. 오히려 그것에 근거하기에 가능한 것이며, 이것이야말로 대승불교의 미묘함이라 하겠다. 마치 활동사진의 허망과 환상이라는 속성을 통해 영화가 가능하듯이.

이렇게 해서 탄생된 것이 대승불교인 것이다.

『금강경』을 대승경전이라 부르는 이유

문답형식으로 이루어진 초기 대승경전인 『금강경』은 다음과 같은 그 유명한 첫 질문으로 시작한다.

"사람들이 아뇩다라삼먁삼보리를 발하였다면 일상에서 그 마음을 어떻게 머물며 다스려야 합니까[善男子善女人, 發阿耨多羅三藐三菩提, 應云何住, 云何降伏其心]?"

즉 무상, 무아, 공의 세계관을 가진 사람은 어떻게 살아야 하는가 하는 질문을 하는 것이다. 이 질문은 실재론에 근거하고 있는 타 종교인이나 비실재론에 서 있는 불교도들의 공통적인 의문을 대변하고 있다.

이에 대해 부처님은 "모든 중생들을 구제하되 구제한다거나 했다는 생각을 해서는 안 된다."고 대답했다. 이 말씀을 곰곰이 생각해 보면 '구제한다는 생각이 없이 구제하라'는 뜻임을 알 수 있다. 구제하는 행위를 하지 말라는 것이 아니다. 만일 구제 등의 행위가 무의미하다거나 불필요하다면 부처님은 '일체가 무의미한 일이니 아무것도 하지 않는 것이 좋다.'라고 답변하셨을 것이다.

그래서 『금강경』은 선남자·선여인으로 하여금 무수한 선행과 자비를 행하도록 권함과 동시에 존재와 삶, 그리고 세계가 허망하다는 것을 잘 알아 마음에 집착하거나 머물지 말 것을 중요한 조건으로 강조하는 것이다. 이것이 바로 머물거나 집착하지 않는 자비행을 말하는 것으로서 대승의 첫 가르침이 되는 것이며, 『금강경』을 대승경전이라고 부르는 이유이다. 이러한 자비를 불교에서는 여환자비(如幻慈悲; 환상과 같은 자비), 무연자비(無緣慈悲; 논리적이거나 현실적 연관성이 없는 자비)라고 말하는데 이는 실재론에 근거한 사랑이나 욕망과 구분된다.

『금강경』의 대표적인 구절인 "머무름 없이 마음을 내라[應無所住

而生其心)!"는 이야기도 같은 맥락의 뜻이다. '아(我), 인(人), 중생(衆生), 수자(壽者)라는 각종 상(相)은 허망한 것이다. 그래서 그러한 상에 집착해서는 안 된다. 하지만 그럼에도 불구하고 하고자 하는 어떤 마음을 내어야 한다.' 라는 것이다.

여기에서 말하고자 하는 메시지의 핵심은 머물지 않으면서도 마음을 내어 행하는 것이 중요한 것이요, 그것이 결국 대승의 핵심적 요체가 된다는 것이다. 따라서 '응무소주 이생기심(應無所住 而生其心)' 구절은 '응무소주'에 강조점이 있는 것이 아니라 '생기심'에 강조점이 있는 것으로 읽어야 대승의 취지가 더 잘 드러난다. 그 어떠한 상(相)에도 머물지 않되, 마음을 내어 행하는 일, 이것이 대승에서 말하는 청정심이며, 미묘한 행인 것이다.

불교의 경전이나 어록에서 나오는 청정이라는 표현은 '깨끗하다(clean)'는 뜻이라기보다는 연기적 세계의 모습을 뜻하는 경우가 많다. '실체가 없이 다른 것과의 연관 속에 드러나 있으며 변화해 가는' 그 어떤 투명한 상태를 표현하는 것으로 이해하는 것이 옳다. 청정심이라 할 때는 그러한 상태를 잘 이해하고 있는 마음이라고 생각하면 될 것이다.

예컨대 선불교에서 '마음을 잘 살펴 맑음을 본다〔住心看淨〕'라고 할 때도 그러하고, 『열반경』 등에서 '상락아정(常樂我淨)'이라고 말씀할 때도 깨끗한 어떤 것을 말하는 것이 아니라, 연기와 반야의 세계를 말하는 것이다. 경전이나 어록에서 '맑을 정(淨)'이라는 구절이 나오면 대개 '연기(緣起)의 세계'를 말하는 것으로 이해하면 틀림이 없다.

어쨌든 '머물지 않고 마음을 내어 행하는 일', 즉 청정심으로 행하는 자비행이야말로 대승불교의 특징이라 할 것이다. 이러한 내용을 강조하는 『금강경』의 문단들을 지칭하여 중국 양나라 소명 태자는 '묘행무주(妙行無住: 머물지 않는 미묘한 행위)', '정토장엄(淨土莊嚴: 세계를 멋지게 꾸미는 일)'이라고 소제목을 달기도 하였다.

대다수 사람들이 『금강경』을 포함한 반야경의 메시지를 '무주(머물지 않음)'나 '상을 여읨' 또는 '공을 밝힘'이라 하지만, 사실 대승의 가르침은 '머물지 않으면서 어떻게 행하는가'에 있으며 『금강경』은 이에 충실하고 있다.

『반야심경』은 대승불교의 가르침을 표현하고 있나?

그런데 이상과 같이 『금강경』이 대승불교의 가르침을 잘 드러내고 있다면 『반야바라밀다심경(일명 '반야심경')』은 어떠한가? 한국불교가 각종 의식에서 애송하는 『반야심경』은 반야 계통의 경전이지만, 대승불교를 이야기한다기보다는 기본불교를 강조하고 있다고 봐야 할 것이다. 왜냐하면 『반야심경』은 '공(空)을 밝히는 것'을 주요 내용으로 하고 있기 때문이다.

『반야심경』에서는 오온(五蘊: 물질이나 정신적인 각종 영역의 무더기 등)이 다 공(空)임을 관조하여 이해하는 것이 반야바라밀이며, 이러한 반야바라밀을 통해 모든 괴로움을 벗어나게 되고 깨달음을 얻게 된다는 가르침을 천명하고 있다.

공은 바로 연기(緣起)를 뜻하며, 연기로 드러나 있는 현상을 말한다. 그것은 한순간도 멈추지 않고 변해가며 모든 영역과 상호 의존하며 삼투하고 있다. 이러한 존재들은 실재적인 의미로 볼 때, 존재하는 것도 아니면서 존재 자체가 없다고 하는 것과는 전혀 다른 양상을 띠고 있다. 그래서 인도의 나가르주나는 『중론』에서 이러한 존재의 양상을 공이라고도, 가(假)라고도, 중(中)이라고도 표현할 수 있다고 했던 것이다. 많은 대승경전에서 연기의 세계를 연기성(緣起性), 공성(空性), 법성(法性), 불성(佛性) 등으로 표현하고 있는데, 다 같은 말이라 하겠다.

따라서 무상, 무아, 연기, 공 등에 대한 가르침을 기본불교라 했을 때 『반야심경』은 기본불교에 충실한 경전이라 할 수 있는 것이다. 『반야심경』과 달리 같은 반야부 경전인 『금강경』이나 『소품』, 『대품』 등은 기본적으로 반야나 공을 설명하지만, 추가로 각종 바라밀과 중생 구제 등의 자비행을 강조하고 있다. 그래서 그것들을 가리켜 대승불교라고 하는 것이다.

유식(唯識), 여래장, 진여의 세계는 대승불교인가?

연기, 무상, 무아, 공에 대한 가르침이 기본불교라면 유식(唯識), 여래장, 법계, 법신, 진여 등에 대한 가르침은 대승불교인가, 기본불교인가?

답은 기본불교이다. 법성, 공성, 연기성, 불성, 법신이라는 표현은 모두다 연기의 세계를 표현하는 동의어이다. 그렇듯이 유식성(唯識性), 법계성, 진여성, 여래장성 또한 같은 말로서 다 연기적 존재의 실상을 드러내는 동일한 용어이다. 따라서 연기와 공의 범주를 설명하는 것이라면 공, 여래장, 진여 등의 용어를 사용하여 세계를 설명하더라도 기본불교로 보아야 한다. 물론 유식, 여래장, 진여 등의 가르침을 기본으로 하면서 '머물지 않는 자세로 행하는 각종 바라밀과 자비행'을 말한다면 당연히 대승불교가 되는 것이다.

만일 기신론이나 『능엄경』, 『화엄경』 등을 이야기하면서 마음, 여래장, 진여, 법계연기 등만 강조하면 기본불교를 설하는 것이요, 그러한 기본불교에다 각종 바라밀과 자비행을 연결시켜 말하면 대승불교로 설하는 것이다. 이런 의미에서 오늘날 한국불교는 대승경전을 기본불교로만 해석하고 받아들이는 것은 아닌지, 대승불교로 받아들여 사용하고 있는지 잘 살펴보아야 할 것이다.

중국의 선불교는 대승불교인가?

중국의 선(禪)불교의 경우도 한번 살펴보자. 선불교는 대승불교인가, 기본불교인가?

선불교는 인도에서 대승불교가 펼쳐진 이래 한참 후인 중국의 당·송 이후에 나타난 불교 경향이다. 그렇기 때문에 당연히 대승불교라 하기 쉬운데 사실은 그렇지가 않다. 선불교는 인도의 반야사상, 즉 공사상이 중국적으로 변용되어 표현되는 특수한 장르라고 할 수 있다. 많은 선사들이 설법, 게송 읊기, 각종 제스처를 통해 불교를 표현하고 있는데, 소수의 경우를 제외하고는 대개 반야와 공의 세계를 드러내는 것을 주요 내용으로 삼고 있다. 그렇다면 선불교도 대승불교라기보다는 기본불교라고 해야 마땅할 것이다.

선불교에서는 특히 '깨달음'을 강조하고 있다. 여기서 말하는 깨달음이란 반야와 공(연기)에 대한 이해요, 깨달음이기 때문에 선불교는 기본불교의 중국적 변용(variation)인 셈이다.

그렇다면 선불교도 자비와 바라밀을 포함할 수 있는가? 당연히 포함해야만 한다. 그래서 선불교도 기본불교에 머물지 말고 대승적으로 선풍을 펼쳐 나가야 할 것이다. 이는 지혜(깨달음)와 자비를 구족하는 일이며, 반야와 방편을 겸하는 일이기도 하다. 선불교가 만약 반야와 공만 드러내는 데 그친다면 이는 불교의 기본적인 측면만을 강조하는 일로서 불교의 진화적 성과인 대승불교의 측면을 배제하는 일이 될 것이다.

20세기 초에 일본의 D. 스즈키 박사가 유럽과 미국 등지에서 선불교에 대한 순회강연을 할 때의 기록을 보면, 선불교도 사회와 역사 문제에 관심을 갖는가라는 질문을 종종 받았는데, 그때마다 옹색한 답변으로 그치는 것을 볼 수 있다. 선불교는 '안목이 올바른 것을 존중하지 그대의 행동은 묻지 않는다.'는 가풍으로 인해 깨달음(반야와 공에 대한)만 중시하고 윤리나 실천적 문제는 등한시하는 풍조가 만연하게 되었다. 즉 윤리, 사회, 역사 문제에 대한 성찰과 표현이 부족하게 된 것이다.

물론 연기, 공, 반야는 불교의 기본이니 선불교가 이에 충실한 것은 대단히 훌륭한 것이며 찬탄 받을 만하다. 그러나 그것만 가지고는 부족하다. 불교는 초기불교 이후로 기본적인 세계관에다 대승이라는 불교의 독특한 역사적 상상력의 날개를 달았다. 그런데 부처님 열반 1,000년 후에 나타난 선불교가 비록 중국적인 새로운 양식으로 반야와 공의 세계를 표현하고 있다 하더라도 그것은 기본불교에 머물고 있을 뿐이다. 당연히 선불교도 '역사'라는 날개를 달아야 대승불교라 부를 수 있는 것이다.

대승불교의 진수 『화엄경』

대승불교의 진면목을 가장 잘 표현하고 있는 경전은 아무래도 『화엄경』인 것 같다.

진정한 대승불교의 진면목은 무상, 무아, 공, 진여라는 연기적 세계를 이해하는 바탕을 기본 근거로 담고 있으면서 그 위에 적극적이고도 뜨거운 바라밀을 행하도록 강조하는 것이다.

초기 대승경전인 『화엄경』의 십지품(十地品)에서 주장하는 10바라밀의 내용은 이러한 대승의 역사적 실천론을 잘 대변해 주고 있다. 10바라밀이란 주지하다시피 보시, 지계, 인욕, 선정, 혜(반야) 등 6바라밀에다 방편, 원, 역(力), 지(智)라는 4가지 바라밀을 추가한 것이다. 이 4가지 추가되는 바라밀이야말로 가장 대승적인 성격을 띠고 있다 하겠다.

이 4가지 바라밀의 순서를 약간 바꾸어 설명하면 다음과 같다.

열 번째 지(智)바라밀은 구체적 현실의 삶과 세계와 역사를 총체적이면서 세부적으로 잘 파악하는 것을 말한다. 아주 현실적인 지식, 지혜, 통찰을 뜻하는 것으로서 연기(공)적 통찰을 뜻하는 반야(혜)바라밀과 구별된다.

여덟 번째 원(願)바라밀은 열 번째 지바라밀을 통해 파악하게 된 그 시대의 상황과 의미를 바탕으로 개인적으로나 사회적으로 구체적인 어떤 목표를 세우는 일이다.

일곱 번째 방편바라밀은 여덟 번째의 원바라밀을 통해 세운 목표를 다양하고도 적합한 방법론을 통해 실현해 가는 일이다.

아홉 번째 역바라밀은 방편바라밀을 강력히 추진할 수 있는 힘을 말하는데 방편바라밀을 실천할 때 병행하는 바라밀이라고 볼 수 있다. 아무리 현실에 대한 정확한 인식(지), 목표(원)와 방법(방편)이 있더라도 추진하는 강력한 힘과 조건을 갖추지 못한다면 성공할 수 없을 것이다.

6바라밀에 이은 이 4가지 바라밀은 대승불교 회심의 역사적 상상력으로서 연기적 깨달음과 결합되어 멋있는 역사적 삶을 꾸려 나가게 하는 것이니 이것이 바로 역사 장엄이요, 정토 장엄인 것이다. 즉 반야바라밀(bodhi)을 위시한 기본적인 6바라밀은 이러한 4가지 바라밀과 결합함으로써 비로소 연기와 공의 세계는 구체적인 역사성(sattva)을 획득하게 되는 것이다.

6바라밀이 개인적 덕목이며 기본적인 불교 세계관을 뜻한다면, 나머지 4바라밀은 그러한 덕목과 세계관을 갖춘 불교도가 구체적 현실에서 개인적으로나 사회적으로 활동해가는 것을 뜻한다. 그러기에 10바라밀이야말로 가장 대승불교의 가르침을 잘 표현하고 있다 하겠다. 그래서 이러한 10바라밀을 강조하는 십지품이야말로 『화엄경』의 핵심이며, 『화엄경』은 이로 말미암아 대승불교의 정수가 되는 것이다. 따라서 『화엄경』을 현대적으로 표현하자면, 불교의 사회적 실천론, 역사적 실천론인 것이다.

정토, 열반, 법화 등의 대승경전도 같은 취지이다. 즉 대승경전은 마음을 밝히거나, 세상을 해석하고 설명하는 것을 목적으로 하는 것이 아니다. 목표로 삼는 이상사회(정토)에의 전망, 실천의 자세, 그리고 그에 이르는 다양한 방법론에 대한 설법으로 가득 차 있는 것이다.

한편 이러한 10바라밀은 『십지경』의 변형된 별행품으로 보이는 『화엄경』의 십신품, 십주품, 십행품, 십회향품에도 고스란히 반영되어 있으며, 『유마경』, 『해심밀경』, 『유가사지론』 등의 대승경론에서도 주요 내용으로 강조되고 있어 명실상부 대승불교 이론의 기본이 되고 있다.

『화엄경』에 대한 중국 화엄종의 오해

한편 10바라밀을 중심으로 한 '불교의 세계관과 역사적 실천론'이 『화엄경』 가장 기본적이고 핵심적인 이론인데도 불구하고 중국 당나라 때의 화엄종은 『화엄경』을 법계연기나 육상원융, 십현연기 등 연기론이 주된 핵심이라고 했다. 또 화엄교관이라 하여 그러한 연기론을 잘 음미하고 성찰하는 것이 수행관법으로서 대단히 중요하다고 강조했다. 이는 대표적인 대승경전을 기본불교의 틀로 해석했던 중국 화엄종의 오류라고 본다.

이러한 오류로 말미암아 중국 화엄종의 영향을 받은 한·중·일 삼국이 모두 『화엄경』을 연기론을 설하는 어떤 경전으로 이해하게 되는 풍조가 생겼다. 연기론은 이미 인도에서 중관, 유식 등 아비달마의 시대를 거치면서 교리적 체계화가 벌써 이루어졌다. 중국 화엄종의 법계연기론 등이 이보다 진전된 것으로 보이지는 않는다. 설사 나름대로 진전된 것이라 하더라도 연기론은 기본불교의 범주인 것이다.

보디사트바의 탄생, 그리고 꿈과 실천

기본불교 시대의 이상적 삶의 전형이 '아라한'이었는데 대승불교가 시작되면서 '보디사트바'로 바뀌게 되는 것도 대단히 흥미로운 일이다. 아라한과 보디사트바의 세계를 비교해 보자.

기본불교는 삶과 세계에 대해 '해석하는 것(깨달음)을 기본으로 하는 가르침'이다. 그래서 그 결과로 삶과 세계가 비실재임을 깨달아 그것들의 구속과 억압으로부터 해탈하여 자유로운 마음의 경지를 이루는 것이었다. 그리고 이러한 경지를 이루면 '아라한'이라 불렀다.

이러한 경지는 '삶과 역사로부터의 자유(freedom from being and history)'라 표현할 수 있다.

대승불교는 기본불교의 경지를 바탕으로 하되, '실천을 통해 삶과 세계(역사)를 만들어 가거나 변화시켜 가는 일'을 말한다. 그리고 이러한 삶을 사는 사람을 '보디사트바(보살)'라 부르기 시작했다.

이러한 실천은 '삶과 역사에로의 자유(freedom to being and history)'라고 표현할 수 있다.

대승불교는 보디사트바를 실천적 삶의 전형으로 내세운다. 보디사트바는 보디(bodhi)와 사트바(sattva)의 합성어로서 초기불교 경전에서부터 사용된 용어이지만 대승불교 시대에 와서 새로운 의미로 사용되기 시작한다. 즉 보디는 연기적 깨달음을 뜻하며, 사트바는 중생계의 삶과 역사를 뜻한다. 즉 보디와 사트바가 결합된다는 것은 깨달음과 역사가 결합되는 대승불교의 입장을 가장 적절히 드러내는 것이다.

지금까지 '보살'에 대한 다양한 해석이 있어 왔지만, 깨달음과 역사의 합성어로 읽어내는 경우는 찾아보기 힘들다. 하지만 진정한 대승의 취지는 보살이라는 용어를 새롭게 재해석하는 것에서부터 구현될 것이라 생각한다.

이러한 대승불교의 태도는 어찌 보면 전혀 어울릴 수 없는 상대주의와 절대주의를 결합하는 일이기도 하다. 물론 여기서의 절대주의란 잠정, 가설, 의도성의 색깔을 띤 독특한 절대주의를 말한다.

불교는 보통 극단적인 상대주의 세계관으로 받아들여진다. 그런데 대승은 이러한 극단적인 상대주의적 입장에다가 의도적, 가상적(假想的, imaginary), 가설적(假設的, temporary)인 실재론적인 입장을 접목하는 것이다. 이는 초기불교의 연기론이 아공법유(我空法有)의 아비달마를 거쳐 대승의 공관사상으로 발전되어, 세상을 보는 관점을 공(空)·가(假)·중(中)이라는 독특한 존재관으로 형성하였기에 가능한 일이기도 하다. 이렇게 진전된 연기적 존재관에 의도적인 원(願)과 방편이라는 역사적 실천을 접목하는 일, 이것이 바로 대승불교가 내세우는 회심의 역사론인 것이다.

대승불교와 연관하여 몇 가지 성찰해야 할 점들

유식불교唯識佛敎는 인식론과 심리학을
말하고자 함이 아니다

대다수 사람들이 유식불교를 인식론과 심리학의 영역으로 생각하고 있지만 사실 유식불교의 취지는 연기론(緣起論)의 영역을 말하는 것이며, 나아가 보살행 등의 대승적 실천행을 강조하는 것이다.

유식(唯識)이란 '세계, 사물, 인식, 개념 등 모든 것이 마음에 비친 영상(影像)'이라는 뜻이다. 이 뜻은 인식(주관)과 대상(객관)이 상호규정, 삼투되어 나뉠 수 없이 연관되어 있음을 말한다. 유식학에서는 '세계, 사물, 인식, 개념 등'을 '5위 100법'으로 구체화하여 망라하고 있다. 즉 5위 100법이 상호규정, 삼투되어 연관되어 있는 연기의 실상이라는 것이다.

유식학에서는 이 세상의 존재 영역을 5가지로 크게 분류하며, 그것을 다시 100가지로 세분화하는데 일반적 용어로 말한다면 물질계〔色法〕, 정신계〔心法, 心所有法〕, 개념계〔不相應行法, 물질과 정신에 해당하지 않는 개념의 영역으로서 시간, 공간, 언어, 문자, 수, 법 등〕 등에 해당하는 말이다.

유식학의 핵심과 주요 메시지 중 하나는 이러한 5위 100법, 즉 물질계와 정신계와 개념계, 또는 주관계과 객관계가 상호 연기적 존재임을 파악하라는 것이다.

'이것이 있으므로 저것이 있고, 이것이 생함으로 저것이 생한다.' '12가지 사이클로 진행되는 삶의 연기'라는 초기불교의 연기론은 '몸,

감각작용, 마음, 법[身受心法]'과 '5온, 12처, 18계' 등이 상호 연기적 양상으로 존재한다는 단계를 거쳐 아비달마와 대승불교의 시대가 되면서 '5위 100법이 상호 연기적'이라는 매우 세분화되고 구체적인 연기론을 펼치게 되었는데, 이것이 바로 유식불교라고 하는 것이다.

한마디로 유식학은 인식론이나 심리학 차원의 세세한 이론을 펼치고자 한 것이 아니라, 물질계·정신계·개념계 등이 상호 연기적 양상임을 강조하고자 했던 것이다.

뿐만 아니라 유식불교의 근거가 되는 『해심밀경』, 『유가사지론』 등에서는 인식 과정과 물질계의 존재 양상을 연기적으로 설명하고 이를 잘 알기 위한 방법으로 지관(止觀)을 권한다. 그리고 이러한 연기론을 바탕으로 보살이 실천할 11지(地)와 10바라밀을 장황하게 설명하면서 강조하고 있다. 그러기 때문에 유식불교는 지혜와 자비의 실천을 강조하는 대승불교라고 말할 수 있는 것이다. 즉 유식불교는 인식론이나 심리학을 말하는 것이 아니라 인식론, 존재론, 실천론을 겸한 대승불교의 정수인 것이다.

하지만 현실은 『해심밀경』, 『유가사지론』 등의 가르침으로 형성된 유식불교를 설명함에 있어 심리학과 인식론의 영역[心法, 心所有法]을 벗어나지 못하고 있는데, 매우 안타까운 일이다. 특히 책의 이름이 '요가행자(yogacara, 瑜伽師)의 실천 단계(bhumi, 地)'라는 뜻을 가진 『유가사지론(yogacarabhumi)』은 『해심밀경』을 전문 인용하면서 부연설명하고 있는 논서인데, 그 속에는 각종 바라밀 등 무수한 실천 방법에 대한 설명을 하고 있다. 그런데 오늘날 유식불교를 말하는 자는 왜 이런 점은 외면하고 심리학으로, 인식론으로만 이야기하는가?

이 또한 중국의 법상종(法相宗)의 폐해일 수 있겠다는 생각이 든다. 오늘날 유식불교를 선도하고 있다는 독일 불교도 이러한 추세를 벗어나지 못하고 있는 것으로 보인다. 이제 유식불교는 마땅히 인식론, 존재론이 어우러진 연기론을 바탕으로 대승적인 실천론을 제창하는 불교학이 되어야 할 것이다.

위빠사나 수행에 대한 쓴 소리

언젠가부터 중국적인 간화선을 수행하는 한국의 선불교에 대한 비판적 대안으로 위빠사나 열풍이 불고 있다. 초기불교 교리에 대한 이해를 바탕으로 행하는 위빠사나 수련은 한국불교를 위해 무척 고무적이라고 생각된다.

다만 아쉬운 점은 위빠사나의 중심이 되고 있는 4념처(身·受·心·法)에 대한 마음챙김과 관찰, 4념주(念住)를 행함에 있어 몸[身]과 감수작용[受]과 마음[心]에 대한 마음챙김과 관찰은 하는데, 법(法=존재계, 특히 5위 100법에 있어 불상응행법과 색법)에 대한 마음챙김과 관찰을 하지 않음으로써 사실상 제대로 된 연기의 세계를 이해할 수 없는 결과를 초래하고 있다는 점이다.

마음챙김을 하고 관찰한다는 것이 꼭 정좌를 하고 단체로 수련장에서 해야 하는가도 의문이지만(이 점은 중국의 선불교를 답습하고 재현하고자 하는 한국 선불교도 매한가지임), 중요한 것은 4념처 수행의 목적이 물질계, 정신계, 개념계 등이 모두 연기적 현상(空)임을 깨닫기 위함이라면서 법(法)에 대한 마음챙김과 관찰을 빠뜨린다면 전체적인 삶과 세계의 연기성이 드러날 수 있겠는가?

우리 삶에 결정적인 영향을 끼치고 있으며 연기적으로 연결되어 있는 정치, 사회, 경제, 법, 국가의 문제와 물리, 화학, 생물학, 천문학 등의 영역 등—유식학에서 말하는 색법, 불상응행법에 해당됨—에 대해서는 왜 관찰하고 마음챙김을 하지 않는가?

특히 색법이나 불상응행법이라는 것은 단순히 정좌하고 앉아 명상적 살핌을 통해 알 수 있는 것이 아니다. 오히려 많은 독서와 실험, 관찰, 대화, 토론, 강의 등을 통해서 가능할 것이다. 이러한 영역(색법, 불상응행법)에 대한 이해와 관찰은 2,000년 전의 인도의 불교철학에서 정리된 추상적인 이론을 대상으로 하기보다 발달된 인지와 문명을 통해 연구, 집적되어 있는 오늘날의 물리학, 생물학(유전자공학), 화학, 천체학, 정치학, 사회학, 법학, 윤리학 등을 살펴보는 것이 더 도움이 될 것이다.

우리가 연기와 공을 깨닫는다는 것은 모든 존재 영역의 세밀한 측면까지 다 파악한다는 것이 아니라, 존재들의 구조적 상관성과 변화성을 안다는 것을 말한다. 따라서 색법이나 불상응행법 등의 존재〔法〕에 대한 세세한 차별상을 다 알아야 한다고 주문하는 것이 아니다. 그것들과 우리 자신(심법, 심소유 등)과의 구조적 상관성을 알아야 곧 존재의 연기성(緣起性)을 알게 된다는 것이다.

그런데 오늘날 위빠사나 행법의 내용을 보면 정좌를 하여 살피는 대상이 우리 자신의 문제(호흡이나 신체, 그리고 마음의 흐름 등)에서 벗어나지 못하고 있으니, 이런 위빠사나를 행함으로써 삶과 사회, 그리고 세계의 문제에 대해 어떤 전문적이고도 적합한 판단을 할 수 있을까 의문스럽다는 것이다.

만일 신체와 호흡, 그리고 마음과 심리현상에 대하여 정밀한 분석과 성찰을 하는 노력을 우리의 삶과 사회와 세계에도 했다면 정말 불교도들은 세상과 역사를 두루 알아〔正遍知, 世間解〕 사람들을 도와주는 뛰어난 스승〔無上師, 人天師〕이 되었을 것이다.

물론 위빠사나의 취지는 보살의 10바라밀에서 말하는 열 번째 지바라밀과 같이 삶과 사회 등에 대해 구체적이고도 현실(역사)적인 파악을 하자는 것이 아니라, 우리의 몸과 마음은 물론이고 모든 존재들과의 상관성과 변화성을 읽어내어 그것들의 연기성을 깨닫자는 것이다. 즉 위빠사나는 4념처를 제대로 해서 연기와 공을 깨닫는 반야지혜를 얻는 것을 목적으로 하고 있다.

그렇다면 위빠사나의 불교 교리적 위상은 바로 기본불교에 해당하는 것이다. 그러므로 불교도들은 위빠사나를 제대로 행함으로써 기본적으로 연기와 공에 눈떠야 하지만, 위빠사나에 대한 노력이 불교의 전부인 양 생각해서는 안 될 것이다. 마땅히 기본적인 깨달음(연기, 공)을 바탕으로 자비와 원을 일으켜 각종 역사적인 바라밀을 닦아야 비로소 진정한 불교수행이라 할 것이다.

'수행'은 '보살행을 닦는 것〔修菩薩行〕'

근래에 와서 한국불교는 부쩍 수행을 강조하고 있다. '수행하는 한국불교', '수행론 연구계발', '수행가풍 진작' 등의 슬로건이 그런 점을 말해 준다.

수행이라는 글자를 살펴보면 '닦는다〔修〕'와 '행한다〔行〕'로 이루어져 있다. 그래서 '닦는다'라고 하면 유명한 중국의 마조 선사의 '기왓장 법문'이 떠오르기도 한다(마조 스님은 제자가 참선을 할 때 그 앞에 가서 기왓장을 갈고 닦았다 한다. 그래서 의아해하는 제자에게 기와를 갈고 닦아 거울을 만들 수 없듯이 앉아 있거나 마음을 집중하는 것으로 깨달음을 얻을 수 없다고 했다.).

일반적으로는 수행이라 하면 '몸과 마음을 잘 다스리는 일' 정도로 생각하지만, 한국불교 교단(조계종)에서는 '깨달음을 얻기 위해 참선(간화선)을 하는 일'을 수행이라 부른다. 또 근자에 와서 크게 관심을 얻고 있는 '위빠사나'나 '명상' 등도 수행이라 함직하다.

초기경전에는 위빠사나(觀), 사마타(止), 드야나(禪)처럼 특별한 노력을 뜻하는 용어와는 별도로 일반적인 수행이라는 의미로 사용되는 '바와나(bhavana)'란 용어가 무수히 나타나고 있음을 볼 수 있다. 이 바와나는 '변화되어 간다(becoming), 노력한다'라는 의미를 가지고 있어 '근행(勤行), 수행(修行)' 등으로 번역되었는데, 이 바와나가 수행이라는 말의 시원이 되었다. 하지만 정작 한국에서 오늘날에 사용되는 수행이란 용어는 아무래도 『화엄경』 등 대승경전에서 번역되어 사용되는 '수행'이라는 용어인데, 이때의 수행은 '닦고 행한다'라는 뜻이 아니라 '행을 닦는다'라고 해석되는 용어이다. 이런 때의 '수(修)'는 타동사로서 '~을 닦다'라는 의미이다. 수도(修道)가 '도를 닦다'이듯이.

그러면 대승경전에서 말하는 수행의 '행'은 무엇인가? 바로 '보살행'이다. 『화엄경』 등의 대승경전에는 '수행'이라는 말과 '수보살행', '수보살만행', '수선근(修善根)', '수공덕(修功德)' 등의 말이 무수히 반복되어 나온다. '보살행을 닦는다', '보살만행을 닦는다', '선근을 닦는다', '공덕을 닦는다'는 말이 약자가 되어 나타난 것이 바로 '행을 닦는다.'는 수행인 것이다.

그런데 보살행은 10바라밀 등을 말하기 때문에 그 속에는 선정바라밀과 반야바라밀도 포함되어 있다. 따라서 지관행(止觀行)을 닦거나 위빠사나를 닦거나 간화선을 닦는 것도 당연히 수행이다. 그러나 대승의 경지에서는 선정과 반야는 모든 사고와 행동에 따라 붙어 있는 것이어야 한다. 반야바라밀이란 모든 사회적 실천과 역사적 삶의 현장에서 한순간도 저버릴 수 없는 안목과 지혜이다. 따라서 대승적 의미에서 보살행을 닦는다 함은 반야(연기적 관점)를 기본적으로 갖춘 바탕 위에 전개하는 실천을 말하는 것이기 때문에 반야나 선정의 문제는 이미 성취되어 있는 것으로 봐야 한다는 것이다.

연기의 세계관을 이해하는 문제는 2,000년, 2,500년 이전에는 이해하기 어려운 문제였겠지만, 오늘날은 발달된 문명과 학문(인문, 사회, 자연과학 등)으로 인해 매우 손쉽게 이해할 수 있다고 본다. 어렵다고 생각하는 것은 이를 몸과 마음의 어떤 신비한 경지로 생각하기 때문에 그런 것이다.

삶과 사회, 세계의 연기적 의미를 잘 이해하기 위해서 꼭 아비달마나 각종 불교경전을 탐구하는 것이 중요하다고 말할 수는 없다. 왜냐하면 1,500년 전에 인도 범어로 된 경전과 논서를 언어 체계가 다른 한문으로 번역하는 과정에서 내용과 용어가 부정확하게 되거나 변형된 것도 무수히 많아 이를 현대인들이 꼼꼼히 번역하여 이해하라고 권할 수도 없기 때문이다.

따라서 오늘날은 문명이 발달하지 못했고 교육이 제대로 이루어지지 못했던 시절의 불교 공부법을 답습할 필요는 없다고 본다. 오히려 현대에 와서 연기와 공을 이해하기 쉬워졌다고 할 수 있다. 불교 공부란 일반 성인이 현대적 교육을 바탕으로 일정한 기간 동안 불교교리에 대한 공부를 하고 그 내용을 잘 음미하여 정리하면 알 수 있는 수준의 내용이라고 생각한다. 다만 불교지도자들이 불교나 깨달음을 오도하지 않는 것을 전제로 한다면 말이다. 아직도 일부 불교지도자들이 연기와 공에 대한 깨달음을 '몸과 마음의 어떤 경지'로 설정하여, 깊은 산속 바위나 봉우리 위에 홀로 앉아 몸과 마음을 닦는(?) 것을 수행이라고 잘못 이끄는 경우가 있기 때문이다.

'본래부처론'의 밝음과 그늘

초기불교 이후로 불교는 삶과 세계를 무상, 무아, 연기, 공이라고 줄곧 강조함으로써 고정불변하는 실재를 전제하지 않는 상대주의적 세계관을 유지해 왔다. "모든 상(相)은 허망하다.", "따라서 허망함을 잘 알아 그것들로부터 자유로워라." 라는 것이 기본적인 메시지였다.

그런데 아비달마 시대를 거치며 대승불교를 표방하면서부터 이러한 상대주의적 세계관과 마찰하는 이상한 기류가 나타났다. 각종 대승경전과 논서에 '불성', '진여', '여래장', '영원한 부처〔久遠佛〕', '본래부처〔本來佛〕' 등의 용어가 나타나기 시작한 것이 그것이다. 그후 인도에서는 일면 실재론적인 측면으로 비치는 진여, 여래장, 영원한 부처를 내세우는 불교와 무상과 무아를 강조하는 불교가 혼재되어서 많은 교리적 논쟁과 혼란을 야기하기도 하였다. 이런 내용들은 고스란히 중국에 옮겨졌는데, 중국에서는 무상, 무아를 강조하는 불교보다 진여, 여래장, 영원한 부처를 표방하는 불교를 대승불교라 하여 상위에 자리매김하여 존중하였다.

그리고 중국에서는 이런 점과 별도로 위진남북조 시대에 노장(老莊)사상의 용어를 차용해 불교를 이해하는 과정에서 '도', '자연'이라는 실재론적 존재관를 끌어들였고, '천지는 나와 한 몸이며, 만물은 나와 한 뿌리'라는 보편적이고도 실재론적인 노장적 표현을 불교적으로 받아들이기도 하였다.

그 후 당·송 시대의 선불교에서는 '세상 전체가 다 진리〔擧體皆眞〕', '푸르른 대나무는 진여의 모습이며, 소복이 피어 있는 노란 국화들은 반야 그 자체', '두두물물이 모두 부처', '푸른 산은 부처님의 모습, 흐르는 물소리는 부처님의 설법', '마음이 바로 부처'라는 표현을 일상적으로 하게 되었다.

'본래부처', '영원한 부처'로 대표되는 이러한 불교는 오늘날 한국불교에서 가장 자연스럽게 받아들이고 있는 불교이기도 하다. 그러나 문제는 '본래부처' 등의 표현을 과연 어떻게 이해하고 받아들이고 있는가 하는 점이다.

초기불교의 교리로서는 용납하기 힘들 것이다. 『금강경』에서도 당시 인도 브라마니즘이 주장하는 영원한 자아라고 일컫는 아트만(atman)과, 오온과 별개로 존속하는 영원한 개아(個我: 개별적 사람, 개인, 인간 등)인 푸드갈라(pudgala)와, 영원한 생명(목숨, 영혼)인 지와(jiva)와 살아 있는 모든 것이라는 사트바(sattva)가 다 허망한 것이라 하지 않았던가? 그렇다면 어떤 경로를 거쳐 '본래부처', '영원한 부처', '여래장'이라는 생각이 탄생되었는가?

역설적이게도 이런 생각들은 연기(緣起)의 존재관 속에 이미 배태되어 있었다. 초기경전에는 "연기법은 여래가 세간에 출현하든 안하든 법계로서 상주하는 것이다."(잡아함 권12 제299경)라는 표현이 있는가 하면 "12인연을 보면 무상도(無上道)를 보게 되고 법신을 구족하게 된다."(『도간경』)라는 내용도 있다. 이러한 연기법의 법계 상주에 대한 내용들은 부파불교에까지 심대한 영향을 끼치면서 연기법이 유위법인가 무위법인가 하는 논쟁으로 이어지기도 했다.

연기와 관련한 이러한 특별한 구절들은 후대에 경전으로 편찬되는 과정에서 첨가되거나 변형된 것으로 볼 수 있다. 또 고정불변하는 실재를 부정하는 연기적 세계관이 인도사회의 각종 실재론(수론, 승론 등)과 대론을 하는 과정에서 방어적 차원에서 변형되었다고 볼 수도 있을 것이다.

아무튼 불교도들의 입장에서는 무아적 연기론을 가지고도 적극적인 역사적 삶을 살 수 있는 방안이 늘 필요했으리라고 짐작된다. 그래서 연기의 가르침을 꼼꼼히 살펴본 결과, 다음과 같은 결론에 도달했던 것으로 파악된다.

무상, 무아, 연기를 통해 세상이 허망하고 덧없으며 꿈같은 줄 알았다. 이러한 이해로 말미암아 세상의 모든 것으로부터 해탈을 얻었다. 이것이 연기의 가르침을 통해 얻은 첫 번째 교훈이다.

그런데 세상이 연기적(변화성, 관계성)이라는 것은 '존재들이 고정불변하는 실재(實在)적 형태로 존재하지 않는다는 것[非有]'이지, '존재 자체가 없다는 것은 아닌 것[非無]'이다.

그렇다면 연기적 존재라는 것은 존재가 없다는 것이 아니라, 아주 특별한 형태로 존재한다는 것인데, 그것은 존재들이 다른 존재들과 밀접한 관계로 이어져 서로 삼투되어 있으면서 한순간도 머물지 않고 변화해 간다는 것을 말한다.

이렇게 연기를 이해한다면, 존재를 긍정적이고도 역동적으로 바라보는 적극적인 존재관을 가질 수 있는 결과를 이끌어내는 것이 두 번째 교훈이다.

이상과 같이 연기의 가르침을 통해 두 가지 다른 의미의 교훈을 이끌어내게 되었고, 이러한 생각들은 아비달마와 대승불교적 움직임을 통해 체계화하게 되었다.

특히 두 번째 교훈을 진전시킨 것이 설일체유부의 '아공법유설'이었으며, 중관사상에서 존재를 공(空), 가(假), 중(中)이라는 표현을 쓸 수 있다고 본 것도 바로 그것들이었다.

불성, 진여, 여래장은 바로 이러한 '법유(法有)', '가(假)', '중(中)'이라는 중립적 표현이 종교적으로 윤색되면서 붙여진 이름이라고 본다. 그리고 중국 선불교의 '마음이 곧 부처', '두두물물이 다 부처'라는 표현도 이런 맥락으로 보면 될 것이다.

이리하여 불교의 존재관은 '무상·무아·연기 → 공(空) → 가(假) → 중(中) → 불성·진여·여래장 → 마음이 곧 부처 → 만물이 부처'라는 단계로 뉘앙스가 약간씩 달라지는 용어들로 다양하게(variety) 변천되었다.

문제는 불성·진여·부처라는 이름의 용어를 사용할 때, 연기론의 존재관을 제대로 반영하고 있는가의 여부이다. 그런데 이러한 용어를 사용하는 설법이나 저술을 접할 때 그것들을 제3자가 구분하기란 쉽지가 않다.

'영원한 부처', '본래부처'라는 용어를 사용하는 경우, 이런 점을 늘 유의하지 않으면 불교를 자칫 표현만 다른 브라마니즘(brahmanism)이나 노장사상으로 오인시키는 결과를 야기하게 될 것이다.

결국 상황이나 필요에 따라 이러한 용어들이 사용되어 왔고, 앞으로도 사용하게 될 것인데, 어쨌든 불교의 연기적 존재관이 주는 두 가지 측면의 교훈을 늘 상기하면서 사용해야만 한다.

그러므로 진여·여래장·본래부처라는 용어를 사용할 때도 『금강경』에서 말한 '머물지 않고 마음 내기'의 대승적 의미를 늘 상기시켜야 할 것이다. 그럴 때도 불교의 기본적 자세는 세상이 환상이며 공이라는 관점을 바탕으로 해야 하며, 본래부처·진여·여래장은 단지 연기상(緣起相)을 가설(假設)하여 임시로 붙인 이름임을 알고 사용해야 한다.

이러한 이중적 측면을 적용하여 사용해야 하는 대승적 입장은 조심스럽기도 하고, 이해받기가 쉽지만은 않다. 오죽하면 『법화경』에서 설법 초기에 부처님이 세 번이나 설법하기를 사양하고, 불만을 품은 5,000명의 대중이 퇴장하는 우여곡절을 겪은 뒤에야 '영원한 부처'에 대한 이야기를 했겠는가?

『화엄경』(십지품)에서도 보살의 십바라밀과 십지(十地, 열 가지 실천 단계)를 설명하기에 앞서 금강장보살이 세 번이나 사양하고, 대중의 거듭된 요청이 있고서야 비로소 설법을 한다. 이런 것들은 대승의 이러한 미묘한 이중적 입장을 설명하기가 쉽지 않다는 점을 드러내고 있는 것이다.

필자는 불교가 일반인에게 주는 가장 큰 매력은 '모든 것을 다 꿈이요, 환상이며, 덧없다'라고 일깨워 주어 역사와 삶이 주는 무거운 짐을 일시에 다 놓아버리고 해탈해서 자유롭게 해 주는 점이라고 생각한다.

'참을 수 없는 존재의 가벼움'이라는 소설의 제목도 있듯이 삶을 살아가는 데 있어 '가벼운' 입장을 견지하는 태도는 일면 삶을 진지하고도 무겁게 받아들이는 사람들에게 비판받기 십상이다. 하지만 삶과 존재와 역사가 본래 그런 걸 어떡하겠는가? 삶이 허망하고 환상이어도 살아내고 존재하는 기간에는 행복을 추구하고 고통을 해결해야 하는 것이다. 그래서 '머물지 않고 마음 내기'라는 대승의 입장이 나온 것이 아닌가?

다만 '영원한 부처', '본래부처', '삼라만상이 부처'라는 이야기를 불교도가 할 때는 반드시 『유마경』에서 이야기하는 '중생계는 환상이다. 하지만 환상과 같은 자비를 일으켜 각종 바라밀을 행하여 정토를 지향하되, 보살이 이루고자 하는 정토도 환상이다.'라는 대승불교의 기본입장을 늘 상기해야 한다. 즉 '본래부처론'의 밝음과 그늘을 생각해야 한다는 것이다.

그리고 '본래부처'라는 슬로건은 사람들에게 환희로운 가르침으로 다가올 수도 있지만, 존재들을 대함에 있어 무거운 중압감과 피로감으로 다가올 수도 있다는 점을 생각해야 한다. 또 '영원한 세월에 걸쳐 본래부처'라면 무슨 개선할 노력이 필요하고, 새삼 다시 이루어야 할 목표를 수립할 필요가 있는가라는 질문에 대답할 준비를 늘 해야 한다.

그렇게 해야만 '본래부처', '삼라만상이 모두 부처'라는 표현을 듣고도 사람들이 세계와 삶을 브라마니즘과 기독교적인 실재론으로 이해하지 않을 것이며, '모든 것이 부처'라는 명제가 주는 삶에 대한 무거운 짐을 벗어버리게 된다. 그래서 마침내 삶과 역사를 '가벼움'과 '무거움'을 음악처럼 조화하는 삶을 살도록 해야 할 것이다.

마무리하며

근자에 어떤 대중용 철학서를 읽다 보니 "우리 시대의 철학은 철학자 이외의 사람에게는 거의 알려진 바가 없다."라고 하면서 철학이 대중적 관심에서 멀어진 것을 개탄하는 구절이 있었다.

불교는 오늘을 사는 현대인과 한국사회에 어떤 의미로 존재하며, 어느 정도 알려져 있으며 얼마나 관심을 받고 있을까? 만일 불교가 오늘날 대다수의 사람들에게 특별한 의미가 없으며, 거의 알려지지 못하고 별 관심을 받고 있지 못하고 있다면, 그것은 다음과 같은 이유 때문이다.

첫째, 불교를 개인의 삶에 있어서 정신을 단련하거나, 심리적 치료를 하는 수련법으로 비치게 하거나, 마음속에 있는 어떤 심오한 것을 깨달아 신비한 경지를 이루는 것으로 설명하는 까닭이다.

인간은 사회적 동물이라는 말이 있듯이 삶의 문제는 개인적 차원에서 자기 완결적으로 해결되는 것이 없으며, 개인적인 문제라는 것도 사회적인 관계 속에 파생되는 것이다. 사랑, 돈(경제), 일, 휴식과 문화생활, 그 밖에 사회적 삶을 살아가는 데 필요한 자유, 평등, 정의 등 이 모든 것은 타인과 사회적 문제를 떠나서 이루어지지 않는다.

이런 것들이야말로 현대인의 초미의 관심사이며 필요한 부분인데 불교가 이런 점에 대한 아무런 이야기를 하지 못하고 오직 마음수

양과 정신치료의 효과만 강조하거나 일반적 삶과는 무관한 신비한 경지인 깨달음을 권하고 있다는 것이다.

둘째, 불교를 어렵게 설명하고 있으며 불교인만 알 수 있는 전문적인 불교 술어를 사용하는 경향이 많기 때문이다.

승려나 포교사, 불교학자들이 현대적 삶의 용어로 불교를 설명하지 못하고 2,000년 전의 인도사회의 문명적 수준을 반영하고 있는 불교경전이나 문헌으로만 설명하는 것은 문제다. 더구나 훈민정음 시절의 한글도 해독 못 하는 현대인에게 1,500년 전의 고대한자로 번역된 용어와 술어를 사용하고 있으니 고개를 내저을 수밖에 없다.

사회 경제가 여유로워지고 지식이 높아지게 되면 그에 따른 현대적이고도 참신한 불교 이야기를 해야 할 것이다. 그러기 위해서는 이 시대의 아비달마를 창출해야 하는데 또다시 2,000년 전 부파불교 시대의 교리적 쟁점을 그 당시 문헌을 분석하고 연구하여 소개하는 것으로 현대인의 관심과 이해를 구할 수 없는 것이다.

셋째, 일반인이 불교에게 가지는 사회역사적 효용에 대한 기대와 열망에 부응하고 있지 못하기 때문이다.

물론 기도, 불공, 제사 등 생활의례나 기복적인 종교활동을 왕성하게 하고 있으며, 이를 통해 형성된 이미지가 한국불교를 대표하고 있지만 이것이 불교 가르침을 구현하는 것이라고는 할 수 없지 않은가?

동서양을 가리지 않고 불교에서 가장 부족한 점은 사회성과 역사성, 그리고 윤리성이다. 깨달음과 역사의 결합을 말하는 대승불교가 무색할 지경이다.

초기불교의 정교한 교리 체계, 대승불교의 광활한 세계관과 풍부하고 상징적인 실천론, 선불교의 은유에 가득 찬 반야의 세계. 그런데 이 모든 것이 이 시대의 삶의 언어와 내용과 무관하다면 무슨 소용이 있겠는가?

이 글은 '불교란 무엇인가?'에 대한 이야기가 아니다. '불교적 삶을 산다는 것은 어떠한 것인가? 불교인은 어떻게 사는 것인가?'에 대한 의견이다. 결론은 불교를 대승의 의미로 이해하고 실천해야 한다는 것이다. 그러기 위해 기본불교, 즉 연기·공·반야에 대한 관점을 기본적으로 베이스(base)에 깔고 그 위에 자비와 원(願)을 일으켜 각종 바라밀을 실천하는 역사를 살아가자는 것이다.

여기서 각종 바라밀이란 상징적이고 추상적인 것이 아니라 10바라밀 가운데의 방편·원·력·지의 4가지 바라밀의 뜻이 그러하듯이 아주 구체적이고 현실적인 것을 말한다. 그러자면 1,000년 가까이 아무런 조명을 받지 못하고 정체되어 있는 역사와 관련한 바라밀 이론을 본격적으로 창출해야 할 것이다.

새롭게 창출된 바라밀은 윤리와 도덕의 문제에서부터 사회와 역사를 움직이는 모든 것에까지 구체적인 것을 갖추어야 할 것이다. 그 내용을 경전과 논서, 어록에서 찾을 필요가 없다. 왜냐하면 거기에는 없으니까.

현대사회에 가득 차 있는 학문과 이론, 복잡다단하게 얽혀서 진행되는 역사의 현장에 그 내용이 있으니 거기서 찾아야 할 것이다.

그것이 "보살이여! 크나큰 자비를 일으켜 중생계의 빽빽한 숲 속에 들어가 세계의 차별상을 알아라."고 말한 열 번째 지바라밀(智波羅蜜)의 뜻이니까.

7장

깨달음과 역사,
그 이후

깨달음과 역사, 그 이후

다시 '깨달음'에 대해

깨달음을 얻기 위해 한국불교는 열심히 수행 중이다. 조계종단은 약
2,000여 명의 스님들이 여름과 겨울 각 3개월씩 1년에 6개월간 깨달
음을 얻기 위해 선원에서 안거수행을 한다. 재가불자들도 깨달음을
얻기 위해 참선수행에 참여하곤 한다.

깨달음을 위한 수행은 조계종단에서 평생에 걸친 과업이다. 깨달
음을 위한 노력은 3개월, 6개월 정도로는 언급조차 할 수 없다. 여러
해가 지나고 수십 년 이상을 참선 수행하는 것은 보통이다. 그런데 수
십 년을 투자해도 현실적으로는 깨달았다고 하는 사람을 보기 힘들다.

선불교에서는 깨달음은 세수하다 코 만지기보다 쉽다고도 한다.
하지만 이를 믿는 사람도 없고 그렇게 한 사람도 볼 수가 없다. 불교
에서 말하는 깨달음은 도대체 어떤 것이기에 평생을 노력해도 성취할
수 없는가? '돈오(頓悟)'란 말이 민망하다.

깨달음은 불교도에게 선결과제이자 기본요건이기 때문에 깨달음 문제가 해결되지 않으면 다른 문제에는 진지한 관심을 기울이기 힘들다.

한국불교가(특히 조계종단이) 안고 있는 중요한 문제이다. 다시 근본적인 질문을 하지 않을 수 없다. 깨달음이란 무엇인가? 현재 한국불교에서는 대개 묵시적으로 깨달음이란 '마음을 확실히 깨닫는 것', '몸과 마음의 완성된 경지이자 모든 번뇌를 끊고 고매한 인격을 이룬 높은 경지'라고 본다. 이러한 깨달음은 '궁극적 깨달음', '확철대오' 등으로 표현하기도 한다. 이러한 관점은 불교계에서 조계종단이 이끌고 있다.

그러나 이렇게 정의하는 깨달음은 내용이 추상적이며 구체적인 것은 아니다. 마음을 깨닫는다는 말은 부정확하다. '마음을 깨닫는다'고 할 때의 그 '마음'이 무엇인지 명확히 밝히지 않기 때문이다. 마음이 무엇인지 아직은 알 수 없지만 알 수 없는 그 마음을 깨닫기 위한 노력을 해야 한다는 뜻인가?

'깨닫다'는 말은 또 무슨 뜻인가? 이해(understanding)의 뜻으로 말한 것 같지는 않다. 그보다 훨씬 높은 경지에 도달한 수준 높은 이해인가? 아니면 깨달음이라는 표현을 쓰긴 하지만 주관계와 객관계를 아우른 그 어떤 이해를 뜻하는가? 주관계와 객관계를 아우른 이해의 상태는 구체적으로 어떤 상태인가?

이 또한 이해의 일종인가? 그렇지 않으면 이런 따위의 의문은 번뇌망상일 뿐이고 깨달음을 얻는 노력에 장애가 되니, 믿는 마음으로 무조건 '이 마음이 무엇인가?', '참 나가 무엇인가?'를 반복적으로 성찰하다보면 '마음'과 '참 나'를 알게 된다는 것인가?

어쨌든 깨달음이란 것을 이렇게 모호하게 설정해서는 이를 얻기 위한 노력의 방법도 불분명하고, 깨달음의 성취 또한 어느 수준의 어떤 것을 말하는지 제대로 알 수 없다. 평생을 노력해도 깨달았다는 확신을 얻지 못하는 것이 무리가 아니다.

'깨달음'이 과연 무엇을 말하는지 다시 살펴보자. 소급하고 또 소급하여 부처님의 성도(成道) 장면과 초기의 설법 내용으로 돌아가 보자.

부처님의 보리수 아래의 깨달음과 그 내용을 서술한 것으로는 아마 마하박가(大品律藏)가 가장 원형이라 할 것이다. 마하박가는 율장의 하나이다. 율장은 경장보다 먼저 송출해 결집했다. 마하박가는 그 내용으로 보면 여러 율장 가운데서도 가장 먼저 송출된 것으로 보인다. 따라서 마하박가야말로 가장 앞선 시기에 결집된 것이라 볼 수 있을 것이다. 마하박가는 성도(成道) 직후 깨달음의 내용을 정리하는 부처님의 생각과 첫 설법(초전법륜) 과정을 서술하는 것으로 시작한다.

마하박가에서 서술한 내용에 의하면 부처님께서는 보리수 아래서 깨달음을 얻으신 직후 그 내용을 여러 가지 방식으로 음미하면서 점검하는데, 그 내용은 삶의 괴로움을 연기(緣起)의 관점, 즉 원인, 조건, 결과, 생성, 소멸의 관점으로 파악하는 것이었다. 마하박가는 그렇게 통찰하고 이해하는 내용이 바로 부처님의 깨달음이라고 서술했다.

이어서 다섯 수행승들에게 첫 설법하는 내용을 서술하는데 그 내용은 연기의 관점으로 괴로움의 발생, 원인, 소멸, 소멸로 이끄는 방법을 말하는 것이며, 앎과 지혜와 봄에 대한 것이었다.

한마디로 부처님이 각자(覺者)라 할 때 그 깨달음은 '연기관(緣起觀)의 이해를 확립함이며, 삶의 괴로움의 문제를 이러한 통찰과 이해로서 해결하는 것'이라 하겠다.

이러한 마하박가의 서술은 오늘날 한국불교에서 상당히 많은 사람들이 깨달음을 '몸과 마음의 고준한 경지'라는 엄청나게 높은 단계의 목표로 설정한 것과는 전혀 다르다.

부처님은 깨달음을 고도로 수련된 높은 정신세계를 이루는 것이라 하지 않았다. 깨달음은 '잘 이해하는 것'이라고 하셨다.

깨달음이란 '잘 이해하는 것(understanding)'이라 말하면 수준이 떨어지는가? 깨달음을 '~에 대한 이해'로 볼 것인가, 그렇지 않으면 '몸과 마음의 완성된 그 어떤 경지'로 볼 것인가에 따라 깨달음을 이루고자 하는 방법도 크게 달라질 것이다. 깨달음을 얻는 데 소요되는 시간이나 기간은 말할 것 없이 크게 차이날 것이다.

만일 깨달음을 '올바른 이해'라고 한다면 그러한 깨달음을 얻는 데는 그리 오래 걸리지 않을 것이다. 부처님 자신도 고행을 통해서도 아니요 선정을 통해서도 아닌, 논리적인 사유와 성찰을 통해서 깨달음을 얻었다. 부처님이 녹야원의 첫 설법에서 다섯 수행자에게 당신의 깨달음의 세계를 설명하고 납득시키는 데 걸린 시간은 불과 며칠이 걸렸을 뿐이다. 그리고 '납득시킨다'는 말을 썼듯이 깨달음은 이해의 영역이라는 것이다. 납득시키는 방법도 선정삼매를 통한 것이 아니라 밤낮 없는 대화와 토론이었다.

녹야원의 첫 설법의 다섯 제자들은 이미 깨달음을 얻은 선배이자 스승인 부처님의 적극적인 설명과 토론을 통해 단시간에 깨달음을 얻었다. 그리고 경전은 부처님을 포함하여 '이해로서의 깨달음'을 얻은 다섯 수행자를 모두 아라한이라고 호칭했다.

부처님은 다섯 수행자에 이어 55명의 제자를 얻게 되는데 이들도 단기간에 깨달음을 얻었다. 시간이 그리 오래 걸리지 않았다. 부처님은 보시, 지계, 생천, 공덕, 맑은 마음가짐, 연기의 눈으로 살펴보는 괴로움의 발생과 소멸, 그 방법에 대해 설법을 하셨고 그들은 이내 그 뜻을 이해하여 깨달았다. 경전에서는 이 모두가 아라한이 되었다고 했다.

그리고 이들은 한결같이 부처님의 설법을 듣고 깨달음을 얻고는 "세존이시여, 훌륭하십니다. 넘어진 것을 일으켜 세우듯, 가려진 것을 열어보이듯, 어리석은 자에게 길을 가리켜 주듯, 눈 있는 자는 형상을 보라고 어둠 속에 등불을 가져오듯, 세존께서는 이와 같이 여러 가지 방법으로 진리를 밝혀주셨습니다."라고 찬탄을 하기도 했다.

다른 경전에서는 부처님과 다섯 제자들이 새로 생긴 55명의 제자들과 여름 우안거(雨安居)를 같이 보냈다고 서술하기도 한다. 그 기간 중에 부처님의 설법을 듣고 55명의 제자들도 깨달아 아라한이 되었다고 한다. 아마 그 우안거 기간 중에 부처님을 포함한 61명은 집중적인 설법과 토론을 했다고 짐작된다. 그리고 토론내용을 깊이 사유했을 것이다. 부처님이 설법과 토론을 주도하고 먼저 깨달음을 얻은 다섯 제자들도 부처님을 도와서 토론에 적극 참여하여 후배 50명 제자들을 적극 이끌었을 것이다. (이 최초의 우안거 장면은 1968년 해인사에서 해인총림을 처음 개설하던 첫 동안거 기간에 행했던 해인총림 방장 성철 스님의 100일 법문하던 시절과 겹쳐져 연상된다.)

이처럼 깨달음은 이해의 영역이었기 때문에 설법, 토론, 대화를 통해 얻을 수 있는 것이었다. 부처님은 가르침을 청할 때 삼매와 선정을 통해 수련하라고 지도하지는 않았다. 설법을 했으며 듣는 이는 질문과 대화를 통해 마침내 깨달음에 이르곤 했다. 그리고 대화와 토론을 위해선 자기 생각이 정리가 되어야 하니 이를 위한 사유행위가 뒷받침되었을 것이다.

초기경전이든 대승경전이든 불경이 설법, 문답과 대화체로 구성되어 있음은 이러한 까닭이다.

깨달음을 얻는 방법의 변천

설법과 사띠

앞서 언급한 바와 같이 부처님 당시의 초기에는 깨달음을 얻기 위한 방법은 부처님의 직접적인 설법과 그에 따른 질의응답, 대화와 토론을 통해 이루어진 것으로 보인다. 설법내용에 대한 사유도 있었을 것이다.

그런데 부처님은 깨달은 제자들이 60명에 이르자, 이들에게 각기 다른 지역으로 흩어져 전도를 하라고 당부했다. 다른 지역으로 간 제자들은 부처님의 설법내용을 잘 기억하는 것이 중요했을 것이다. 기억한 내용들을 다른 사람들에게 설법하기 위해서다. 최초 다섯 비구 중 한 명인 마승(앗사지) 비구가 부처님에게 들었던 설법내용을 기억하고 있다가 사리불에게 전해주어 그를 승단에 입문시킨 일은 유명하다.

'잘 기억하여 그 내용을 사유하는 일'을 경전에서는 '사띠〔念, 憶念〕'라 표현했다. 사띠의 사전적 의미는 '기억'이다. 8정도의 정념(正念)도 바로 이 사띠이다. 이때의 인도는 아직 기록문화가 생기기 전이며, 종이도 책도 없었다. 기록이 없던 시대에 공부하는 방법은 사띠(기억하여 사유함) 외엔 달리 없었을지 모른다.

부처님 제자인 비구스님들을 성문제자(聲聞弟子)라 부른 것은 가르침을 기억으로 수행하면서 이를 다른 사람들에게 전승하는 사람임을 특징지어 표현하는 말일 것이다. 이렇게 기억의 양이 많은 제자 중 으뜸은 아난 존자였으며, 결국 아난 존자의 기억에 의해 부처님 가르침이 후대에 전해지게 된다.

사띠도 점차 변화했다. 변화한 사띠는 부처님의 설법의 양이 점점 더 많아지면서 나타났다. 이 많은 설법 내용을 어떻게 다 기억하겠는가? 뭔가 방법이 없을까? 그래서 테마별로 기억하는 요령이 생겨났을 것이다. 사념처(四念處)가 그것이다. 신(身), 수(受), 심(心), 법(法)의 네 가지 테마로 부처님의 설법내용을 정리해서 좀 더 요령있게 기억하면서 사유하는 방식이다. 37조도품에서 말하는 염근(念根), 염력(念力), 염각지(念覺支)도 모두 이러한 기억과 사유의 뜻을 가진 사띠를 지칭한 것이다.

그러나 이후 이러한 사띠는 부처님의 설법내용을 기억하고 사유하는 방식에서 특정한 주제나 내용으로 재정리하여 이것들을 삼매(선정)와 결합한 위파사나 방식으로 성찰하는 식으로 변화해 갔다. 부처님의 이상적인 모습과 18공덕상을 염관(念觀)하는 염불(念佛) 수행도 나타났다. 염불은 더욱 다양한 방식으로 진화하여 아시아 전역을 휩쓸었다. 원래의 사띠에다 삼매와 선정이 결합하는 집중적 수행법이 대두된 것이다.

수다원, 사다함, 아나함, 아라한이라는 층위가 생겼고, 그 기준에 사선(四禪), 팔정(八定), 구차제정(九次第定) 등 선정의 수준 정도도 포함되었다.

불교는 '이해하는 깨달음'에서 '이루는 깨달음'으로 변화해 갔다. 왜 사띠가 이렇게 변화되었는지 그 까닭은 연구되어야 할 것이다.

중국 선불교의 간화선看話禪

중국 선불교의 선사(禪師)들이 수행했던 간화선도 인도의 사띠와 거의 같은 성격으로 태동되고 변화되었다. 당나라 때의 육조 혜능 스님과 그의 제자들에 의해 전개된 이른바 조사선(祖師禪) 불교는 당시 중국 전역을 풍미했다. 조사선은 스승과 제자들의 문답, 대화, 여러 가지 제스처와 자극적인 행동을 통해 깨달음을 얻고자 했다. 그 대화와 행동의 사상적 기반은 반야(공, 연기적 통찰)나 불성(여래장) 등 대승불교 사상이었고, 표현과 행동양식은 은유, 파격, 역설을 넘나들었다.

중국은 인도의 각종 불경들을 500년의 시간을 거치면서 거의 모두 한문으로 번역하는 대작불사를 이뤘다. 그 과정에서 중국불교는 법상종, 화엄종, 천태종 등 매우 높은 수준의 다양한 불교학파를 이루어 경쟁적으로 자파의 교학을 탐구하고 선양했다.

그런 과정에서 중국불교는 심오하지만 난해한 교리를 전개하는 학자들의 불교가 되고 말았다. 보다 대중적인 불교도 필요했을 것이다. 이질적으로 느껴지는 인도인들의 용어들과 개념, 게다가 번역된 한문 자체가 어려운 문자였기 때문에 한문으로 된 불교경전들과 주석서는 불교이해의 큰 장벽이었다.

마침내 '불립문자(不立文字)', '직지인심(直指人心)', '견성성불(見性成佛)'이라는 선불교의 슬로건이 등장했다.

나까무라 하지메가 『중국인의 사유방식』에서 적절히 표현하고 분석했듯이 중국옷을 입은 선불교가 탄생한 것이다.

조사선은 간화선 방법으로 깨달음을 얻고자 했다. 간화선의 '간(看)'은 잘 살펴보다의 뜻이며, '화(話)'는 이야기, 또는 대화라는 뜻이다. 즉 간화선은 '이야기, 또는 대화를 잘 살펴보는 선'이다. 어떤 이야기고 대화인가? 뛰어난 조사스님들이 설법한 이야기거나 주고받은 대화이다.

결국 간화선은 조사스님들의 설법이야기나 주고받은 대화들을 잘 기억하였다가 수시로 사유하는 수행이다. 책이 필요 없는 공부방법이기도 하다. 번역된 그 어려운 한문불경을 탐독할 필요가 없다. 책이 필요 없는 불교는 그 자체로 자유로운 면이 있다. 혈혈단신 떠돌아다니는 운수납자(雲水衲子)라는 자유로운 출가수행자상은 중국에서 이때 비로소 출현한 것이 아닐까 싶다.

불교의 요체를 깨달은 조사스님들이 중국인의 사유방식에 맞는 감각으로 파격적이면서 은유적으로, 그리고 때로는 직설적으로 표현하는 설법과 메시지는 사람들을 매료시키기 충분했다.

언하대오(言下大悟)! 조사스님과의 만남에서 설법 중에도, 대화 중에도 깨닫는 사람들이 무수히 나왔다. 깨달음으로 이끈 설법 이야기나 대화들은 곧바로 소문이 났고, 이 이야기들은 기억하기 적당한 형태의 길이로 정리되어 전파되었다. 그냥 시중의 잡다한 이야기나 대화가 아니라 깨달음으로 이끄는 조사들의 이야기이다. 이런 이야기를 기억해두었다가 수시로 떠올려서 음미하고 성찰하는 것이다. 이야기는 다양할수록 좋았다. 깨달음으로 이끄는 훌륭한 이야기는 달리

'칙(則)', '공안(公案)'이라고 불리기도 했으며, 모음집을 편찬하기도 했다. 『무문관 48칙』, 『송고백칙』, 『벽암록』 등이 그것이다. 이런 책들은 기억력 나쁜 스님들의 지침용 한 권짜리 공부책자이기도 했다.

대혜 스님도 늘 깨달음으로 이끄는 여러 가지의 이야기를 복수로 예시하면서 이 이야기들을 잘 살펴보라고 주문했다. 간화선 시대가 열린 것이다.

이런 선불교의 간화선은 인도의 사띠 수행의 중국적 변용이라 할 것이다. 다만 같은 점은 사띠든 간화선이든 둘 다 설법내용이나 대화를 늘 기억하여 성찰하는 방법이라는 것이다. 그리고 인도의 사띠 수행이 그랬듯이 중국의 간화선도 무수한 불교적 깨달음을 이루는 데 기여하였다.

한편 이러한 원래의 간화선 방법은 송나라 말기를 지나 원나라 시대에 가면 큰 변화가 생긴다. '이야기(화두)' 속의 특별한 구절이나 단어 한 글자에다 마음을 집중하거나, 의심하거나, 성찰하면서 선정에 깊이 드는 방식으로 변했다. 이때부터 선, 또는 간화선은 외형적으로는 좌선을 중시하는 앉은뱅이 불교가 되고 말았다(정작 조계종풍을 펼쳤던 혜능은 좌선을 배격했다는 점에서 아이러니하다). 과거의 간화선은 선정을 필요로 하지 않기 때문에 행주좌와나 일상생활에서도 가능했다.

원나라 때의 몽산 선사가 특히 이런 선정 위주의 간화선을 제창한 것으로 유명하며, 우리나라의 서산 대사의 『선가귀감』에서 말하는 선도 몽산선에 깊이 영향받았다.

은유, 파격, 역설의 선적(禪的)인 이야기를 평소 기억하고 있으면서 그 이야기를 반복적으로 음미하며 그 의도와 핵심을 포착하고자 하는 것이 기존의 간화선 방식이라면, 특정한 어구(語句)에 집중하여 선정에 깊이 드는 것을 강조하는 선(禪)은 그 성격과 패러다임이 전혀 다르다.

선정을 강조하는 간화선은 마침내 동정일여, 몽중일여, 오매일여, 숙면일여 등의 경지를 이뤘는지 여부를 깨달음의 기준으로 제시하기도 한다.

인도의 본래적 사띠, 즉 말씀을 기억하여 사유하는 수행이 훗날 삼매와 결합한 위빠사나 수행으로 변모하였듯이, 중국 선불교도 조사 스님들의 이야기와 대화를 탐구하는 본래의 간화선 또한 선정에 집중하는 선정 위주의 간화선으로 변화하였다는 그 유사점은 대단히 흥미롭다.

이는 시간의 여유가 많고, 고요한 환경과 집중적인 수련을 할 수 있는 선실(禪室)을 가진 출가 승려의 수행여건과 관련되는 것은 아닌지 추측해 본다.

다만 선정 위주의 참선을 조계선이나 간화선이라 호칭하는 것은 부정확한 표현이라 생각된다. 오늘날 한국불교가 자랑스럽게 선양하는 간화선은 몽산선의 성격을 강하게 띠는 후기 간화선이라 할 만하다.

결국 부처님 당시의 사띠〔念〕나 중국 선불교의 간화선은 모두 깨달음을 이루기 위한 수행법이다. 이러한 수행은 연기(공)의 가르침을 파악하고 이해하는 데 가장 효과적인 방법이기 때문이다. 그리고 사띠와 간화선을 통해 짧은 시간에 연기의 이치를 깨닫고, 반야의 이치를 깨달았다. 조사선 시대의 선사들은 스스로 '반야를 배우는 보살'이라 자칭하기도 했다.

부처님 당시의 사띠나 초기의 간화선이 이루고자 하는 본래의 깨달음의 성격은 '잘 이해하는 것'이며, 이해하는 내용은 신(身), 수(受), 심(心), 법(法)이라는 존재 일반들이 연기나 공의 양태라는 것을 아는 것이다. 그런데 깨달음을 몸과 마음의 어떤 경지로 설정하는 순간, 그에 이르는 방법 또한 삼매와 선정을 도입하면서 고도의 정신적 단련과 순숙(純熟)을 지향하게 된다. 이것이 후기 사띠와 후기 간화선이 지향하던 목표가 아니었는지?

이는 명백히 '이해하는 깨달음'에서 '이루는 깨달음'으로 변한 것이라 본다.

선정과 삼매로써 마음을 닦아 깨달은 마음으로 만들려 하는 것은 각종 화학적 재료를 섞거나 변용하여 금을 만들려 하는 연금술을 닮았다. 선정과 삼매를 닦아 깨달은 마음으로 만들려 하는 사람은 '마음의 연금술사'라 지칭할 수 있다.

사람들은 이제 연금술을 믿지 않거나 그 효용성을 인정하지 않는다. 무협지에 나오는 장풍, 경공술, 화려하고 심오한 무공들은 비현실적이라서 올림픽이나 격투기 경기에서는 활용될 수 없지만 영화, 게임, 소설 등에서 모든 사람들이 선망하는 판타지를 얻는 데 유효하게 사용된다.

마음의 연금술 또한 도인을 염원하는 사람들의 판타지가 될 수 있지만, 그러기에는 치르는 대가가 너무 크다.

현대사회에서 깨달음을 얻기 위한 방법은?

깨달음이 모든 존재들의 연기성(緣起性)과 공성(空性)을 잘 이해하는 것이라면, 즉 이해의 수준이라면 여러 가지 의문이 많이 들 수밖에 없다.

　- 이해하는 것이 깨달음이라면 그리 오래 시간이 걸리지 않을 텐데, 과거에도 그렇고 오늘날에도 평생을 수행한다고 애쓰는 스님들은 무엇인가?

　- 연기성과 공성을 잘 이해하는 것이 깨달음이라면, 어느 시대에나 동일한 수준의 이해인가?

　- 오늘날 현대 문명사회의 현대인이 잘 깨달으려면(이해하려면) 어떤 방법으로 노력해야 하나?

　하나하나 짚어보자.

첫째, 이해하는 정도의 수준이 깨달음이라면 그리 오래 시간이 걸리지 않아야 할 텐데, 과거에도 그렇고 오늘날에도 평생을 수행한다고 애쓰는 스님들은 무엇 때문인가?

　일단 평균 이상의 지적인 수준(IQ 등)을 가진 사람의 경우로 전제한다. 이럴 경우에도 여러 가지의 가능성이 있을 것이다. 기본적인 지적인 수준을 가지고 있다 해도 천년, 이천년 전 농경사회, 왕조사회에 사는 사람이라면 소박한 형태의 세계관과 사회의식을 가질 수밖에 없다. 그는 충분히 연기성이나 공성을 이해할 수 있을 것이다. 그리고 삶이란 무엇인지, 괴로움과 행복이 무엇이며, 어떻게 감당하며 극복할 것인지 이해하고 살아갈 수 있을 것이다.

하지만 이 정도로는 당사자도 주위사람도 깨달음이라 인정하지 못하는 사정이 있다. 당시의 사회적 통념은 우주나 자연현상에 대한 충분한 이해가 없는 상태라는 것과, 뛰어난 종교수행자는 자연·세계·우주에 대해 꿰뚫고 있을 뿐만 아니라 신비한 능력과 탁월한 정신적 경지를 가진다고 믿고 있으며, 그래서 그에 의지하고자 하는 경향이 많았다.

당연히 수행자는 그러한 기대에 부응할 수밖에 없으며, 깨달음의 수준을 대폭 상향할 수밖에 없었을 것이다. 깨달음의 본래 성격을 대폭 깨뜨리면서까지 말이다.

대폭 상승된 깨달음의 모습은 모호하게 추상적인 용어로 표현되거나, 언어문자로 표현할 수 없는 신비하고 불가지한 경지로 묘사된다. 철학적인 용어로 말하자면 반증할 수 없는 깨달음의 경지를 설정하는 것이다('눈 있는 자는 형상을 보라고 어둠 속에 등불을 가져오듯, 세존께서는 이와 같이 여러 가지 방법으로 진리를 밝혀주셨습니다.'라고 찬탄한 부처님의 태도와 대조적이다).

이렇게 되는 순간 깨달음은 엄청난 도그마가 되어 이젠 수행자도, 그 집단들도 통제 불능한 권위가 되어 천년, 이천년을 흘러가는 것이다. 아마 불교의 수행자들이 평생을 걸쳐 수행해야 하거나, 그렇게 해도 대다수 '그런 깨달음'을 얻지 못하는 까닭은 깨달음이라는 그 내용을 잘못 설정한 것이 아닌가 생각한다.

둘째, 연기성과 공성을 잘 이해하는 것이 깨달음이라 할 때, 그 깨달음은 어느 시대에나 동일한 수준의 이해인가?

그렇지는 않을 것이다. 부처님도 최초에는 연기에 대해 '12연기'로 설명했고, "이것이 있음으로 저것이 있고, 저것이 있음으로 이것이 있다. 이것이 생함으로 저것이 생하고, 이것이 멸함으로 저것이 멸한다."라는 가르침으로 설명했다. 첫 제자 중 한 사람인 마승(앗사지) 비구는 '부처님께서는 모든 존재는 인연을 통해 생성되고, 인연을 통해 소멸한다는 가르침을 펼친다'라고 처음 만난 사리불에게 전해주기도 했다.

이러한 연기의 가르침으로 모든 존재성을 설명하는 사람은 부처님 이외에는 그 때까지 없었다. 이러한 합리적인 연기의 가르침은 그 당시에는 혁명적인 내용이었지만, 정작 그 내용은 쉽게 받아들여지고 쉽게 이해할 수 있어 제자들이 크게 늘어났다.

최초에 연기의 가르침은 괴로움의 문제에 적용하여 그 소멸하는 방법을 말했고, 그 과정에서 12단계의 과정을 연기의 이치로써 설명했다. 그리고 신체에, 느낌에, 마음에, 법 등 다양한 존재일반에 적용하여 그 생성, 변화, 소멸하는 속성을 설명하기도 했다. 그러다가 연기의 가르침은 점차 세밀해지고 다양하게 설명되어졌다. 그 까닭은 연기의 가르침의 타당성을 입증하는 과정에서 다양한 사안과 사례에 대입하여 타당성을 설명해야 하는 일이 계속 생겨났기 때문일 것이다.

그리고 시대가 흘러 후대의 제자들은 연기의 가르침을 더 다양하게 적용하여 설명했다. 존재일반을 크게 다섯 가지로 분류한 75가지 존재항목에 대해 적용하기도 하고, 100가지 항목으로 확대하여 적용하기도 했다. 법계연기, 육상원융, 십현연기 등 고도로 철학화된 연기론도 생겨났다.

　　아마 이런 것들은 그 시대마다의 문화적 수준에 대응하는 과정에서, 또는 당대의 사상적 경쟁자들과 겨루는 과정에서 보다 정치하게 다듬어진 연기론이 필요했을 것이다(물론 이렇게 변화되고 진화된 연기론들이 구체적으로 당시의 삶의 문제들에 어떻게 적용되어 문제해결에 도움을 주었는지는 확인할 수 없다).

　　즉 연기에 대한 내용은 시대가 변하면서 그에 적용하기 위해 계속 바뀌어왔다는 것이다. 부처님 시대부터 변화하며 발전해온 연기의 가르침은 그 후 1,500년이 지나도록 그 변화가 이어졌고, 7세기쯤에 그 변화를 멈춘 것으로 보인다(중국불교의 화엄종, 천태종, 법상종 등의 전성기를 고려한 시점임).

　　하지만 이 1,500년간의 기간은 농경사회요, 왕권시대다. 그리고 문화적 수준은 현대와 비교할 수 없을 정도로 낮은 수준이다. 즉 연기의 가르침은 지금으로부터 1,400년 전쯤에 머문 것은 아닌지 싶다.

　　멈춰 섰던 그 당시의 연기론을 가지고 현대사회와 현대인의 문제에 적용하여 도움을 받을 수 있을까? 7세기 이후 오늘날까지 1,400년 동안 기존 연기론의 수준에만 머문 불교인들의 태만이 너무 크다고 생각한다.

　　과거의 불교인들은 그 시대마다 새로운 문제의식을 가지고 연기론을 다듬고 발전시켜왔다. 현대의 불교인들도 발달된 현대의 문명적 인지(人智)를 바탕으로 연기론을 현대문명을 비춰주는 거울로 만들기 위해 보다 다양한 적용과 해석을 내야 할 것이다.

부처님 초기의 연기론은 삶의 괴로움의 문제를 해결하는 데 초점이 맞추어져 있었지만, 현대에는 '행복의 문제', '다툼의 문제'나 '자유', '평등', '평화', '선', '악', '정의', '공정' 등의 다양한 사회정치적 문제에도 연기와 공의 가르침을 적용해서 도움이 되어야 할 것이다. 그리고 미학이나, 사관(史觀), 자연과학의 영역에도 과감히 도전해야 할 것이다.

셋째, 오늘날 현대 문명사회의 현대인이 잘 깨달으려면(이해하려면) 어떤 방법으로 노력해야 하나?

깨달음이란 '연기와 공에 대한 올바른 이해'이다. 연기론은 부처님 당대부터 꾸준히 시대에 적용하면서 진화해 왔다. 즉 연기론은 부처님 때부터 2,600년이 흐른 지금까지 하나의 성격과 내용으로 변함없이 이어온 것이 아니다. 따라서 오늘날 현대인이 깨달음을 얻으려면 먼저 부처님 당시부터 진화되어왔던 다양한 모습의 연기론을 알기 위한 노력을 선행해야 할 것이다.

하지만 요령 있게 습득하면 이해하는 데 그리 많은 시간을 요하지 않을 것이다. 세세한 용어나 분류를 다 기억할 필요도 없을 것이다. 큰 윤곽과 핵심을 알면 세부 용어나 분류, 개념 등은 스마트폰 하나라도 금방 확인할 수 있다. 하지만 가장 좋은 것은 불교 개론서를 통해 연기나 공에 대한 개념을 차분히 이해하는 노력을 기울여야 한다.

그 다음 초기불교 경전에 직접 도전하여 연기에 대한 부처님의 다양한 가르침을 직접 공부해 본다. 그리고 연기를 대승불교적으로 해석한 반야부 경전이나 중관사상에 대한 공부를 하면 금상첨화다. 공부하는 과정에서 연기와 공에 대한 개념에 대해 깊이 사유함은 필수다. 연기나 공에 대한 내용 자체가 워낙 합리적이고 과학적이라 어느 정도 지적인 능력만 있으면 그 개념을 파악하기가 어렵지 않다.

하지만 연기와 공의 개념에 대해 어느 정도 이해했다 하더라도 그 내용들을 오늘의 현대사회의 삶들의 문제에 바로 적용하여 만족을 얻기에는 미흡함을 느낄 것이다. 물론 그 가르침이 무려 2,500년 전에 천명된 뛰어난 가르침이라는 점에서 경탄하기도 하겠지만.

그래서 오늘날의 문명적 수준에서 현대인의 삶의 문제의식으로 깊은 탐구와 사유를 하는 것이 필요하다. 자연과학적 지식과도 비교해보고, 생물학이나 진화론과 대비해 보기도 하고, 사회현상과 각종 문제에도 연기론을 대입하여 사유해 보아야 한다.

과거에는 기억에 의존한 사띠와 간화선을 했지만, 이제는 기억을 대체하는 기록문화를 활용하는 것도 유용하다. 부처님과 제자들의 연기와 공의 가르침을 제대로 알기 위해서는 책을 열람하면서 사유하는 것보다 나은 것이 없다. 부처님의 가르침과 과거 고승들의 훌륭한 말씀은 이제 고스란히 책에 담겨 있다. 독서와 사유야말로 이 현대사회의 사띠이자 간화선이다. 물론 이러한 책의 내용을 일차적으로 요령있게 알기 위해선 훌륭한 강의와 설법이 필수적이겠다.

스마트폰의 검색 기능도 우리의 기억을 도와주고, 보지 못했던 자료나 내용도 곧바로 찾아 열람할 수 있게 해주고 있다. 우리는 버스나지하철 등 여행 중에도 검색한 내용을 확인하거나 읽어볼 수 있고, 그 내용을 찬찬히 사유할 수 있다. 그렇다면 스마트폰 검색을 통한 사유도 현대인의 생활 속의 사띠 기능의 한 부분을 담당할 수 있다. 그렇기 때문에 생활 속에서도 틈틈이 공부가 가능하다.

검색으로 접하게 되는 문서정보가 엄정성을 담보하지 못하고, 부분적인 단편적 차원의 내용이라 지적할 수 있다. 하지만 초기의 사띠나 간화선에서 기억의 형태로 사유하는 '설법', '이야기', '대화' 등도 기억하기 좋은 길이로 정리되어 있는 짤막한 것들이다.

부연하자면 화두(話頭)는 글자 그대로 '이야기'로서 '이야기하다〔話〕'라는 동사에다 이를 명사화시키는 '두(頭)'를 붙여 합성한 단어다. 그래서 간화선은 이야기(화두)를 살펴보는 선을 말하며, 화두선이라고도 한다. 화두(이야기)는 대개 마음속으로 읽으면 30초를 넘지 않는 짧은 내용이다. 심지어 한 구절, 한 단어인 화두도 있지 않은가? 그럼에도 불구하고 그 화두들은 우리들을 깨달음으로 인도하는 핵심적이고도 풍부한 음미거리로 가득 차 있다.

문제는 우리가 사유하는 내용이 길고 짧음에 있는 것이 아니라, 평소에 가진 깊은 불교적 문제의식으로 그것들을 살피면서 어떻게 사유하느냐에 달렸다. 그렇다면 읽거나 검색하는 그 내용이 불서(佛書)이건, 문학서이건, 과학서나 일반적 철학서라도 불교적 문제의식으로 깊은 사유를 할 수 있으며, 기본적인 연기와 공의 생각을 현대적으로 심화시키고 확장할 수가 있는 것이다.

오늘날의 간화선은 좌선의 자세로 앉아서 선정삼매 속에서 무념의 참선 경지를 이루거나, 특정 어구(語句)를 의심하는 방식으로 진행되고 있지만, 한편 현대사회의 또 다른 사띠 공부는 경전과 어록, 그리고 다양한 독서를 하면서 탐구하는 마음으로 사유하면서 읽는 것으로도 가능하다.

책을 읽을 여건이 아닐 때는 평소 기억하거나 생각하고 있는 특정 주제에 대해서 사유해도 좋다. 이것저것 검색하다가 평소 관심 가지고 있는 문제와 관련된 좋은 글을 보게 되면 이를 사유할 수도 있다. 과거 책 없었던 시절에는 짤막하거나 부정확하게 기억하고 있는 것을 의지해 공부하던 시절이 있었다. 이에 비해서는 얼마나 불교공부하기 좋은 시절인가?

읽다가는 중간에 생각하는 내용에 대해 상념에 빠져 시간이 흘러도 좋다. 끝없는 검증과 비판적 성찰이 필요하다.

연기, 공, 자비 등 불교적 문제의식을 가지는 것을 전제로 한다면 불교경전이 아닌 일반 자연과학이나 진화론 등 생물학과 뇌과학을 탐구하며 사유하는 것도 훌륭한 사띠일 것이다. 심리학, 뇌과학, 신경과학, 유전학, 사회학, 경제학, 물리학, 윤리학의 책들도 훌륭한 불교공부거리이다. 이들에 대한 공부는 불교의 연기와 공, 그리고 자비에 대한 이론을 대폭 확장시켜주고 구체화시키는 데 큰 도움이 될 것이다. 기독교 등 서양종교에 대한 내용을 살펴보는 것도 대승불교의 불보살 신앙을 제대로 정립하여 펼치는 데 참고가 될 것이다.

현대사회를 훌륭하게 비춰주고 작동하는 연기론을 만들기 위해서는 오늘의 시대의 여러 문제의 핵심을 알아야 할 것이다.

만들어가는 연기론이라는 말이 성립할 수 있다면, 깨달음도 시대마다 상황마다 사람마다 계속 만들어가는 것일 수도 있다. 따라서 깨달음은 완성태가 아닐 수도 있는 것이다.

　나는『깨달음과 역사』에서 '깨달음'과 '역사'가 서로 연계되어야 하지만 다른 차원의 영역이라는 점을 강조했다. '깨달음'은 연기를 잘 이해한다는 영역이고, '역사'는 방향과 내용을 선택하여 구체적으로 행위하는 것을 말한다.

　좀 전에 언급한 '윤리', '정의', '평화', '공정', '평화' 등은『깨달음과 역사』의 관점에서 말한다면 '역사'의 영역이다. 즉 불교에서 '지혜'와 대비되어 말하는 '자비'의 영역이다. 하지만 '역사, 자비'의 영역이 깨달음과 다른 차원의 영역이라 하여, 깨달음과 역사라는 이 둘을 분리해야 한다는 것이 아니다.

　오히려 다른 차원의 두 영역을 하나의 삶에 결합해야 한다는 것이 나의 주장이다. 예컨대 '보디(깨달음)'만 있고 '사트바(역사)'의 영역이 없으면 소승적 아라한일 뿐이다. 또한 보디가 없는 역사행은 범부중생의 삶일 뿐이다.

　깨달음과 역사는 다른 차원의 영역이지만 이 둘을 결합하면 '보디사트바(보살)'가 된다. 연기와 공을 잘 이해하는 깨달음을 얻어 존재들의 변화성과 관계성을 통찰함으로써 실재의식으로부터 해탈한 자유정신을 얻은 자가 곧 아라한이다. 그리고 이러한 이해에 도달한 아라한이 그가 살고 있는 역사에 현실적으로 참여하고자 하는 의도적인 마음을 내어서 실제로 각종 바라밀행(다양한 방편행)을 하는 사람, 이를 일러 보살이라 한다.

　이 글에서는 주로 깨달음에 대해 이야기하고 있다. 하지만 깨달음을 얻은 자가 반드시 염두에 두어 도달해야 하는 역사(사트바)의 영역인 '자비', '윤리', '정의', '평화' 등을 곁들여 말한 것은 이러한 까닭이다('역사, 자비'의 영역을 뜻하는 불교의 사트바 이론에 대해서는 추후 다시 별론하고자 한다).

'깨달음'의 문제는 필경 이러한 '역사'의 영역과 만나야 된다. 따라서 '역사'는 '깨달음'의 연장선에서 도달하는 깨달음의 다른 이름일지 모른다. 보살의 역사적 삶 밑바탕과 내용에는 깨달음(보디)이 깔려 있는 것이다.

'깨달음'이란 시공도 없는 초월적인 우주적 공간이라 비유할 수 있다. 이러한 '깨달음'이 시간과 공간을 가진 삶의 영역인 지구의 대기권으로 진입한 것이 '역사'이다.

이것이 〈깨달음과 역사〉에서 주장한 '보디' + '사트바' 즉, 보디사트바(보살)의 개념이다. 보살은 역사성으로부터 해탈의 자유를 담보하면서, 동시에 역사 속에서 목표를 세워 행하는 삶이다. 이것이 보살의 머물지 않는 구체적인 자비행이다. 그렇지만 그 삶은 누구보다 더 뜨거울 수 있고, 적극적이고 유연하면서 풍부할 수 있다.

깨달음을 '이해understanding'라고 할 때 제기되는 질문들

"깨달음이란 '이해(understanding)'다"라고 하면 다음과 같은 몇 가지 질문이 제기될 수 있겠다.

첫째, 불교의 깨달음이란 것이 존재들의 속성을 잘 이해하는 정도의 것이라면, 불교는 일반적 사상이나 철학과 무엇이 다른가?

이해한다는 측면에선 별 차이가 없다고 생각한다. 하지만 이해하는 그 내용이 무엇이냐가 관건이다. 불교에서 말하는 깨달음은 연기와 공의 관점이다. 사실 이러한 관점을 가지고 있는 학설이나 철학은 없다. 연기론에 입각하여 무아·무상·고의 관점을 도출한 것은 불교를 제외하고는 어떤 학설이나 철학에서도 있어본 적이 없다. 그런 점에서 연기와 공에 대한 올바른 이해를 한다는 불교의 깨달음은 그 무엇보다 소중하고 뛰어나다. 이 하나만 가지고도 일반적 사상이나 철학과는 다른 것이다.

불교의 입장에서는 세상의 모든 사상을 두 가지로 나눌 수 있다. 비실재론의 입장에 서 있는 불교의 연기론이 그 하나요, 또 하나는 실재론의 입장에 서 있는 여타의 사상과 철학이다. 불교를 제외하고는 모든 사상과 종교들이 실재론에 서 있다는 점에서 불교는 독보적이며 독창적이다.

실재론은 객관적 실재론, 주관적 실재론, 일원론적 실재론, 이원론적 실재론, 다원론적 실재론, 물질적 실재론, 정신적 실재론 등 온갖 종류로 분류할 수 있다. 하지만 그 모든 것들이 실재론의 기초 위에 서 있는 한 불교와 근본적 패러다임이 다른 것이다.

신(神), 물질, 정신, 개념 등 어떠한 존재양태도 무아·무상이라는 연기적 관점으로 보면 그 실재를 인정받지 못한다. 실재를 전제하지 않고도 세상을, 존재 양태를 설명할 수 있고, 어떻게 살아야 한다는 것을 말할 수 있다는 것을 불교 이외의 사상과 종교, 심지어 과학에서는 상상도 못한다.

이러한 연기에 대한 이해를 '보디(깨달음)'라 하는데, 이러한 불교의 이해는 신비한 그 어떤 경지로 포장하지 않아도 세상에서 가장 독보적이고 뛰어나다고 말할 수 있는 것이다.

그동안 세상은 갖가지의 실재론적인 생각과 이론으로 살아오고 발전해 왔다. 이제 비실재론적인 생각으로 여러 가지 난제들을 해결하고 세상을 크게 변화시키고 발전시켜 나가야 할 시대에 이르렀는지 모른다(사실 그동안 불교의 비실재론적 이론은 불교경전과 이론에서만 제시되었을 뿐, 실제 사회와 역사문제에 적용되어 꽃피어 본 적이 없었다).

둘째, 연기나 공을 잘 이해하면, 불교신자라 할 수 있나? 일반인도 사상적 호기심으로 연기나 공에 대해 관심을 기울일 수 있고, 그럴 경우 얼마든지 이해에 도달할 수 있을 것이다. 심지어 다른 종교를 신앙하는 사람도 말이다.

'불교신자가 무엇이냐?'라는 정의를 잘 세운다면 구분될 수 있다. 불교신자는 삼귀의를 하고 오계 등 불교에서 강조하는 윤리적 규범을 준수하고자 하고, 사찰의 법회나 참석하기도 하며, 스스로 불자라고 자임하는 경우를 말한다고 정의하면 될 것이다.

하지만 불교신자가 아니더라도(심지어 다른 이교도라도) 불교의 연기론을 잘 이해할 수도 있을 것이다. 그리고 연기론에 입각한 세계관과 보살행에 준하는 사회생활을 한다면 그를 불교적 과학자, 불교적 예술가, 불교적 정치인, 불교적 기독교인 등이라 할 수 있을 것이다. 당사자가 그렇게 불리기를 원하지 않을 수는 있겠지만.

셋째, 이해하는 정도의 깨달음을 가지고 과연 생사문제를 해결할 수 있나? 괴로움의 문제를 해결할 수 있나?

'생(生)'이라는 것과 '사(死)'라는 것을 어떻게 보느냐에 따라 이 문제의 해결은 달라질 수 있다. 연기론을 잘 이해하면 생과 사를 보는 관점이 달라진다. 어떤 것을 생이라고 보고, 어떤 것을 사라고 보느냐를 연기의 관점으로 비추어 보면 우리가 통념적으로 생각하는 생과 사는 그 실재성이 없음을 알게 될 것이다(「불설노부인경」, '육조혜능과 영가의 첫 만남의 대화'는 이 문제에 대한 대표적인 설법임).

앞서 말한 '이해하는 깨달음'과 '이루는 깨달음'의 경우로 살펴보면, '이해하는 깨달음'은 생사해탈을 실제로 태어나고 죽는 일이 없다는 뜻으로 말하지 않는다. 생과 사라는 것이 실재성이 없는 것임을 이해하는 것이며, 그를 통해 그것들에 대한 오해된 실재성으로부터 해탈하는 것을 말한다. 실제 현실에서는 외형적으로 아무런 변화나 차이가 없지만 이를 수용하는 마음과 자세가 달라지는 것이다.

반면 '이루는 깨달음'은 생사해탈을 실제로 태어나고 죽는 일이 없다는 뜻으로 말한다. 물론 그런 일이 있었는지, 가능한 일인지는 확인되거나 검증되지 않았다.

'괴로움'의 문제도 그렇다. '이해하는 깨달음'은 괴로움을 연기의 관점으로 비춰보아 실체성을 알아 그로부터 일차적으로 원천적인 해탈된 마음을 얻는다(반야심경의 첫 구절의 내용). 다만 실제 현실에서 나타나고 진행되고 있는 괴로움의 문제는 연기의 관점으로 그 현실적 유래와 형성과정을 살펴 현실 속에서 극복하는 노력을 해야 한다. 현실 사회의 괴로움이란 사트바(현실역사)의 영역이다. 사트바 영역에서의 괴로움 문제에 대한 해결 여부와 해결 정도는 현실적 여건과 역량에 좌우될 것이다.

설사 '이해하는 깨달음'을 얻은 사람이 현실 역사에서 괴로움의 문제를 해결하지 못했더라도 그의 깨달음이 훼손 받지 않는다.

'이루는 깨달음'을 얻은 사람은 실제 현실에서 곧바로 스스로의 괴로움을 없애버리고, 모든 중생들의 괴로움도 없애버릴 것이다. 그러나 그런 경우를 보지도 못했고, 그런 깨달음을 이룬 사람이 있는지 잘 모르겠다.

'깨달음과 역사, 그 이후'는
2015년 〈'깨달음과 역사' 발간 25주년 학술세미나〉에서 발표한 발제문이다.

'깨달음과 역사, 그 이후' 반론에 대한 답변

지난 달 초(2015. 9. 4)〈'깨달음과 역사' 발간 25주년 학술세미나〉에서 발표한 내 발제문 '깨달음과 역사, 그 이후'(이하 발제문)에 대해 많은 분들이 적극적인 반응을 보여주셨다. 발제문의 요지는 '깨달음이란 잘 이해하는 것', '깨달음은 지혜와 이해의 영역이며, 선정수행을 통해 이루는 몸과 마음의 높은 경지를 뜻함이 아니다', '깨달음을 잘 얻기 위해(잘 이해하기 위해) 설법과 질의응답, 토론, 경전과 어록 열람, 불교를 풍부하게 할 다양한 독서 등이 현대적인 수행방법이기도 하다' 등이었다. 이러한 발제문 내용에 대해 과분한 평가와 의미부여를 해 주신 분들도 있었지만, 강경한 반대와 비판의견을 표명하신 분들도 많았다. 반대의견을 가진 여러 분들은 신문이나 인터넷 매체를 통해 반론문을 발표하기도 했다. 종단의 전국선원수좌회(이하 수좌회)도 최근 성명서를 통해 내 견해에 심각한 우려를 표명했다.

찬성과 반대의 입장을 떠나 이번에 주신 의견들은 내 생각을 다듬는 데 많은 도움이 됐다. 특히 반대의견을 주신 분들께 진정으로 감사의 뜻을 전한다. 불교를 보는 견해는 다양하며, 강조하거나 선호하는 영역이 다를 수 있다. 특별한 경우를 제외하고는 나와 의견을 달리한다 해서 내가 일일이 해명하거나 반박할 필요는 없을 것이다. 토론을 해서 어느 한 쪽을 승복 받아 입장을 통일시킬 수도 없는 일이다. 그러나 내 견해에 대해 비판하거나 우려를 표한 내용들이 공개적으로 표명되었기에 대중적인 궁금함과 혼란이 야기되고 있어 내 의견을 밝혀야 하겠다고 생각했다. 다음은 비판자들의 반론에 대한 나의 답변이다.

대한불교조계종(이하 조계종단)의
종지宗旨에 대해

조계종단의 종지는 "석가세존의 자각각타 각행원만한 근본교리를 봉체하며 직지인심 견성성불 전법도생함을 종지로 한다."(종헌 제2조)라고 되어 있다. 이 종지에 의하면, 1. 부처님의 근본교리를 잘 알아 받들어야 된다는 것과, 2. '직지인심 견성성불'이라는 선(禪)의 정신을 중심에 놓고, 3. 전법도생이라는 중생교화에 적극 나서야 한다는 것이 조계종단의 나아갈 방향인 것이다.

부처님께서 교화를 펼치신 이후 어언 2,600년의 세월이 흘렀다. 그 사이 부처님의 가르침은 시대와 지역을 거치면서 진화와 발전을 거듭하여 무수한 가르침의 유형이 나타났다. 20세기 들어 조계종단은 역사상으로 나타난 다양한 불교의 가르침을 모두 포괄하고자 하는 큰 시도를 했다. 이는 어느 나라 불교에서도 하지 못했던 엄청난 시도라 본다. 이것이 바로 한국불교의 통불교(通佛教) 정신이다. 그런데 다양한 불교를 포섭하되 혼란에 흐르지 않게 하는 것이 매우 긴요하다. 조계종단은 그 방법으로서 각각의 가르침과 교리에 의미를 부여하면서도 그 모든 가르침을 선의 정신으로 엮어내어 통합하고자 한다.

2,600년의 다양한 불교를 포섭하여 통합해 내는 조계종단의 선 정신은 무엇인가? 선에는 여러 가지의 정신과 선풍이 있다. 그 중 어떤 선 정신을 말하는가?

종헌 제1조에는 종명(宗名)을 '조계종'으로 한다는 것과, 고려시대의 태고 스님이 제종포섭(諸宗包攝)으로써 조계종이라 공칭한 뜻을 이어받아 우리 종단의 명칭을 '조계종'이라 한다고 규정했다.

조계종(曹溪宗)이라는 뜻은 '조계선풍(曹溪禪風)을 중시하고 존중하는 가르침과 정신'이라는 뜻이며, 이를 교단의 종지로 삼고, 교단의 명칭으로까지 사용하는 것이다. 조계선풍은 중국 당나라 선불교의 육조(六祖) 혜능 스님이 정립했다. 이후 역대조사스님에게 그 선풍이 이어져 오늘날 한국불교의 중심이 되는 정신으로 자리 잡고 있다. 그 정신의 요지는 '돈오(頓悟)'이다. 그리고 '점수(漸修)', '선정(禪定)', '수증(修證)'을 배격한다. 이것이 바로 조계종단이 존중하는 선(禪) 정신이다.

돈오는 '곧바로 안다'는 뜻이다. 점수, 선정, 수증을 배격하고, 곧바로 알아채는 돈오정신으로 불교의 모든 가르침을 포섭하는 것이다. 혜능 스님은 반야지를 통해 불법을 '곧바로 알 수 있다(돈오)'고 말씀한다. 달마 스님의 이입사행(二入四行)과 능가선의 가르침, 그리고 도신, 홍인 스님의 '수일불이(守一不移)', '염불선의 요소를 띤 일행삼매

(一行三昧)' 등을 주 내용으로 하는 이른바 동산법문 시대를 거쳐 중국의 선종(禪宗)은 마침내 혜능 스님이 조계선풍을 펼침으로써 비로소 남종(南宗)이라 불리는 조사선의 시대를 열었다. 혜능 스님이 말하는 돈오는 반야지를 통해 '곧바로 안다'는 뜻이며, 동산법문의 일행삼매도 혜능 스님에 의해 '곧은 마음으로 행주좌와에 바로 쓰는 마음'으로 변환되었다. 반야부 경전(『금강경』, 『심경』, 『유마경』 등)에 근거한 말씀이다.

조계선풍에 의거할 때 우리는 비로소 초기불교의 니까야와 아함의 말씀을 선정삼매를 강조하는 가르침이 아닌, 지혜와 자비의 가르침으로 받아들일 수 있다. 그리고 석색입공(析色入空=析空觀)이라 하여 존재를 무수히 분석하여 그 결과로 연기관(緣起觀), 공관(空觀)을 깨닫고자 하는 번쇄한 아비달마의 학문적 불교를 벗어나 오온, 십이처, 십팔계를 반야지로 비추어 보아 곧바로 공성(연기성)임을 통찰해서 모든 괴로움을 벗어난다는 돈오의 입장에 서게 된다.

한국불교의 전통교단인 조계종단은 이러한 조계선풍의 돈오 사상을 중심에 두어 다양한 불교를 회통하기 때문에, 이러한 자신감을 바탕으로 초기불교, 대승불교, 선불교 등 제종의 가르침을 모두 종단의 교육과정에 포섭하여 교화방편으로 활용할 수 있는 것이다. 이렇게 모든 종류의 불교를 두루 포섭하는 조계종단의 포용성, 역동성, 개방성은 나라마다 특정 불교교파에 국한되어 있는 오늘날의 세계 어느 불교권의 현실에서도 그 유례를 찾아보기 힘들 것이다.

근년에 나는 '조계종'이라는 교단의 명칭을 재고해야 한다는 주장을 편 바 있다. 이 주장의 취지는 한국불교가 1,700년 이상의 역사와 전통을 모두 승계한 유일한 교단이기 때문에, 이 전체의 역사와 전통을 모두 담아내는 보다 큰 그릇으로서의 명칭이 필요하다는 것이었다. 즉 선종은 통일신라 말기에 한반도에 전래되었지만, 한국불교는 그 이전 삼국시대, 가야시대부터 시작되어 수많은 고승의 교화업적과 사찰이 이미 형성되어 있었다. 이 모든 전통과 자산을 승계한 교단이기 때문에 연고권 등 법적인 문제나 향후 통일시대를 대비해서라도 종명개정을 검토해야 한다는 것이었다.

하지만 종지(宗旨)는 이와는 다른 문제다. 한국불교의 통불교적 이념을 끌어가는 종지는 조계선풍이 가장 적합하다는 게 나의 개인적 소신과 판단이라는 점을 밝힌다. 왜냐하면 선(禪)이야말로 가장 개방적이고 포용적이면서 모든 불교를 통합할 수 있다고 믿기 때문이다.

조계선풍(남종선)은 '선정수행'과
'닦아 증득함'을 배격함

혜능 스님은 『육조단경』 곳곳에서 '닦아 증득함〔修證〕'과 선정수행을 배격했다. 좌선이란 꼭 앉아 있는 것을 뜻하는 것이 아니라, 망념이 일어나지 않는 것을 말한다고도 했다. '돈오'와 '견성'을 강조하면서 반야지로 '곧바로 아는 것'을 강조한 가르침이 조계선풍이며, 남종선이요, 조사선인 것이다. 이런 가풍에서는 '선정수행'과 '닦아 증득함'은 자리 잡을 곳이 없다.

혜능 스님의 '한 물건도 없는데 무슨 먼지를 닦아내랴'라는 조계선풍은 회양 스님의 '한 물건이라 해도 맞지 않다〔一物不中〕', 마조 스님의 '도는 닦는 것이 아니다[道不用修]'라는 조사가풍으로 이어졌다. 그리고 혜능 스님의 '무념을 기본정신으로 삼는다[無念爲宗]'는 그 '무념'은 망념이 없는 것을 말하며, 그 망념은 『금강경』에서 말한 그 사상(四相=아, 인, 중생, 수자)이다. 이러한 망념은 닦아 없애는 것이 아니라, 반야지로써 곧바로 통찰하여 깨닫는 것이다.

이런 까닭으로 조계선풍은 '간정(看淨)', '간심(看心)'을 강조하는 수정주의(修定主義)를 비판했다. 그래서 북종선풍을 '응심입정(凝心入定), 주심간정(注心看淨), 기심외조(起心外照), 섭심내증(攝心內證)' 하는 수행법이라 지목하고, 이러한 수행법은 '닦는 깨달음'이며, '상대적인 수행법'이라 규정하면서 이를 맹렬히 비판했다. 이것이 조계선풍이 남종선(南宗禪)이라 불리는 이유다.

오늘날 제방선원의 수선현장에서 '응심입정 주심간정 기심외조 섭심내증'이라는 북종의 참선을 하는지, 반야지를 통해 돈오와 견성을 하고자 하는 조계선풍의 참선을 하는지 잘 살펴보아야 한다.

이번 수좌회의 성명은 나의 발제문의 내용에 대해 완곡하지만 강경하게 비판했다. "깨달음이란 잘 이해하는 것을 말하며, 선정수행이라는 오랜 수선(修禪)을 필요로 하지 않는다."는 발제문의 주장에 대해, 수좌회는 "닦음[修]의 원인이 없는 분별망념으로 닦음의 결과인 깨달음이 되며, 부처님께서 니까야에서 수없이 반복적으로 설하고 있는 선정수행에 의한 깨달음을 간과한 주장이며, 역대 조사가 고구정녕 설파하신 수증의 종지를 훼손한다."고 반박했다. 오늘날 수좌회가 니까야에 의거한 선정수행에 기초하고 있으며, '닦아 증득한다[修證]'는 북종선을 존중하고 있는지 잠시 의구심이 들었다.

"깨달음이란 잘 이해하는 것을 말하며, 오랜 기간의 선정수행을 필요로 하지 않는다."는 나의 주장을 부연 설명함

먼저 내가 '깨달음이란 잘 이해하는 것'이라 했을 때, '잘'이라는 부사를 사용했다는 것을 유념해주길 바란다. '잘'이란 표현 속에는 설명해야 할 많은 것들을 함축하고 있기 때문이다. 깨달음을 표현하는 말들은 초기불교에서 대승불교, 선불교를 거치면서 경전과 어록에 따라 앎, 지혜, 통찰지, 명지(明智), 광명, 각(覺), 오(悟), 여실지견(如實知見), 여리작의(如理作意), 명심(明心), 견성(見性), 대오(大悟), 확철대오(廓徹大悟) 등 이루 헤아릴 수 없는 많은 표현이 있다. 이 표현들은 각각 특정 교판과 이해의 입장에 따라 사용됐다. '깨닫다'의 사전적 정의는 "사물의 본질이나 이치를 생각하거나 궁리하여 알게 되다."로 되어 있다. 그렇다면 '깨닫다'와 '잘 이해하다'는 그 의미에서 큰 차이가 없다.

　나는 불교의 깨달음을 설명함에 있어 '잘 이해하는 것'이라는 현대적 언어로 표현했다. 불교교리를 잘 이해한다는 뜻이다. 불교교리는 지혜와 자비의 가르침이다. 지혜는 반야지를 뜻하는 '보디'이며, 자비는 '사트바(삶과 역사)'에서 실현하는 모든 바라밀이다. 내가 사용한 '깨달음이란 잘 이해하는 것'이라는 표현은 대승의 반야부 경전에서 말하는 '반야지'에 닿아 있다는 점을 분명히 밝힌다. 즉 '잘 이해하는 깨달음'은 대승의 '반야지'를 현대적 용어로 표현했다는 것이다.

　반야부의 많은 경전에서는 오온, 십이처, 십팔계를 반야지로 비추어 보아 곧바로 공성(연기성)임을 통찰해서 모든 괴로움에서 벗어난다고 말한다. 기존의 부파불교의 수행적 풍토에서는 놀라운 주장이 아닐 수 없었다. 『금강경』, 『소품』, 『대품』 등의 반야부 경전들은 설법 중간에 자주 "이런 가르침을 듣고서도 '놀라지 않거나, 두려워하지 않는다면〔不驚, 不怖, 不畏〕' 그것이 오히려 희유할 것이다."라고 했다. 당시 상좌부 등 많은 부파불교의 가르침은 "깨달음이란 오랜 기간의 선정수행을 통해서만 존재의 실상을 깨달을 수 있고, 수다원, 사다함, 아나함, 아라한 등의 여러 단계를 거쳐 깨달음을 성취한다."라고 주장하던 시절이었다. 부파불교의 수행승들에게는 '반야지로써 곧바로 불도를 성취한다.'는 주장은 놀라운 이야기, 두려운 이야기로 받아들였다는 것이다.

대승불교는 장기간의 선정수행, 그리고 교리분석과 논쟁에 빠져 있는 부파불교(아비달마)를 벗어나는 불교혁명을 했다. 반야지로 단시간에 삶과 존재들에 대한 올바른 통찰의 깨달음을 얻고, 곧바로 각종 바라밀과 보살행을 펼치는 대승불교시대를 연 것이다. 이번 발제문에서 주장한 취지도 깨달음을 이루기 위해 오랜 선정수행에만 몰두하고 있는 한국불교의 일부 풍조를 비판하는 것이었다. 주장의 근거는 조계선풍이요, 대승 반야경의 가르침이다.

만일 『반야심경』에서 말하는 '깨달음도 얻음도 없다〔無智亦無得〕'의 뜻이나, 『유마경』에서 말하는 '상대의 입장을 떠난 불이(不二)'의 뜻으로 내가 말한 '깨달음이란 잘 이해하는 것'이라는 방편적 표현을 문제 삼는다면, 경전에서 말하는 '앎', '지혜', '성품을 봄(견성)', '여실지견' 등 모든 용어들도 언어화되는 순간 상대적인 한계를 지적받을 수밖에 없을 것이다.

그래서 이번 수좌회의 성명도 "번뇌 가운데 있되 번뇌를 떠남이며,

허공 가운데 있되 허공을 떠난 경계이다.", "번뇌 속에서도 번뇌의 공성을 보면 번뇌를 떠나게 되고, 생각(이해)하면서도 생각의 본질을 보면 생각을 떠나게 된다. 이것이 번뇌와 보리가 둘이 아닌 깨달음의 경계이다."라는 표현을 쓴 게 아닌가 한다. 전적으로 공감하는 구절이다.

계정혜는 불교의 삼학(三學)이라 말한다. 그래서 계정혜의 하나인 선정은 매우 중시되었다. 하지만 나는 선정이 과거 인도의 종교풍토 및 문화와 밀접한 관계가 있다고 본다. 과거 베다시대 이후 인도의 대다수 종교수행 교단에서는 선정수행을 중시했다. 당시의 풍토에서 불교교단에서도 선정을 존중했을 것이다. 그러나 불전에서 보듯이 부처님은 성도 이전에 고행과 선정수행 모두에 만족하지 못하고 이를 떠났으며, 마침내 연기(緣起)를 살피고 통찰함으로써 깨달음을 얻었다. 성도 이후 설법하는 과정에서도 선정을 그리 강조하거나, 같이 선정수행하자고 하지도 않으신 것을 확인할 수 있다. 인도와 중국에서까지 오랜 기간 동안 선정수행이 지혜를 이루는 훌륭한 방편의 역할을 했다 하더라도, 오늘날 현대인들에게 사선팔정의 선정수행이 꼭 필요한지, 그리고 받아들여질는지 의문이다.

한편 사마타, 위빠사나, 호흡관, 염불관, 자비관 등 다양한 전래의 불교수행법이 현대인들의 심리문제를 치유하거나, 정신과 육체기능의 성장에 효과가 크다고 인정받는 점은 매우 중요하다. 이 부분은 불교의 다양한 선정수행법을 보다 더 잘 활용해야 한다는 점을 잘 보여준다. 문제는 불교를 잘 이해하는(깨닫는) 문제는 별개의 문제라는 것이다. 그렇지만 선정수행을 통해 마음의 평안과 종교적 깊음을 얻은 분도 많을 것이다. 나는 선정수행을 좋아하는 분들의 선호에 대해서는 이해는 달리하지만 존중할 것이다. 이제는 아함이나 니까야에 나타난 부처님의 가르침을 지혜와 자비라는 코드로 밝혀내어 현대사회에서 실현할 때라고 본다. 그리고 그 출발은 고집멸도의 가르침에서부터 해야 한다고 믿는다.

초기경전의 가르침은 지혜와 자비의 가르침

나의 발제문은 '잘 이해하기(잘 깨닫기)' 위해서 어떤 노력을 해야 하는지를 말했다. 그래서 초기경전 중 가장 오래된 원형의 가르침을 담고 있다고 보이는 『마하박가』(전재성 역주, 2014)를 들어서 이야기했다.

『마하박가』를 가장 오래된 초기승단의 원형을 담고 있다고 보는 이유는 부처님의 성도 직후 장면과, 첫 설법의 5비구에서부터 소위 1,200명 제자라 일컫는 초기승단의 비구들에게 교화하는 기간까지 수년에 걸친 불교승단 초기시절의 내용을 시간대별로 길게 서술하고 있기 때문이다. 그리고 1,200명 제자들을 맞아 교화할 때까지 이 기간까지는 비구에게 주는 구족계 또한 "수행승들이여, 오라! 가르침은 잘 설해졌으니, 그대들은 괴로움의 종식을 위해 청정한 삶을 살아라." 라고 당부하는 것으로 구족계를 설하던 초기교단시절이다. 그 중간에 삼귀의를 하는 것을 추가했을 뿐 아직 특별한 계목(戒目, 바라제목차)도 제정하기 전인 것이다.

부처님 열반 후, 부처님의 가르침과 교단의 역사를 결집할 때 당연히 그 순서는 부처님의 성도와 초기 교화, 승단의 시작부터 정리하지 않았을까? 이런 추정으로 본다면 『마하박가』야말로 가장 먼저 송

출, 결집되어 전승된 가장 오래된 경전이라 말할 수 있는 것이다. 따라서 『마하박가』는 부처님의 초기교화 시절의 내용을 생생히 담고 있으며, 후세 부파교단의 전승과정의 윤색을 비교적 덜 받은 율장으로 볼 수 있다는 것이다.

나는 이번 발제문을 통해 부처님의 첫 설법과 초기 승단이 형성될 당시에 부처님은 제자들을 어떻게 가르쳤고 지도했나를 소개했다. 『마하박가』에 나타난 교화과정에서 부처님은 선정에 대해 강조하거나 선정수행을 하도록 하지 않았다. 부처님은 어쩌면 가장 현대적인 방법으로 가르쳤다. 설법, 질의응답, 토론으로 지도하고 가르쳤다. 부처님의 가르침이 합리적이기 때문에 가능한 일이다. 그래서 제자들은 항상 "넘어진 것을 일으키듯, 가려진 것을 열어보이듯, 어둠 속에 등불을 가져오듯, 세존께서는 진리를 밝혀주셨다."고 부처님의 가르치는 방법을 찬탄했다.

이에 반해 내 발제문을 비판하는 분들은 "깨달음을 교리적 이해의 수준으로 격하했다."고 비판했다. 그러면서 초기경전 니까야의 여러 경에서 "깨달음은 색계 18천과 무색계 4천에 대응하는 사선팔정(四禪八定=초선정, 이선정, 삼선정, 사선정, 공무변처정, 식무변처정, 무소유처정, 비상비비상처정)과 상수멸처정을 거쳐서 이루는 것."이라고 언급한 내용을 들어 내가 말하는 깨달음이 낮은 단계의 교리적 이해일 뿐이지, 부처님과 많은 아라한들의 큰 깨달음과는 비교할 수 없다고 주장했다. 그러면서 '선정을 전제로 하지 않는 깨달음'이 가능한지 그 경전적 근거를 대보라고 추궁한다.

우선 『마하박가』에 나타난 불교교단의 초기시절을 생생하게 묘사한 장면을 다시 보자. 부처님 성도직후의 깨달음 내용 서술, 5비구를 교화, 야사 등 54인에 대한 설법, 60인 아라한을 여러 지방으로 보내고 그 후 새로 입문한 수행승들을 위한 설법, 우루벨라에서 30명 젊은 이에게 한 설법, 우루벨라의 3가섭과 1,000명의 제자에게 한 가야산 설법, 마가다 국의 빔비사라 왕과 12만 명의 바라문을 대상으로 한 설법 등이 차례대로 서술되는데, 이 모든 설법 과정에서 한결같이 보시, 지계, 생천의 가르침, 고집멸도에 대한 가르침, 탐진치·생로사·슬픔·비탄·고통·근심·절망을 극복하는 가르침을 말씀하셨다. 선정수행(사마타, 위빠사나, 사선팔정 등)을 설하거나, 함께 선정수행을 닦는 장면은 나오지 않는다. 그렇지만 이러한 설법과 가르침을 통해 당시의 모든 수행승들은 마음의 집착을 떠나 번뇌에서 해탈하게 되었으며, 티끌이 없고 때가 없는 진리의 눈이 생겨나 아라한이 되었다고 『마하박가』는 말하고 있다. 나는 『마하박가』의 이러한 내용을 보고 초기 수행자들은 설법과 대화와 질의응답(토론, 대론)을 통해 부처님의 가르침을 잘 이해하여 깨달은 아라한이 되었다고 말한 것이다.

그리고 『상윳따니까야』(각묵 옮김, 2009)의 「초전법륜경」에 서술한 내용도 『마하박가』의 첫 설법 내용과 다르지 않다. 「초전법륜경」에도 5비구를 대상으로 한 설법과정에서 중도와 고집멸도의 가르침을 설할 뿐 별도의 선정수행을 말하는 내용도, 선정수행을 했다는 내용도 없다. 첫 설법을 한 지 며칠이 지나지 않아 부처님께서는 "참으로 꼰단냐는 완전하게 알았구나. 참으로 꼰단냐는 완전하게 알았구나."라고 말씀하면서 꼰단냐 존자는 안냐꼰단냐라는 이름을 가지게 되었다고 서술했다('안냐'라는 말이 초기불전에서 전문술어로 보이면 이것은 구경의 지혜를 뜻하며, 구경의 지혜란 아라한과를 뜻한다고 역자인 각묵 스님은 주를 달았다.).

　나는 『마하박가』와 『상윳다니까야』의 「초전법륜경」 등의 경전에서 이렇게 표현한 내용에 근거를 두고 '완전하게 아는 것'이라고 한 표현을 '잘 이해하는 것'이라고 말한 것이다. 혹자는 "설법에 언급되는 중도를 설명할 때와 사성제를 설명할 때 '팔정도'를 설하고 있으며, 팔정도에는 정정(正定)이 포함되어 있지 않은가?"라고 물을 수 있다. 하지만 『마하박가』와 『상윳다니까야』의 「초전법륜경」에서 팔정도를 언급할 때의 정정(바른 집중: 전재성 역)은 여덟 개 항목의 하나로 언급될 뿐 특별한 강조는 없다. 따라서 팔정도의 정정이 사선팔정 등의 구차제정과 같은 것을 의미한다고 단정할 수 없다. 각 니까야의 경에 따라 강조하는 선정수행 이야기는 부파교단에서 가르침을 전승하는 과정에서 제자들에 의해 점차 추가되었는지도 모른다. 그리고 후기 아비달마 각주에서 선정의 내용을 구차제정과 수다원, 사다함, 아나함, 아라한 등의 수행단계를 색계, 무색계와 연계하여 규정한 것으로 본다. 그 외에도 선정에 대한 언급 없이 깨달음을 얻는 내용을 말하는 초기경은 무수히 있다. 『상윳다니까야』 「전법륜품」에 있는 9개의 경 전체(「초전법륜경」, 「여래경」 등)가 다 선정을 말하지 않는다. 그리고 사성제를 설하는 「꼬띠가마품」에 있는 10개의 경 전체(「꼬띠가마경」 1, 2에서부터 「정등각자경」, 「아라한경」, 「번뇌의 멸진경」 등)가 선정을 말하지 않으며, 알고 보는 것을 통해 깨달음을 얻는다고 설하고 있다.

　물론 5부 니까야에는 「삼매경」, 「사념처경」과 같이 선정을 강조하거나, 삼매를 통한 깨달음을 말하는 경도 많이 있다. 이런 경들에는 꼰단냐가 초전법륜에서 얻은 깨달음이 아라한과가 아닌 수다원과였으며, 나중에야 선정수행을 통해 아라한과를 얻었다고 말한다. 그 밖에 니까야의 여러 경에서 사선팔정, 구차제정을 단계를 통해 사쌍팔배의 수행경지에 대해 말하며, 사마타, 위빠사나 수행을 세밀하게 설명하는 경도 있다. 나는 이러한 경들은 부파불교의 윤색이라고 하는 학설을 따른다.

4아함과 5부 니까야에 수록된 2,000개가 넘는 여러 경들은 보시와 계(戒)에 대한 가르침, 지혜와 자비, 인욕 등에 대한 가르침들로 가득 차있다. 나는 아함과 니까야의 가르침을 지혜와 자비의 가르침으로 이해하고 있다. 그리고 초기불교의 지혜와 자비의 가르침은 나의 불교관(이해와 실천)의 튼튼한 기반이 되고 있으며, 불교를 현대적 가르침으로 전개함에 있어서도 모든 영감의 중심이 되고 있다.

대승경전인 『화엄경』에도 선정바라밀을 말하는 장면에서 무수한 삼매를 말한다(십행품, 십지품 등). 하지만 그 삼매들은 지혜와 자비가 잘 실현된 마음의 상태를 표현하고 있으며, 사선팔정 등의 선정삼매를 지칭한 것이 아니다. 혜능 스님이 『육조단경』에서 말하는 정(定)과 혜(慧)에 대한 새로운 해석들도 『유마경』과 『화엄경』에서 말한 삼매와 그 맥을 같이한다. 혜능 스님은 정(定)은 혜(慧)가 발현된 마음의 상태이지 별도로 존재하지 않는다고 말한다.

깨달음은 단일, 고정, 완성태가 아님

나는 불교에서 말하는 깨달음은 부처님 그분의 깨달음으로 완성되어 고정되어 있는 것이 아니라 본다. 깨달음이란 부처님 이후 끊임없이 진화하고 있다고 보는 입장이다. 그 이유는 부처님의 원래의 가르침도 아비달마 시대를 거치면서 그 표현이 계속 달라지고, 내용도 덧붙여지는 것을 통해 알 수 있다. 대승경전은 부처님의 참 뜻을 구현한다는 취지로 편찬한 것이다. 그러나 시대별로 다양하게 편찬된 대승경전(반야, 화엄, 정토, 법화, 열반, 해심밀경 등)의 내용, 주요 개념과 용어, 강조 방향은 각각 변화되어 표현됐다.

선불교에서도 역대조사의 가르침은 시대별로, 가풍별로 다양하게 표현되고 있다. 확연무성(廓然無聖), 본래무일물(本來無一物)에서부터, 즉심즉불(卽心卽佛), 무위진인(無位眞人), 삼현삼요(三玄三要), 조동오위(曹洞五位), 화두참구(話頭參究) 등 중국적 표현과 사유방법으로 끊임없이 진화한 것이다. 즉 깨달음은 단일한 것도 아니며, 고정된 것도 아니며, 완성된 것이 아닌 것이다(여기서의 완성태가 아니라는 것은 표현하는 언어와 형식이 완결된 것이 아니라는 뜻임).

깨달음은 스케일, 부피와 무게, 깊이, 색깔과 디자인 면에서 점점 더 커지고 넓어지고, 깊어지고, 다양해지고, 멋있어져야 한다는 게 나의 견해이다. 그 이유는 시대와 중생계와 자연계가 점점 변화되고 있기 때문에 그에 대응하는 가르침의 폭과 내용 또한 덧붙여지고 다양해져야 하기 때문이다.

2,600년의 오랜 전통을 가진 세계적인 종교인 불교가 그 가르침이 진화하고 있다거나, 깨달음이 단일, 고정, 완성태가 아니라는 주장을 하는 것은 매우 조심스러운 표현이다. 그만큼 여타의 유수한 세계 종교에서는 볼 수 없는 개방적이고 진취적인 입장이기 때문이다. 다

만 사회의 철학분야에서는 '실재는 과정이다'라는 말을 하는 학자(화이트헤드)도 있고, 그에 영향을 받아 '과정신학'이라는 20세기의 새로운 신학이 대두되기도 했다. 그리고 '이해가 경험의 과정 속에서 실현되어 가는 것이 진리'라고 하면서 진리를 이해의 운동으로 이야기하는 학자(가다머)도 있다. 또 신플라톤파, 신칸트파, 네오마르크시즘 등의 학파가 있듯이, 사상의 세계에서는 끊임없이 고전적 가르침을 재해석하면서 새로운 시대에 적용하는 일을 계속해 왔다.

부처님의 가르침을 완벽하고도 거룩한 가르침으로 받드는 불교인들도 그 가르침을 시대적 삶 속에 펼치는 과정에서 많은 응용을 해왔다. 그 결과로 초기경전도 진화했고, 아비달마도 진화했다. 대승불교도, 선불교도 자체적으로 계속 진화해 왔다. 그러나 아무리 불교가 다양한 모습으로 진화하고 포장을 달리하더라도 변하지 않는 원칙이 있다. 그것은 불교의 원형질을 이루는 유전자는 무상, 무아, 연기(緣起), 공(空), 자비라는 점이며, 부처님과 가르침[法]과 승단이라는 삼보를 존중하는 것이다.

어떤 사람들은 불교가 진화한다는 사실 자체를 부정할 것이다. 그래서 부처님 당시의 수행법을 충실히 재현하여 따른다면 부처님과 같은 지혜와 자비를 펼칠 수 있다고 할 것이다. 이런 분들은 불교 가르침의 원형을 수호하고 재현하는 소중한 분들이며, 훌륭한 분들로서 존경받아 마땅하다. 이런 분들이 초기경전을 번역하고 연구하지 않았다면, 그리고 과거 인도의 수행법을 재현하는 노력을 하지 않았다면 오늘의 한국불교는 근거 없는 공허한 주장과 행위들이 난무했을지도 모른다.

이와 같이 가르침의 원형을 보존하는 노력을 하는 사람들이 많았지만, 한편 동시에 많은 사람들은 진화하는 노력을 계속해 왔다. 그래서 불교의 진화는 초기불교 시대에만 머물지 않고 늘 시대의 변천과 함께 중생들의 삶과 함께 계속하면서 그 성과를 집적해 왔다. 그래서 오늘날에는 초기불교의 가르침뿐만 아니라 인도의 아비달마와 대승불교, 그리고 중국의 많은 불교학파, 선불교 등의 가르침도 이젠 잘 수호하면서 연구해야 하는 과거불교의 고전이 되었다.

이제 우리는 초기불교든, 아비달마든, 대승불교든, 선불교든 그 어느 하나를 중시하여 가르침을 잘 수호하고 연구할 수도 있다. 동시에 이러한 과거의 모든 진화적 성취를 바탕으로 지금 시대의 불교를 개척하는 진화적 노력을 하기로 방향을 정할 수도 있을 것이다. 나는 그 중 가장 어렵지만 중요하고, 그리고 시급히 필요한 것은 이 시대의 언어와 내용을 담아낸 이 시대의 불교를 만들어가는 진화적 노력이라 생각한다.

오늘날 현대사회의 불교는 어떻게 진화되어야 할까? 이 시대에 필요한 불교를 만들어 가기 위한 목적을 세운 현대의 불교인들은 어떤 노력을 해야 할까? 진화를 위해서는 우선 불교의 유전자를 제대로, 정확히 알아야 할 것이다. 설법(강의)과 질의응답, 경전들과 선어록 읽기, 불교를 풍부하게 해줄 다양한 분야의 학습과 독서, 대화와 토론을 적극적으로 해야 한다. 이것은 부처님 당시 초기 수행자들이 설법과 토론을 통해 깨달음을 얻었던 수행 전통, 그리고 사띠(기억과 성찰) 수행과, 초기간화선 시대의 수행정신을 오늘에 되살리는 일이다. 그리고 동시에 현대적 삶을 잘 이해해야 할 것이다. 세계사와 문명의 흐름도 읽어내야 하고, 특히 한반도와 동북아의 근현대 역사와 과제를 알아야 하며, 한국사회와 국민들의 아픔과 행복의 문제를 불교도(대승보살)들의 구체적 현실문제로 삼아야 할 것이다. 공부하고 노력해야 할 일이 무척 많을 것이다.

인터넷과 이동 중에도 활용할 수 있는 스마트폰은 경전과 어록 등의 내용들과 불교공부와 응용에 필요한 각종 자료를 찾고 열람하는 데 유용하다. 오늘날에는 니까야는 물론이고, 대승경전, 선어록 등의 내용을 관련 책을 소지하지 않아도 인터넷 검색을 통해 활용할 수 있다. 지난 발제문에서 나는 '사띠'의 본래 의미가 "기록문화가 없던 시대에 부처님의 설법내용을 잘 기억하여 성찰하는 것."이라 했다. 중국의 조사선 시대부터 시작된 간화선의 유래도 책자를 소지하기 힘든 시절에 "조사스님의 이야기를 기억하여 성찰하는 것으로 시작되었다."고 말했다. 그런 의미에서 나는 인터넷 등 스마트폰의 검색기능도 이동이 많은 현대인들의 생활 속에서 우리의 기억을 도와주고, 각종 자료를 곧바로 찾아 열람할 수 있게 해주는, 사띠 기능(검색하고 사유하는)의 한 부분을 담당할 수가 있다고 말했다. "스마트폰 검색만으로도 깨달을 수 있다."고 하지 않았다.

대승불교와 조계선풍의 현대적 계승과 발현

불교정신을 현대사회에 훌륭하게 구현하기 위해 우리는 부처님 당시의 가르침에서부터 지난 2,600년 간에 형성된 불교 가르침을 두루 살펴야 할 것이다. 그중 가장 유용한 가르침은 대승불교와 조계선풍이라고 생각한다.

　나는 초기불교를 대승적으로 진화시킨 것이 대승불교라 본다. 그래서 초기불교를 따로 언급하지 않았다. 하지만 대승불교를 제대로 알기 위해서는 아함과 니까야 등 초기불교와 아비달마에 대한 이해는 필수적이다. 대승불교 중에서는 반야부 경전(『금강경』, 『소품반야경』, 『대품반야경』, 『유마경』)과 『화엄경』이 특히 현대사회와 잘 맞는다고 생각한다.

　대승불교는 초기불교의 가르침을 승계하되, 부처님의 지혜와 자비의 가르침에 대해 보다 적극적인 용어와 이론으로 변화시켰다. 예컨대 『반야심경』과 『금강경』에는 초기불교에서 말하는 오온, 십이처, 십팔계 및 수다원, 사다함, 아나함, 아라한 등을 거론하지만, 반야지에 입각하여 새롭게 해석했다. 우리가 조석으로 염송하는 내용들이다. 특히 반야부 경전과 『화엄경』에서 설하는 6바라밀, 10바라밀 등 보살행에 관한 가르침은 참으로 무궁무진하다. 현대사회의 불교실천론을 담고 있는 보물창고라고 생각한다.

　대승불교의 자비는 사회와 역사 속에 실현해가는 윤리의 영역이다. 이러한 대승불교의 자비는 바로 '삶의 고통과 불행'의 문제에서 출발한다. 바로 석가모니 부처님 가르침의 출발점이자 목표이다. 조계선풍은 반야부 경전과 밀접한 관계가 있다. 그리고 조계선풍을 계승한 조사스님들의 대화와 설법은 반야부 계통인 『유마경』의 각종 문답과 설법을 빼닮았다. 선불교는 대승불교의 핵심사상과 결합된 새로운 불교였다. 그런 만큼 선불교, 특히 조계선풍은 무적이었다. 조계선풍을 이어받은 오종가풍의 선불교는 20세기부터 많은 서구인들에게도 깊은 인상과 영향을 미쳤다. 오종가풍 때까지의 선불교는 선정수행을 중시하지 않았다. 조사들과의 설법과 문답과정에서 언하(言下)에 깨쳤다. 참으로 참신하고도 경제적인 수행법이다.

간결하면서도 직관적이며, 본질을 꿰뚫는 선(禪)적인 안목은 오늘날 현대사회의 다양한 문화들을 단숨에 재정리하여 새롭게 통합시키는 안목을 낳는다. 이러한 조계선풍은 이제 산중의 선원 울타리와 일부 매니아들의 취향을 넘어서 현대사회의 문명적 흐름과 같이 해야 한다고 본다. 수년 전부터 나는 '자비의 날개를 단 선(禪)'을 펼치자는 이야기를 하고 있다. 여기서의 자비란 '사회'요 '역사'요, '우리의 삶의 현장'이다.

혜능 스님 또한 『육조단경』에서 "불법이란 세간에 있는 것이며, 세간을 떠나서 불법을 찾는 것은 토끼의 뿔을 찾는 격이다."라고 하지 않았는가? 조계선풍은 삶과 세상 속에서 가르침을 실현할 것을 말하면서 초기불교와 대승의 뜻을 이었다. 오늘날 한국의 선불교가 좋아하는 대혜 스님 또한 '일상 삶 속에서의 불법실현'을 강조하지 않았는가?

반야지혜에 입각한 대승보살의 10바라밀행은 2,000년 전부터 천명되었지만, 아직 경전 페이지 속에 갇혀 있다. 중생의 삶을 정확히 꿰뚫어 보는 안목과 자비희사의 정신으로 펼치는 각종 바라밀행은 사회현장과 역사 속에서는 아직 제대로 구현되지 않고 있다. 조계종단이 자랑하는 조계선풍 역시 아직까지는 수좌스님들의 전유물에서 크게 벗어나지 못하고 있다.

일본의 한 사회주의자(나카에 초민)가 청일전쟁 직후 일본이 제국주의로 치닫자 이렇게 말했다고 한다. "자유민권은 확실히 진부하다.

그러나 그것은 아직 실행된 적이 없다. 실행되지 않았기 때문에 그 사상은 새로운 것이다." 그리고 칸트의 윤리학과 마르크스주의를 융합하여 현대사회가 지향할 윤리적 이론을 제시하고 있는 일본의 사상가(가라타니 고진)도 1990년대에 모든 사람들이 "공산주의는 진부하다. 마르크스주의는 시대에 뒤떨어졌다."고 이야기할 때 다음과 같이 말했다. "애당초 소련에서는 공산주의가 실현된 적이 없었다. 그리고 소련에 마르크스주의자도 없었다. 중국도 마찬가지다.", "칸트의 윤리학도 아직 실현되지 않은 사상이며 그렇기 때문에 새로운 것이다.", "틀림없이 그것들은 진부하다. 그러나 실현되지 않은 것은 아직 새롭다."

오늘날 한국불교는 2,600년 간의 모든 불교를 선(禪)의 정신으로 회통했다. 그러나 부처님의 지혜와 자비의 가르침은 중생계에서 제대로 구현되지 않고 있다. 그런 의미에서 대승불교도, 선불교도, 조계선풍도 진부할는지 모른다. 그러나 실현되지 않은 것은 아직 새롭다.

"'깨달음과 역사, 그 이후' 반론에 대한 답변"은
월간 「불광」 2015년 11월호에 실린 글이다

깨달음과 역사
Bodhi & Sattva

1990년   8월 15일 초판 1쇄 발행(해인사출판부)
2009년 12월 23일 개정판 1쇄 발행(불광출판사)
2016년   2월 22일 개정판 5쇄 발행
2016년   8월 12일 개정증보판 1쇄 발행
2025년   4월 18일 개정증보판 5쇄 발행

지은이 현응
발행인 박상근(至弘) · 편집인 류지호 · 편집이사 양동민
편집 김재호, 양민호, 김소영, 최호승, 정유리 · 디자인 쿠담디자인
제작 김명환 · 마케팅 김대현, 김대우, 이선호, 류지수 · 관리 윤정안
콘텐츠국 유권준, 김희준
펴낸 곳 불광출판사 (03169) 서울시 종로구 사직로10길 17 인왕빌딩 301호
        대표전화 02) 420-3200 편집부 02) 420-3300 팩시밀리 02) 420-3400
        출판등록 제300-2009-130호(1979. 10. 10.)

ISBN 978-89-7479-322-7 (03200)

값 19,000원